DIETMAR FOTH

Der Ausgleichsanspruch des Vertragshändlers

Schriften zum Bürgerlichen Recht

Band 95

Der Ausgleichsanspruch des Vertragshändlers

Von

Dr. Dietmar Foth

DUNCKER & HUMBLOT / BERLIN

CIP-Kurztitelaufnahme der Deutschen Bibliothek

Foth, Dietmar:
Der Ausgleichsanspruch des Vertragshändlers / von Dietmar Foth. — Berlin: Duncker und Humblot, 1985.
(Schriften zum Bürgerlichen Recht; Bd. 95)
ISBN 3-428-05883-6

NE: GT

D 21

Satz von Michael Themessl, Berlin 61
Gedruckt 1985 bei Buchdruckerei Bruno Luck, Berlin 65
Printed in Germany
ISBN 3-428-05883-6

Vorwort

Bis heute ist die Frage, ob einem Vertragshändler ähnlich wie einem Handelsvertreter aus § 89 b HGB nach Beendigung des Vertragsverhältnisses ein Ausgleichsanspruch zusteht, eines der wichtigsten und bekanntesten Probleme innerhalb des Rechts der Absatzmittler geblieben. Mehrere Wendungen innerhalb der Rechtsprechung, ein ungewöhnlich kontroverser Diskussionsstand sowie die neuerdings zunehmenden Einflüsse des Kartellrechts und auch des Rechts der Allgemeinen Geschäftsbedingungen waren Anlaß, zu dieser ebenso aktuellen wie praktisch wichtigen und rechtssystematisch bedeutsamen Auseinandersetzung Stellung zu nehmen.

Die Fragestellung trifft dabei nur scheinbar einen schmalen Bereich. Einzubeziehen war die Frage nach einem Anspruch des Vertragshändlers auf den Ersatz nicht amortisierter Investitionen und damit zusammenhängend die Frage nach der Möglichkeit einer Kündigung des Vertragshändlervertrages im Rahmen von § 26 Abs. 2 GWB.

Die Arbeit ist während meiner Tätigkeit als Wissenschaftlicher Mitarbeiter an der Universität Tübingen am Lehrstuhl für Bürgerliches Recht, Handels- und Wirtschaftsrecht als Dissertation entstanden. Meinem Doktorvater, Herrn Professor Dr. Wernhard Möschel, möchte ich für die Ermöglichung einer zügigen Fertigstellung und die Betreuung danken.

Ferner danke ich dem Arbeitskreis Wirtschaft und Recht im Stifterverband für die Deutsche Wissenschaft für die finanzielle Förderung der Drucklegung.

Das Manuskript wurde ursprünglich Anfang Juli 1984 abgeschlossen. Bei der Aktualität der Fragestellung konnte es nicht ausbleiben, daß auch nach diesem Zeitpunkt noch einschlägige Entscheidungen und Aufsätze erschienen sind. Sie wurden bis zur Drucklegung in Text und Fußnoten eingearbeitet. Die Arbeit ist somit auf dem Stand von Ende März 1985.

Balingen, im April 1985

Dietmar Foth

Inhaltsverzeichnis

Teil I

Teil II

Teil III

Der Vertragshändler-Vertrag 65

Teil IV

Der Ausgleichsanspruch des Handelsvertreters nach § 89 b HGB 84

Teil V

Abkürzungsverzeichnis

AA Ausgleichsanspruch

EH Eigenhändler

HV Handelsvertreter

VH Vertragshändler

Die übrigen Abkürzungen richten sich nach Kirchner, Abkürzungsverzeichnis der Rechtssprache, 3. Auflage, Berlin, New York 1983.
Die Zitierweise ist im Literaturverzeichnis angegeben.

Teil I

Einleitung

I. Problemstellung und ihre praktische Relevanz

Vor nun schon mehr als 30 Jahren wurde der AA des HV (§ 89 b HGB) als eine der bedeutsamsten Neuerungen der damaligen Reform des HV-Rechts eingeführt.[1] Schon während des Gesetzgebungsverfahrens, aber auch nach Inkrafttreten des Gesetzes gab es um den AA erhebliche Kontroversen. Heute jedoch sind die Fragen um den AA des HV weitgehend geklärt.

Fast genauso alt ist die Streitfrage, ob der AA auch anderen Absatzmittlern zuzusprechen ist. Zwar herrschte in Rechtsprechung und Schrifttum von Anfang an Einigkeit, daß eine unmittelbare Anwendung des § 89 b HGB nur auf HV in Betracht kommt; in den Mittelpunkt der Diskussion rückte aber die Möglichkeit einer entsprechenden Anwendung.

Neben dem Absatz der Waren über HV finden sich im Wirtschaftsverkehr heute im wesentlichen vier weitere Absatzformen: Der Absatz über unternehmenseigene Niederlassungen mit unselbständigen Arbeitnehmern, über Kommissionsagenten[2], über VH — das sind Händler, die im eigenen Namen und auf eigene Rechnung handeln, jedoch in die Vertriebsorganisation des Herstellers (bzw. Lieferanten) eingegliedert sind[3] — und über EH — das sind selbständige, im eigenen Namen und

---

[1] Gesetz zur Änderung des HGB (Recht der HV) vom 6. 8. 1953, BGBl. I S. 771.

[2] Kommissionsagent ist ein selbständiger Gewerbetreibender, der von einem anderen Unternehmer ständig damit betraut ist, für dessen Rechnung, aber im eigenen Namen Waren oder Wertpapiere zu verkaufen. Es handelt sich um eine Mischung zwischen HV und Kommissionär, vgl. nur v. Gierke / Sandrock § 28 A I 1, S. 476 und § 28 B, S. 486 ff.

[3] Zur genauen Definition vgl. Teil III: IV. 1. Der Begriff „VH" hat sich als Terminologie noch immer nicht durchgesetzt. Insbesondere wird er des öfteren synonym zum Begriff „EH" gebraucht (so insbesondere häufig die Rechtsprechung). Ferner finden sich, wenn auch heute nur noch vereinzelt, die Ausdrücke „Alleinvertreter", „Alleinhändler", „Vertriebshändler", „Werksvertreter", „autorisierter Händler", „Generalvertreter", „Händlervertreter", „Konzessionär", „Händler"; vgl. hierzu Evans-v. Krbek S. 7 Fn. 1; Steffens S. 3 ff.; Renz S. 14 ff.; Klein S. 6; Kochs S. 3 ff.; Stumpf Rn. 5 f.; Ulmer, VH,

auf eigene Rechnung handelnde Händler ohne (enge) Bindung an den Hersteller (bzw. Lieferanten).[4, 5]

Daß letzteren kein AA zusteht, wurde nie ernsthaft bezweifelt. Seit langem geklärt ist die Frage auch für unselbständige Arbeitnehmer — ihnen wird kein AA zuerkannt[6] — und für Kommissionsagenten. Nach allgemeiner Ansicht wird ihnen ein AA in entsprechender Anwendung des § 89 b HGB zugesprochen, da ihre persönlichen Beziehungen zum Unternehmer denen der HV gleichstehen.[7]

Von Beginn an besonders kontrovers geführt wurde die Diskussion um einen etwaigen AA des VH. Trotz dreißigjähriger Auseinandersetzung konnte im Gegensatz zu den anderen Absatzmittlern hier bis heute keine Einigung erzielt werden.

Es gibt indessen konkrete Anlässe, die es sinnvoll erscheinen lassen, die Frage zum jetzigen Zeitpunkt nochmals umfassend aufzuwerfen:

Die Diskussion ist in den letzten Jahren, nachdem sie Anfang der siebziger Jahre zusehends verebbt war, wieder stark in Bewegung geraten. Eingeleitet durch eine Wende der Rechtsprechung im Jahre 1977, wurde das Interesse des Schrifttums neu geweckt, und neue Ideen wur-

---

S. 89; v. Gierke / Sandrock § 28 Übersicht, S. 475. Es ist an der Zeit, daß sich endlich die Bezeichnung „VH" für diese Absatzform durchsetzt. Nur sie bringt die besondere vertragliche Beziehung eines im eigenen Namen und auf eigene Rechnung handelnden Händlers zu einem anderen Unternehmer zum Ausdruck. Der Begriff „EH" sollte dagegen — in Abgrenzung zum VH — für den normalen Händler verwendet werden (so auch v. Gierke / Sandrock § 28 Übersicht, S. 475).

Hinweis: In der vorliegenden Untersuchung wird daher grundsätzlich der Begriff „VH" verwendet; der Ausdruck „EH" wird angewandt auf solche selbständigen Händler, die die VH-Definition nicht erfüllen. Abgewichen wird hiervon nur in Teil II, in dem bei der Darstellung von Rechtsprechung und Literatur jeweils die in den Fundstellen verwendeten Begriffe verwendet werden, und bei wörtlichen Zitaten.

4 „EH" sind alle im eigenen Namen und auf eigene Rechnung handelnden Händler, welche nicht die nach der VH-Definition erforderliche Bindung an den Hersteller haben. Vgl. auch Fn. 3.

5 Zunehmend tritt das Franchising hinzu, das jedoch nur teilweise zu den Vertriebssystemen gerechnet werden kann. Es handelt sich um eine Ausdehnung des VH-Prinzips über den Warenhandel hinaus (product franchising / service franchising) und um eine noch stärkere Einbindung in das System einer Gesamtmarke (Schmidt, Handelsrecht, § 27 II 3, S. 569 mit Hinweisen auf Literatur zum Franchising; ferner Ebenroth S. 208 Fn. 59).

6 Vgl. nur BAGE 6, 23 (25 ff.); BGHZ 29, 83 (88); LAG BW BB 1958, 842; OLG Düsseldorf NJW 1965, 2352; Schröder BB 1958, 252 (253); ders., Kommentar, § 89 b Anm. 3 b; Küstner Rn. 28.

7 Schmidt, Handelsrecht, § 27 III b) aa), S. 571; Capelle / Canaris § 21 IX, S. 196; Hübner Rn. 84; Ebenroth S. 208; Küstner Rn. 50; Baumbach / Duden / Hopt § 84 Anm. 3 F; Bohnenberg § 84 Anm. I; Knapp II Art. 1, § 84 Anm. 7; Schröder, Kommentar, § 89 b Anm. 3 c; ders. BB 1954, 477; Schuler NJW 1958, 1113 (1115); Abraham S. 37; BGH BB 1964, 823 (ohne abschließende Entscheidung). A. A. Glaser DB 1957, 1173; zweifelnd Evans-v. Krbek S. 118 ff.

den vorgebracht. Die Entwicklung in Rechtsprechung und Literatur scheint noch nicht abgeschlossen zu sein.

Eine neuere, umfassende und grundlegende Arbeit zum Problemkreis gibt es nicht. Die Abwägung und Gewichtung der vorgetragenen Argumente, eine Überprüfung interessanter, teilweise etwas in Vergessenheit geratener Vorschläge, ein weitgreifender Ansatz mit Blick auf sämtliche bei Vertragsende auftretende Probleme, insbesondere den Einfluß getätigter Investitionen auf einen möglichen AA, sowie ein Überdenken des methodischen Vorgehens sind angezeigt. Erforderlich ist zudem, gesetzliche Neuerungen auf ihren Einfluß auf das Problem zu überprüfen, so etwa die Änderung des § 16 und des § 26 Abs. 2 GWB durch die GWB-Novelle 1973[8] und die Schaffung des AGB-Gesetzes von 1976[9].

Der AA des VH gehört zu den umstrittensten — allein im Jahre 1983 ergingen hierzu vier BGH-Entscheidungen — und wirtschaftlich bedeutungsvollsten Problemen des VH-Rechts. Die Lösung der Frage hat erhebliche finanzielle Bedeutung sowohl für den Hersteller als auch für den VH. Auch für Überlegungen, welches der möglichen Vertriebssysteme am vorteilhaftesten ist, dürfte die Bejahung oder Verneinung eines AA in nicht geringem Maße abwägungserheblich sein.

In der Praxis ist heute die Anmeldung des AA durch den VH bei Kündigung die Regel. Die Hersteller pflegen sich diesem Begehren zu widersetzen. Denn noch immer besteht eine erhebliche Rechtsunsicherheit, ob überhaupt und, wenn ja, unter welchen Voraussetzungen dem VH ein AA zusteht.

Die bisherige Diskussion kritisch zu beleuchten, neue Gesichtspunkte und Zusammenhänge aufzudecken sowie zu versuchen, einen sachgerechten Lösungsweg aufzuzeigen und damit einen Beitrag zum fälligen Abschluß der Auseinandersetzung zu leisten, ist daher Ziel der Untersuchung.

II. Überblick über den Gang der Untersuchung

Erste Andeutungen über die angestrebte Vorgehensweise sind bereits gefallen. Kurz dargestellt nimmt die Untersuchung im einzelnen folgenden Verlauf:

Zunächst wird durch Darstellung des Meinungsstandes in Rechtsprechung und Literatur die Grundlage der späteren rechtlichen Erörterungen geschaffen. Mit der Erforschung des rechtstatsächlichen Er-

---

8 Zweites Gesetz zur Änderung des GWB vom 3. 8. 1973, BGBl. I S. 917.

9 AGB-Gesetz vom 9. 12. 1976, BGBl. I S. 3317.

scheinungsbildes des gesetzlich nicht geregelten VH-Vertrages wird sodann das Tatsachenfundament als Voraussetzung für eine verständige Lösung der Problemfragen gelegt. Es schließt sich an die Definition des VH sowie die rechtliche Einordnung des VH-Vertrages zur exakten Festlegung des Untersuchungsgegenstandes. Nicht weniger wesentlich ist die folgende, gründliche Analyse des AA des HV.

Mit rechtsvergleichenden Betrachtungen erfolgt der Einstieg in die eigentliche Hauptfrage, ob dem VH ein AA zusteht. Nach der Erörterung der in Betracht zu ziehenden Rechtsgrundlagen im deutschen Recht, ihres Verhältnisses zueinander und ihrer Voraussetzungen steht die Prüfung der analogen Anwendung des § 89 b HGB auf VH im Mittelpunkt. Vorab ist hierbei den dem VH durch nicht amortisierte Investitionen bei Vertragsende entstehenden Nachteilen Beachtung zu schenken, ehe dann die eigentliche Analogieprüfung erfolgen kann. Zum Abschluß sind dann noch einige weitere Fragen zum AA des VH anzusprechen.

Teil II

Meinungsstand in Rechtsprechung und Literatur

Erste Aufgabe einer umfassenden, neuen Zusammenfassung und Erörterung des angesprochenen Problems ist die Darstellung der in Rechtsprechung und Literatur geäußerten Meinungen zur Frage des AA des VH. Ihre Rechtfertigung findet eine solche ferner als notwendige Grundlage für das Verständnis der diskutierten Fragen und als Ausgangspunkt für eine erneute Analyse des Problemkreises. Deshalb kann diese Darstellung sich auch nicht auf die neuesten Veröffentlichungen beschränken. Vielmehr zeigt sich die Notwendigkeit der vollständigen Erfassung. Hierbei bietet sich die historische Reihenfolge an, weil hierdurch besonders deutlich wird, welche Entwicklung die Diskussion im Verlauf der letzten 30 Jahre genommen hat, welche aufgetretenen Fragen u. U. zwischenzeitlich überholt sind und wann welche neuen Gedanken entstanden sind.

Zwar sind bei einer solchen Art der Darstellung, insbesondere wegen der Vielzahl der vorliegenden Äußerungen, Wiederholungen nicht vermeidbar; diese scheinen durch die oben genannten Ziele aber gerechtfertigt.

Im folgenden wird die Entwicklung der Rechtsprechung als für die Praxis besonders bedeutsame Richtschnur an die Spitze gestellt. Die Trennung der Darstellung in Rechtsprechungs- und Literaturauffassungen erfolgt, um die wechselseitigen Einflüsse deutlich werden zu lassen.

Die Darstellung beginnt mit der nach Einführung des § 89 b HGB im Jahre 1953 einsetzenden Diskussion. Auf frühere Entscheidungen[1] und Erörterungen[2] zur Anwendung des HV-Rechts allgemein auf VH wird nicht eingegangen. Denn bei der Einführung des § 89 b HGB handelte es sich um eine völlig neue, dem deutschen Recht bis dahin unbekannte

---

[1] Vgl. die Entscheidungen des RG: Urt. v. 22. 12. 1906 (RGZ 65, 37), 5. 7. 1907 (Recht 1907, Sp. 1066, Nr. 2543), 24. 4. 1908 (Warn Rspr. 1908, 405, Nr. 511) und 11. 5. 1942 (DR 1942, 1226, Nr. 8) sowie v. 8. 1. 1929 (JW 1929, 1291) und 3. 11. 1916 (JW 1917, 156, Nr. 6).

[2] Vgl. v. Brunn, Händlerverträge S. 71 ff.; Ackermann, Die Wirtschaft und das Recht 1929, Sp. 31 ff.

Regelung.[3] Deshalb kann auch aus früheren Entscheidungen[4] zur Anwendung von HV-Recht auf VH nichts abgeleitet werden, zumal es sich hierbei um Fälle handelt — Kündigung aus wichtigem Grund, ordentliche Kündigung, Auskunftspflicht —, deren Lösung sich heute aus der Art als Dauerschuldverhältnisse und der damit verbundenen Rechte und Pflichten ohne analoge Anwendung bestimmter Vorschriften ergibt.[5, 6]

I. Rechtsprechung

Die Rechtsprechung zur Anwendbarkeit des § 89 b HGB auf den VH ist geprägt durch drei Grundsatzentscheidungen[7], die in den Mittelpunkt der Darstellung zu rücken sind. Interessant als Hintergrund für die Betrachtung ist hierbei, daß diese jeweils von verschiedenen Zivilsenaten des Bundesgerichtshofs gefällt wurden: Bis zum Jahre 1959 war der II., ab 1. 1. 1960 der VII. und ab 1. 1. 1975 der I. Zivilsenat für das Recht der HV zuständig.[8]

1. Die drei Grundsatzentscheidungen des BGH und ihre Folgeentscheidungen

a) BGHZ 29, 83

Erstmals mußte sich der Bundesgerichtshof im Jahre 1958 mit der Frage der entsprechenden Anwendung des § 89 b HGB auf VH befassen. In seinem Urteil v. 11. 12. 1958[9] nimmt er zunächst allgemein zur Analogiefähigkeit des § 89 b HGB Stellung.

---

3 Mücke, MDR 1956, 641 (642); Klein S. 35; Kunz S. 16; Evans-v. Krbek S. 105.

4 Vgl. Fn. 1.

5 Evans-v. Krbek S. 11 f.; Nipperdey, FS Hedemann, S. 212 ff.; Renz S. 69; Schuler NJW 1959, 649; Kunz S. 15; Nies MDR 1961, 556.

6 Vgl. zur Rechtsprechung bezüglich dem Verhältnis HV - VH vor Einführung des § 89 b HGB die ausführlichen Darstellungen bei Nipperdey, FS Hedemann, S. 211 ff.; außerdem Schuler NJW 1959, 649 f.; Kunz S. 8 ff.; Schröder DB 1966, 449 f.

7 Urt. v. 11. 12. 1958 = BGHZ 29, 83.
Urt. v. 16. 12. 1961 = BGHZ 34, 282.
Urt. v. 11. 02. 1977 = BGHZ 68, 340.

8 Die Notwendigkeit der Anrufung des großen Senats nach § 136 GVG ergab sich bisher nicht. Dies ist nämlich nicht erforderlich, wenn durch die Änderung der Geschäftsverteilung der jetzt erkennende Senat allein zuständig ist und der frühere nicht mehr damit befaßt ist. Vgl. BGHZ 34, 282 (293); BGHZ 28, 16 (28); BGHSt 8, 59 (66); RGZ 115, 103 (105); BGHZ 68, 340 (348).

9 BGHZ 29, 83.

§ 89 b HGB stelle keine enge, vom Gesetzgeber in der Absicht, ihre Anwendung auf andere Fälle auszuschließen, gefaßte Ausnahmeregelung dar.[10] Weder dem Gesetzestext noch den Materialien könne dies entnommen werden. Dem Gesetzgeber sei die gefestigte Rechtsprechung des Reichsgerichts, die HV-Recht auf EH angewendet habe, bekannt gewesen.[11] Jedoch könne dieser Rechtsprechung kein allgemeiner Grundsatz des Inhalts entnommen werden, daß auf EH-Verhältnisse generell die Bestimmungen des HV-Rechts anzuwenden seien, wenn das EH-Verhältnis wirtschaftlich und tatsächlich im Innenverhältnis einem HV entspreche.[12]

Entscheidend für eine entsprechende Anwendung sei die Prüfung, ob der hinter der jeweiligen Einzelbestimmung des HV-Rechts stehende, nur für eine bestimmte Fallgestaltung ausgesprochene Grundgedanke darüber hinaus in vollem Umfang auf einen vom Gesetzeswortlaut nicht umfaßten, vom geregelten, aber nur unwesentlich abweichenden Fall anzuwenden sei. Maßgebend sei dabei in erster Linie die Gleichheit der Interessenlage.[13] Deshalb seien die wesentlichen Voraussetzungen für die Zubilligung des AA nach § 89 b HGB zu erforschen, sodann sei zu prüfen, ob im wesentlichen Übereinstimmung mit dem zu beurteilenden Sachverhalt bestehe.[14]

In diesem Zusammenhang stellt der BGH die erste Voraussetzung für die entsprechende Anwendung des § 89 b HGB auf: Auszuscheiden hätten vorab alle Fälle, in denen es sich bei dem Innenverhältnis zwischen Fabrikant und EH um ein Rechtsverhältnis handele, das über bloße Käufer-Verkäufer-Beziehungen nicht hinausgeht; in Betracht kämen folglich die typischen EH-Verträge (Rahmenvertrag mit Übertragung des Alleinvertriebs für bestimmtes Gebiet und regelmäßiger Verpflichtung, selbst keine Verkäufe durchzuführen), wenn also der EH in die Verkaufsorganisation des Herstellers so eingegliedert ist, daß er wirtschaftlich in weitem Umfang die sonst einem HV obliegenden Aufgaben erfüllt.[15]

Drei weitere Voraussetzungen entnimmt er dem § 89 b HGB:

Zunächst sei das Gegenübertreten zweier selbständiger Gewerbetreibender erforderlich, da der Ausgleichsgedanke des § 89 b HGB gerade darauf beruhe, daß der HV selbständiger Gewerbetreibender sei. Diese Voraussetzung sei jedoch beim EH ohne weiteres gegeben.[16]

---

[10] BGHZ 29, 83 (85).
[11] BGHZ 29, 83 (85 f.); vgl. auch Fn. 1.
[12] BGHZ 29, 83 (86 f.); so aber Schröder BB 1958, 252, vgl. Teil II: II. 1.
[13] BGHZ 29, 83 (87).
[14] BGHZ 29, 83 (87).
[15] BGHZ 29, 83 (87).
[16] BGHZ 29, 83 (88).

Der zwingende Charakter des § 89 b HGB schütze — wie die amtliche Begründung zeige — den HV, der zwar rechtlich selbständiger Kaufmann sei, im allgemeinen dem wirtschaftlich überlegenen Unternehmer aber nicht gleichberechtigt gegenübertreten könne, vor nachteiligen Vereinbarungen. Daher sei weitere Voraussetzung, daß der EH im konkreten Fall schutzbedürftig sei.[17] Dies sei immer dann der Fall, wenn der EH keinen Einfluß auf die Vertragsgestaltung habe, der Vertrag „nicht frei ausgehandelt" sei, wenn also z. B. — wie im Streitfall — ein Formularvertrag des Fabrikanten vorliege.[18]

Drittens entnimmt der BGH dem § 89 b HGB als Voraussetzung, daß der EH bei Eingehung des Vertragsverhältnisses verpflichtet sein mußte, dem Hersteller den von ihm geworbenen Kundenstamm nach Vertragsende zur Nutzung zu überlassen. Denn der AA des HV beruhe darauf, daß der HV für einen auf seiner Tätigkeit beruhenden, ihm aber infolge der Beendigung des Vertragsverhältnisses nicht mehr vergüteten Vorteil, wie er in der Schaffung des Kundenstammes liegt, eine Gegenleistung erhält. Es handele sich um eine durch Billigkeitsgesichtspunkte beeinflußte Vergütung für den geworbenen Kundenstamm. Da der EH im eigenen Namen handele, müsse eine besondere Überlassung des Kundenstamms erfolgen.[19] Da auch diese Voraussetzung im im Streit stehenden Fall vorlag, bejahte der BGH einen AA des EH.

b) Nachfolgende Entscheidungen des BGH

Diese Grundsätze wurden in zwei weiteren Entscheidungen[20] bestätigt und vertieft. In der Entscheidung vom 4. 6. 1959[21] wird besonders darauf hingewiesen, daß dann, wenn die Voraussetzungen für eine entsprechende Anwendung bejaht werden, in die Prüfung der einzelnen Tatbestandsmerkmale des § 89 b HGB einzutreten ist.[22]

In der Entscheidung vom 26. 11. 1959[23], die sich erstmals mit der Kfz-Branche befaßt[24], betont der BGH, daß trotz der an sich bestehenden rechtlichen Selbständigkeit und Entschließungsfreiheit des EH bei

---

[17] BGHZ 29, 83 (88).

[18] BGHZ 29, 83 (89).

[19] BGHZ 29, 83 (89 f.); hierbei dürfte es sich weniger um eine allgemeine Analogievoraussetzung handeln, als vielmehr um die Erfüllung der Anspruchsvoraussetzung in § 89 b Abs. 1 Satz 1 Nr. 1 HGB bei Anwendung des § 89 b HGB auf den VH; in diese Richtung auch Ulmer, VH, S. 400 Fn. 22; Evans-v. Krbek S. 22 Fn. 98.

[20] Urt. v. 4. 6. 1959, VersR 1959, 787 und Urt. v. 26. 11. 1959, VersR 1960, 113.

[21] BGH VersR 1959, 787.

[22] BGH VersR 1959, 787 (788 f.).

[23] BGH VersR 1960, 113.

[24] Damit wird ein Gebiet angesprochen, auf dem der VH-Vertrieb besondere Verbreitung gefunden hat.

Schutzbedürftigkeit im konkreten Fall § 89 b HGB entsprechend anzuwenden sei. Denn die Ausgestaltung der Rahmenverträge — Konkurrenzverbote, Preisbindungen[25], Vorschriften über die Lieferbedingungen beim Weiterverkauf, Anordnungen über die Einrichtungen des Betriebs und die Geschäftsführung — sei derart, daß nicht schlechthin gesagt werden könne, der EH sei infolge größerer wirtschaftlicher Selbständigkeit in der Lage, nachteiligen Vereinbarungen entgegenzutreten.[26]

Auch dürfe die Schwierigkeit, die für die entsprechende Anwendung geeigneten Fälle exakt zu bestimmen, trotz der dadurch hervorgerufenen Unsicherheit nicht zur Ablehnung der nach allgemeinen Rechtsgrundsätzen gebotenen Analogie führen.[27]

Zudem wird festgestellt, daß es genüge, daß dem EH die Chance entgeht, durch die fortdauernde Verbindung mit dem geworbenen Kunden weitere Geschäfte mit ihm abzuschließen. Nicht erforderlich sei, daß solche Vorteile verlorengehen, die ohne weitere Tätigkeit entstanden wären.[28]

Auch in den beiden folgenden, zugleich ersten Entscheidungen[29] nach dem Zuständigkeitswechsel am 1. 1. 1960 wurden die aufgeführten Grundsätze übernommen, eine Anwendung des § 89 b HGB auf den EH aber abgelehnt, da die genannten Voraussetzungen nicht gegeben seien.

c) *BGHZ 34, 282*

Einen grundlegenden Wandel brachte das Urteil vom 16. 2. 1961.[30] Zunächst hält der VII. Senat in ihm ausdrücklich an den vom II. Senat in BGHZ 29, 83 aufgestellten Grundsätzen fest:

(1) Das Innenverhältnis muß über bloße Verkäufer-Käufer-Beziehungen hinausgehen (Eingliederung in die Verkaufsorganisation).[31]

(2) Der VH muß vertraglich zur Überlassung des Kundenstamms an den Unternehmer verpflichtet sein.[32]

---

25 Preisbindungen für Markenwaren waren zulässig bis zur GWB-Novelle 1973 (Gesetz vom 3. 8. 1973, BGBl. I S. 917).

26 BGH VersR 1960, 113 (114); entgegen Schuler NJW 1959, 649 ff., vgl. Teil II: II. 2. a).

27 BGH VersR 1960, 113 (114).

28 BGH VersR 1960, 113 (114); so auch schon BGHZ 24, 214 (222) für den HV. Es handelt sich hierbei nicht um eine allgemeine Analogievoraussetzung, sondern um die Auslegung des § 89 b Abs. 1 Satz 1 Nr. 2 HGB, die aber gerade auch für die Anwendung beim VH erhebliche praktische Bedeutung hat.

29 Urt. v. 24. 3. 1960, VersR 1960, 653 und Urt. v. 29. 9. 1960, HVR Nr. 236.

30 BGHZ 34, 282 = BGH LM HGB § 89 b Nr. 14 mit Anmerkung Rietschel.

31 BGHZ 34, 282 (285).

32 BGHZ 34, 282 (286 f.) mit ausführlicher Begründung.

(3) Der VH muß im konkreten Fall schutzbedürftig sein.[33]

Der VII. Senat folgt dem II. Senat jedoch nicht — und dies ist entscheidend — in der Auslegung des Merkmals der Schutzbedürftigkeit. Die Schutzbedürftigkeit sei nicht schon bei der Unterwerfung unter einen Formularvertrag gegeben.[34] Dies sei kein brauchbares Kriterium für die Abgrenzung, da die Verwendung von von einer Seite entworfenen Vertragsformularen im heutigen Wirtschaftsleben eine alltägliche Erscheinung sei, die zwar für die wirtschaftliche Unterlegenheit gegenüber dem Verwender sprechen könne, jedoch keineswegs müsse.[35]

Für eine sachgerechte Abgrenzung sei das allgemeine Erscheinungsbild des HV maßgebend, das dem Gesetzgeber bei der Schaffung des § 89 b HGB vorgeschwebt habe und maßgeblich für seine Einführung gewesen sei. Dieser sei von der Schutzbedürftigkeit des HV als Berufstyp insgesamt ausgegangen. Aus Gründen der Rechtseinheitlichkeit habe er aber beim HV nicht auf die Prüfung der Schutzbedürftigkeit im Einzelfall abgestellt. Eine entsprechende Anwendung sei jedoch nur zulässig, wenn die vom Gesetzgeber für den HV als Typ angenommene Schutzbedürftigkeit in den in Frage kommenden Fällen auch tatsächlich vorliege, also alle Umstände gegeben seien, die den HV in seinem typischen Erscheinungsbild als schutzbedürftig erscheinen ließen.[36]

Welche Umstände dies sein können, hat der BGH nicht abschließend geprüft. Er stellt jedoch fest, daß nur dann Raum für eine entsprechende Anwendung sei, wenn der VH sein Geschäft ohne eigenen Kapitaleinsatz geführt habe. Denn für den VH sei typisch, daß er seinen Betrieb i. d. R. ohne eigenen Kapitaleinsatz führe. Der Hauptwert seines Geschäftsbetriebs liege in den von ihm geschaffenen Beziehungen zur Kundschaft. Indem diese bei Vertragsende beim Unternehmen verbleibe, verflüchtige sich gerade der Hauptwert seines Unternehmens. Der geworbene Kundenstamm sei das Kapital des HV. Er sei deshalb wirtschaftlich wesentlich stärker vom Vertragsende betroffen als der VH, dem seine Kapital- und Sachwerte verblieben.[37]

Daß in dieser Interpretation der Schutzbedürftigkeit ein grundlegender Wandel liegt, zeigt schon die Tatsache, daß dieser Entscheidung das gleiche Vertragsformular wie im Urteil BGHZ 29, 83 zugrunde lag.[38] In ihrer praktischen Konsequenz bewirkt die Entscheidung zudem —

---

[33] BGHZ 34, 282 (287).

[34] So BGHZ 29, 83 (88 f.).

[35] BGHZ 34, 282 (289 f.).

[36] BGHZ 34, 282 (290 f.).

[37] BGHZ 34, 282 (291 f.).

[38] Vgl. den entsprechenden Hinweis im Sachverhalt, BGHZ 34, 282 (283).

trotz der positiven Formulierung — die grundsätzliche Ablehnung der Analogie mit der Möglichkeit von Ausnahmen im Einzelfall, da kaum ein VH ohne erheblichen eigenen Kapitaleinsatz arbeiten kann.[39]

d) Nachfolgende Entscheidungen des BGH

Diese Rechtsauffassung hat der BGH in seinen Urteilen vom 16. 2. 1961[40] und 5. 4. 1962[41] bestätigt. Auch in den Urteilen vom 1. 6. 1964[42] und vom 16. 10. 1969[43] hält der BGH ausdrücklich an diesen Grundsätzen fest.[44] Er hebt in diesen beiden Urteilen nochmals besonders hervor, daß eine wesentliche Voraussetzung für die entsprechende Anwendung des § 89 b HGB auf EH die vertragliche Verpflichtung des Händlers sei, seinen Kundenstamm dem Hersteller zu überlassen.[45]

Dabei steht dieser vertraglichen Verpflichtung die Verpflichtung des EH gleich, schon während der Vertragszeit dem Lieferanten laufend die Unterlagen zu liefern und die Angaben zu machen, deren dieser bedarf, um nach Vertragsende den Kundenstamm des EH für sich nutzbar zu machen.[46] Zudem wird darauf verwiesen, daß die tatsächliche Handhabung der Parteien über einen längeren Zeitraum hinweg zu einer vertraglichen Verpflichtung in diesem Sinne führen könne.[47] Nicht genüge jedoch die tatsächliche Ausnutzung des Kundenstamms durch den Unternehmer ohne Bestehen einer solchen Verpflichtung des EH.[48]

Das Urteil vom 23. 9. 1975[49] schließt sich ebenfalls der dargestellten Rechtsansicht an.

---

39 Dies zeigt sich besonders deutlich daran, daß von 1961 an bis zum Jahre 1977 (BGHZ 68, 340) keine Entscheidung bekanntgeworden ist, in der der BGH einen Anspruch des VH aus analoger Anwendung des § 89 b HGB bejaht hat. Das Urteil BGH NJW 1964, 1952 führte zu einer Zurückweisung, nachdem das Berufungsgericht die Schutzbedürftigkeit des Klägers unterstellt hatte, da nach seiner Auffassung es bereits an der vertraglichen Verpflichtung zur Überlassung des Kundenstammes fehlte. Wie hier auch Nies MDR 1961, 556 (557 f.); Evans-v. Krbek S. 25; Kunz S. 23; Hoffmann S. 98 ff.; Heymann / Kötter § 84 Anm. 1; v. Brunn DB 1961, 429 (431); a. A. wohl Schuler NJW 1961, 758 (759).

40 BGH VersR 1961, 401.

41 BGH BB 1962, 543.

42 BGH NJW 1964, 1952.

43 BGH LM HGB § 89 b Nr. 34 a.

44 In BGH LM HGB § 89 b Nr. 34 a wird deutlich ausgesprochen, daß eine Anwendung des § 89 b HGB auf VH in aller Regel ausscheidet und nur in Ausnahmefällen in Betracht kommt, vgl. Fn. 39.

45 BGH NJW 1964, 1952 (1952 f.); BGH LM HGB § 89 b Nr. 34 a Bl. 1 (Rückseite), Bl. 2.

46 BGH NJW 1964, 1952 (1953).

47 BGH NJW 1964, 1952 (1953).

48 BGH LM HGB § 89 b Nr. 34 a Bl. 1 und 2.

49 BGH WM 1975, 1240 (1242 f.).

e) BGHZ 68, 340

Die zweite grundlegende Änderung der Rechtsprechung erfolgte im Urteil vom 11. 2. 1977[50]. Von den bisherigen für die analoge Anwendung des § 89 b HGB aufgestellten Voraussetzungen wurde die der Schutzbedürftigkeit des VH im konkreten Fall[51] fallengelassen. Es entspreche weder dem gesetzgeberischen Grundgedanken des § 89 b HGB noch der Interessenlage, die Anwendung der Bestimmung auf einen wie ein HV in die Absatzorganisation eines Unternehmens eingegliederten VH hiervon abhängig zu machen. Entscheidend sei vielmehr die Ausgestaltung der rechtlichen Beziehungen des VH zu dem die Absatzorganisation unterhaltenden Unternehmer.[52]

Die Erwägung, der Gesetzgeber sei vom Typ der abhängigen und schutzbedürftigen HV ausgegangen, rechtfertige keine andere Beurteilung. Zum einen sei die wirtschaftliche Entwicklung zu berücksichtigen, wonach heute auch viele HV erhebliches Eigenkapital einsetzen würden, zum anderen sei der vom Gesetzgeber vorausgesetzten Schutzbedürftigkeit in erster Linie durch die Unabdingbarkeit Rechnung getragen worden. Die Unabdingbarkeit ändere nichts daran, daß der HV mit dem AA eine zusätzliche Vergütung für bisher nicht abgegoltene Dienste erhalten solle; es sei zwischen Inhalt und Unabdingbarkeit zu unterscheiden.[53] Da somit die Schutzbedürftigkeit des HV nicht zu den tragenden Grundgedanken des § 89 b HGB gehöre, sei auch bei der entsprechenden Anwendung auf den VH nicht darauf abzustellen.[54]

Daher müsse auch der Gesichtspunkt, ob der VH mit erheblichem Eigenkapital gearbeitet hat, außer Betracht bleiben.[55] Abgesehen davon, daß sich hieraus nicht zwingend eine geringere Schutzbedürftigkeit ergebe — so sage der Einsatz von Eigenkapital nichts über die wirtschaftliche Lage des VH im Verhältnis zum Unternehmen, dem er eingegliedert ist, zudem drohe die Gefahr des Kapitalverlustes bei Vertragsende —[56], könne dieser Gesichtspunkt nur im Rahmen der Billigkeitserwägungen nach § 89 b Abs. 1 Satz 1 Nr. 3 HGB berücksichtigt werden.[57]

---

[50] BGHZ 68, 340.

[51] Damit entfällt die Voraussetzung, die in erster Linie für die sehr restriktive Handhabung der analogen Anwendung des § 89 b HGB auf VH maßgeblich war.

[52] BGHZ 68, 340 (344 f.).

[53] BGHZ 68, 340 (345 f.).

[54] BGHZ 68, 340 (345).

[55] BGHZ 68, 340 (Leitsatz).

[56] BGHZ 68, 340 (346 f.).

[57] BGHZ 68, 340 (348).

f) Nachfolgende Entscheidungen des BGH

Der Wegfall der Voraussetzung der Schutzbedürftigkeit des VH, die vor BGHZ 68, 340 immer dann, wenn der VH mit erheblichem eigenem Kapitaleinsatz arbeitete, verneint wurde, fand in den folgenden BGH-Entscheidungen vom 5. 10. 1979[58], 20. 2. 1981[59], 25. 3. 1982[60], 3. 3. 1983[61] und 14. 4. 1983[62] volle Bestätigung. Die beiden ersten Entscheidungen befaßten sich in erster Linie mit der in ständiger Rechtsprechung[63] aufgestellten Voraussetzung der vertraglichen Verpflichtung zur Überlassung des Kundenstamms. Der BGH hält an ihr weiter fest; da es sich beim EH rechtlich um „seine eigenen" Kunden handele, während der HV durch Abschluß im Namen des Herstellers Kunden „des Herstellers" gewinne, müsse der EH aufgrund besonderer Abreden verpflichtet sein, dem Hersteller die Nutzung des Kundenstamms zu verschaffen.[64] Er modifiziert sie jedoch weiter: Die Nichtausübung des Rechts, vom EH eine laufende Mitteilung von Kundennamen zwecks karteimäßiger Erfassung zu verlangen, hindere die Entstehung des AA nicht, sofern aufgrund der besonderen Umstände die Kundenbeziehungen auch so ungestört fortgeführt werden könnten; hierbei ließ der BGH offen, ob der Hersteller bereits hinreichende Kenntnis des Kundenstamms besaß oder durch Übernahme der Geschäftsführer und einer größeren Zahl Betriebsangehöriger erst erhielt.[65] Außerdem entnimmt der BGH eine rechtsgeschäftliche Verpflichtung im genannten Sinne dem Vertrag schon dann, wenn dem Hersteller die jederzeitige Einsicht und Prüfung der Abrechnungsunterlagen gestattet sei und Berichte über den Geschäftsgang (Tagesverkaufsberichte) abzugeben seien, so daß die auf Verlangen am Vertragsende erfolgende Übergabe der Kundenkartei nicht ein rein tatsächliches Geschehen darstelle.[66]

In der Entscheidung von 1982[67] könnte sich gar ein Wandel andeuten: Der BGH läßt ausdrücklich dahingestellt, ob mit der bisherigen Rechtsprechung auch für den Bereich der Kfz-Branche angesichts der bei ihr bestehenden Besonderheiten zu verlangen ist, daß der EH zur Überlas-

---

[58] BGH LM HGB § 89 b Nr. 57.

[59] BGH LM HGB § 89 b Nr. 58.

[60] BGH NJW 1982, 2819.

[61] BGH BB 1983, 997.

[62] BGH WM 1983, 1102.

[63] Seit BGHZ 29, 83.

[64] BGH LM HGB § 89 b Nr. 57 Bl. 1 (Rückseite), Bl. 2 (Vorderseite).

[65] BGH LM HGB § 89 b Nr. 57 Bl. 2 (Vorder- und Rückseite).

[66] BGH LM HGB § 89 b Nr. 58 Bl. 2. Auf dieser Linie auch BGH BB 1983, 997.

[67] Vgl. Fn. 60: es handelt sich erst um die zweite Entscheidung des BGH (nach BGH VersR 1960, 113), die sich mit der Kfz-Branche befaßt.

sung seines Kundenstamms vertraglich verpflichtet ist oder ob schon die tatsächliche Möglichkeit, den Kundenstamm zu nutzen, genügt.[68]

Darüber hinaus wird betont, daß für eine entsprechende Anwendung des § 89 b HGB die Möglichkeit zur Nutzung des Kundenstamms genüge; unerheblich sei, ob davon Gebrauch gemacht werde. Welche Vorteile entstünden, spiele erst bei der notwendigen Prüfung der einzelnen Voraussetzungen des § 89 b Abs. 1 Satz 1 Nr. 1 HGB eine Rolle.[69]

Zudem wird klargestellt[70], daß ein Alleinvertriebsrecht mit ausschließlichem Gebietsschutz nicht Voraussetzung für die analoge Anwendung des § 89 b HGB sei. In der bisherigen einschlägigen Rechtsprechung[71] sei die Übertragung des Alleinvertriebs nur als ein Indiz für eine dem HV vergleichbare Einordnung in die Absatzorganisation des Herstellers und nicht als zwingende Voraussetzung für eine Gleichbehandlung von HV und EH gewertet worden.[72] Es sei auch kein innerer Grund erkennbar, der das Erfordernis des Alleinvertriebs (mit Gebietsschutz) rechtfertige. Selbst beim HV sei der Alleinvertrieb keine Voraussetzung für den AA, möge auch die Vereinbarung eines Bezirksvertreterverhältnisses (§ 87 Abs. 2 HGB) beim Vertrieb von Markenartikeln in der Praxis die Regel sein.[73]

Bemerkenswert ist schließlich, daß der BGH der Auffassung, im Kfz-Handel entstehe kein übertragbarer Kundenstamm, weil Autokäufer offensichtlich der „Sogwirkung der Marke“ folgten, entgegentritt: Für einen Erfahrungssatz, daß Autokäufer in der Regel einer bestimmten Marke treu bleiben, weil sie auf sie eingeschworen seien, fehle es an hinreichenden Feststellungen. Auch sei zu bedenken, daß zunächst einmal die Kunden geworben worden seien, wozu der Kfz-Händler regelmäßig auch etwas beigetragen habe. Auch Werbung und Serviceleistungen des VH seien wohl nicht völlig bedeutungslos. Die „Sogwirkung der Marke“ sei deshalb zwar bei der Billigkeitsprüfung nach § 89 b Abs. 1 Satz 1 Nr. 3 HGB zu berücksichtigen, nicht bewirke sie den Ausschluß des Anspruches.[74]

---

68 BGH NJW 1982, 2819 (2820).

69 BGH NJW 1982, 2819 (2820).

70 Z. T. wurde das Alleinvertriebsrecht mit Gebietsschutz als Analogievoraussetzung angesehen, so das Berufungsgericht im Fall BGH NJW 1982, 2819 und auch OLG Saarbrücken BB 1980, 905 f.; a. A. KG NJW 1981, 2823 f.; vgl. auch Teil II: I. 2.

71 Z. B. BGHZ 29, 83; BGHZ 34, 282; BGHZ 68, 340.

72 BGH NJW 1982, 2819 und BGH WM 1983, 1102 (1103).

73 BGH NJW 1982, 2819 (2820) und BGH WM 1983, 1102 (1103).

74 BGH NJW 1982, 2819 (2820) und BGH WM 1983, 1102 (1103).

In den beiden neuesten einschlägigen Urteilen[75] bestätigt der BGH seine Analogievoraussetzungen und lehnt insbesondere erneut das Alleinvertriebsrecht als eine solche ab[76]; zudem stellt er erstmals fest, daß sich die entsprechende Anwendung des § 89 b HGB auf EH auch auf die Regelung des § 89 b Abs. 3 Satz 2 HGB erstrecke.[77]

2. Die Rechtsprechung der Instanzgerichte

Zum Abschluß der Rechtsprechungsübersicht soll nun noch ein Blick auf die Entscheidungen der Instanzgerichte geworfen werden. Leider ist die Anzahl der veröffentlichten Urteile äußerst gering.[78] Erweitert wird das Spektrum allerdings durch den Aufsatz „Die analoge Anwendung des § 89 b HGB auf VH-Verträge der Kfz-Branche" von Graf von Westphalen[79], in dem 18 erst- und zweitinstanzliche Urteile — darunter vier der fünf neueren, veröffentlichten Urteile[80] — untersucht und auszugsweise zitiert werden.[81] Von diesen 18 Urteilen weisen dreizehn den vom VH begehrten AA ab, fünf sprechen ihn dem VH zu.[82]

In der ersten veröffentlichten Entscheidung zum anstehenden Problem überhaupt, im Urteil des KG Berlin vom 29. 1. 1958[83], wird eine analoge Anwendung des § 89 b HGB grundsätzlich für möglich gehalten. § 89 b enthalte eine Form des Vorteilsausgleiches, sei somit der Ausdruck eines allgemeinen Rechtsgedankens, wie er sich in §§ 812 ff.

---

75 Urt. v. 7. 7. 1983, BGH WM 1984, 38 und Urt. v. 20. 10. 1983, BGH WM 1984, 167.

76 BGH WM 1984, 167 (168 f.).

77 BGH WM 1984, 38.

78 Es handelt sich um folgende sechs Urteile: KG Berlin, Urt. v. 29. 1. 1958, NJW 1958, 912; OLG Nürnberg, Urt. v. 26. 9. 1979, DB 1980, 345; OLG Hamburg, Urt. v. 20. 12. 1979, DB 1980, 972; OLG Saarbrücken, Urt. v. 9. 1. 1980, BB 1980, 905; KG Berlin, Urt. v. 6. 11. 1980, NJW 1981, 2823; LG Köln, Urt. v. 13. 12. 1982, ArchPR 1983, 353. Zusätzlich jetzt noch OLG München, Urt. v. 18. 5. 1984, BB 1984, 1829,

79 v. Westphalen, DB 1981 Beilage Nr. 12.

80 Die Urteile des OLG Nürnberg, OLG Hamburg, OLG Saarbrücken, KG Berlin, vgl. Fn. 78. Darüber hinaus standen folgende acht unveröffentlichte Entscheidungen zur Verfügung, wovon die älteren drei bei v. Westphalen noch berücksichtigt sind: LG München, Urt. v. 16. 10. 1979, Az. 2 HK O 13916/78; OLG Düsseldorf, Urt. v. 3. 7. 1980, Az. 6 U 9/80; LG Köln, Urt. v. 30. 1. 1981, Az. 87 (29) O 175/80; OLG Düsseldorf, Urt. v. 22. 5. 1981, Az. 16 U 214/80; LG Köln, Urt. v. 8. 5. 1981, Az. 82 (22) O 53/80; LG Köln, Urt. v. 1. 9. 1981, Az. 90 O 178/81; LG Stuttgart, Urt. v. 30. 12. 1981, Az. 3 KfH O 91/81. Die fünf neueren Urteile weisen alle die Klage auf den AA ab.

81 Alle diese Urteile stammen aus den Jahren 1978 - 1981 (so daß eine Lücke von instanzgerichtlichen Urteilen von 1958 bis 1978 besteht), also nach dem letzten Wandel der BGH-Rechtsprechung. Zu beachten ist, daß sie sich alle mit der Kfz-Branche befassen.

82 v. Westphalen, DB 1981 Beilage Nr. 12 S. 17.

83 KG NJW 1958, 912.

BGB finde, und daher keine die Analogie ausschließende Sondervorschrift. Eine Analogie sei gerechtfertigt, wenn ein agenturvertragsähnlich ausgestattetes Innenverhältnis vorliege, d. h. das Vertragsverhältnis müsse handelsvertreterähnliche Momente in besonderem Umfang ausweisen.[84]

Die Untersuchung der anderen genannten neuen instanzgerichtlichen Entscheidungen ergibt, daß sie alle im Prinzip den vom BGH im Urteil vom 11. 2. 1977[85] entwickelten Grundsätzen folgen. Allerdings bestehen erhebliche Unterschiede bei der Prüfung des Merkmals der „Eingliederung in die Absatzorganisation des Herstellers“ und bezüglich der Anforderungen für die „vertragliche Verpflichtung zur Überlassung des Kundenstamms“.[86]

Eine Reihe von Entscheidungen läßt eine Analogie zu § 89 b HGB daran scheitern, daß sie die Eingliederung des VH in die Absatzorganisation verneinen, da dem VH ein Alleinvertriebsrecht für einen bestimmten Bezirk gefehlt habe.[87] Ein solches Alleinvertriebsrecht wird als Analogievoraussetzung angesehen, da es andernfalls an der Vergleichbarkeit mit der rechtlichen und wirtschaftlichen Stellung des HV fehle.[88] Z. T. wird dies damit begründet, daß der HV im Regelfall einen bestimmten Bezirk zur alleinigen Bearbeitung übertragen bekomme[89], z. T. wird darin, daß die Vertragsware über das Gebiet hinaus verkauft werden dürfe, eine zu große wirtschaftliche Freiheit des VH gesehen[90], z. T. wird bei konkurrierenden VH die Möglichkeit der späteren Weiternutzung des geschaffenen Kundenstamms durch den Hersteller verneint, da bei einer solchen Wettbewerbssituation die individuellen Verkaufsbedingungen eher dem Händler zukämen.[91]

---

84 KG NJW 1958, 912 f.

85 BGHZ 68, 340.

86 Eine Ausnahme dürfte das KG Berlin, Urt. v. 6. 11. 1980, NJW 1981, 2823, das wohl an dieser Voraussetzung nicht festhalten will, darstellen.

87 OLG Saarbrücken, BB 1980, 905; OLG Düsseldorf, Urt. v. 3. 7. 1980, Az. 6 U 9/80 (BU); LG Köln, Urt. v. 22. 9. 1978, Az. 22 O 13/78; LG Köln, Urt. v. 17. 10. 1978, Az. 22 O 47/78; LG Berlin, Urt. v. 4. 10. 1979, Az. 90 O 95/79; LG Frankfurt, Urt. v. 20. 6. 1979, Az. 216 O 374/78. (v. Westphalen DB 1981 Beilage Nr. 12 S. 17 ff.). Ferner LG Köln, Urt. v. 8. 5. 1981, Az. 82 (22) O 53/80 und Urt. v. 1. 9. 1981, Az. 90 O 178/81; LG Stuttgart, Urt. v. 30. 12. 1981, Az. 3 KfH O 91/81.

88 Z. B. OLG Saarbrücken BB 1980, 905; LG Frankfurt, Urt. v. 20. 6. 1979, Az. 2/6 O 374/78; LG Düsseldorf, Urt. v. 15. 8. 1980, Az. 37 O 77/80 (v. Westphalen DB 1981 Beilage Nr. 12 S. 19).

89 OLG Düsseldorf, Urt. v. 3. 7. 1980, Az. 6 U 9/80 (BU); LG Köln, Urt. v. 22. 9. 1978, Az. 22 O 13/78 und Urt. v. 17. 10. 1978, Az. 22 O 47/78 (v. Westphalen DB 1981 Beilage Nr. 12 S. 18 f.).

90 LG Berlin, Urt. v. 4. 10. 1979, Az. 90 O 95/79; LG Köln, Urt. v. 17. 10. 1978, Az. 22 O 47/48; (v. Westphalen DB 1981 Beilage Nr. 12 S. 18 f.).

91 OLG Düsseldorf, Urt. v. 3. 7. 1980, Az. 6 U 9/80 (BU) (v. Westphalen DB 1981 Beilage Nr. 12 S. 18).

Die entgegengesetzte Auffassung[92] vertritt das KG Berlin[93], das darauf abhebt, daß der Alleinvertrieb nach BGHZ 68, 340 nur „in der Regel“ zu den Voraussetzungen der entsprechenden Anwendung gehöre. Dies widerspreche der rechtlichen und wirtschaftlichen Stellung des HV nicht, bei dem der Alleinvertrieb weder wesentlich noch die Regel sei.[94]

Als Indiz für die Eingliederung in der Absatzorganisation wurde in einer Reihe von Urteilen[95] das — unterschiedlich ausgestaltete — Konkurrenzverbot[96] des VH gesehen. Lediglich das LG Berlin[97] sah darin einen wesentlichen Unterschied zum HV.

In dieser Weise wurde vom LG München[98] und KG Berlin[99] auch die jeweils bestehende Vertragspflicht gewertet, eine Werkstätte nach bestimmten Richtlinien des Herstellers einzurichten. Dagegen haben die Gerichte, die eine Eingliederung aus obigen Gründen verneinen, dies meist auch mit dem Betreiben einer Werkstätte durch den VH begründet.[100] Hierdurch sei der VH noch freier, die Verpflichtung, eine Werkstätte zu betreiben, sei mit dem Berufsbild des HV nicht vereinbar, die wirtschaftliche Gestaltungsfreiheit sei größer.[101]

---

92 Ebenso im Ergebnis LG München, Urt. v. 16. 10. 1979, Az. 2 HK O 13916/78, das ein Alleinvertriebsrecht annahm, obwohl dem Hersteller das Recht eingeräumt war, einen weiteren Direkthändler einzusetzen. (v. Westphalen DB 1981 Beilage Nr. 12 S. 19).

93 KG NJW 1981, 2823.

94 KG NJW 1981, 2823.

95 KG NJW 1981, 2823; LG Düsseldorf, Urt. v. 15. 8. 1980, Az. 37 O 77/80 und Urt. v. 14. 12. 1979, Az. 38 O 36/79; LG München, Urt. v. 16. 10. 1979, Az. 2 HK O 13916/78 (v. Westphalen DB 1981 Beilage Nr. 12 S. 20).

96 Hier lagen verschiedene Varianten vor:
(1) Exklusivitätsgebot, d. h. Verbot, eine andere Marke zu vertreten (KG NJW 1981, 2823; LG Düsseldorf, Urt. v. 15. 8. 1980, Az. 37 O 77/80; OLG Düsseldorf, Urt. v. 22. 5. 1981; Az. 16 U 214/80).
(2) Eingeschränktes Konkurrenzgebot — Verpflichtung zum Vertrieb nur einer Marke, aber Erlaubnis, eine weitere zu vertreiben (LG Düsseldorf, Urt. v. 14. 12. 1979, Az. 38 O 36/79).
(3) Verbot, ohne Zustimmung des Herstellers mit Konkurrenzfabrikaten Handel zu treiben (LG München, Urt. v. 16. 10. 1979, Az. 2 HK O 13916/78).
(4) Verpflichtung des VH, die Aufnahme eines Fremdfabrikats anzuzeigen (LG Berlin, Urt. v. 4. 10. 1979, Az. 90 O 95/79; v. Westphalen DB 1981 Beilage Nr. 12 S. 20).

97 Vgl. Fn. 96; das Urteil wurde aufgehoben durch KG NJW 1981, 2823.

98 Urt. v. 16. 10. 1979, Az. 2 HK O 13916/78 (v. Westphalen DB 1981 Beilage Nr. 12 S. 21).

99 KG NJW 1981, 2823.

100 LG Köln, Urt. v. 22. 9. 1978, Az. 22 O 13/78 und Urt. v. 17. 10. 1978, Az. 22 O 47/48 (v. Westphalen DB 1981 Beilage Nr. 12 S. 21). LG Köln, Urt. v. 8. 5. 1981, Az. 82 (22) O 53/80.

101 Vgl. Fn. 100.

Diese Auffassung der größeren wirtschaftlichen Freiheit und damit der mangelnden Vergleichbarkeit wird häufig zusätzlich gestützt auf den Freiraum in der Gestaltung der Verkaufspreise.[102] Dem treten die Urteile des LG München[103] und des KG Berlin[104] entgegen. Ersteres wertet die fehlende Preisbindung zwischen VH und Hersteller als Selbstverständlichkeit, letzteres als (unerhebliche) Folge der Aufhebung der vertikalen Preisbindung durch den Gesetzgeber.

Auch zu dem vom BGH aufgestellten Erfordernis der „vertraglichen Verpflichtung zur Übertragung des Kundenstamms" werden unterschiedliche Auffassungen vertreten. Einige Gerichte stellen bereits in Abrede, daß ein VH in der Kfz-Branche überhaupt einen übertragbaren Kundenstamm schaffen kann. Entweder sei der Autokäufer in der Regel auf eine bestimmte Automarke eingeschworen oder aber halte er aus Vertrauen zu einem bestimmten Händler und dessen Kundendienst unabhängig von der jeweiligen Marke diesem die Treue.[105] Eine Begründung für diese Annahme erfolgt allerdings nicht.

Hinsichtlich der „Vertragspflicht" weichen einige Entscheidungen von der Rechtsprechung des BGH ab. Noch auf dessen Linie befindet sich das LG Düsseldorf, das es für genügend erachtet, wenn der VH verpflichtet ist, die zu jedem Fahrzeug gehörende Meldekarte, welche die kundenspezifischen Daten enthält, zu übersenden.[106] Dagegen hält das LG München es für ausreichend, daß der Hersteller durch die Tätigkeit des EH während der Vertragszeit tatsächlich in die Lage versetzt ist, die Kunden des EH nach Vertragsende weiter zu beliefern.[107] Auch das KG Berlin erniedrigt diese „Analogiehürde" weiter. Entscheidend sei allein, daß die Herstellerin nach Vertragsbeendigung aufgrund der ihr vom Beklagten vertragsgemäß gemachten Angaben eine Kundenkartei erstellen und damit den Kundenstamm nutzen könne.[108] Nach dem OLG Hamburg[109] schließlich ist wesentlich, daß das Absatz-

---

102 LG Köln (vgl. Fn. 100); LG Frankfurt, Urt. v. 20. 6. 1979, Az. 2/6 O 374/78; OLG Nürnberg DB 1980, 344 (346); OLG Saarbrücken BB 1980, 905; LG Köln, Urt. v. 8. 5. 1981, Az. 82 (22) O 53/80 und Urt. v. 1. 9. 1981, Az. 90 O 178/81.

103 LG München, Urt. v. 16. 10. 1979, Az. 2 KH O 13916/78.

104 KG NJW 1981, 2823.

105 OLG Saarbrücken BB 1980, 905 (906); OLG Düsseldorf, Urt. v. 3. 7. 1980, Az. 6 U 9/80 (v. Westphalen DB 1981 Beilage Nr. 12 S. 22).

106 LG Düsseldorf, Urt. v. 30. 11. 1979, Az. 39 O 2/79 (v. Westphalen DB 1981 Beilage Nr. 12 S. 24). Eine vertragliche Übertragungspflicht fordert auch OLG München BB 1984, 1829.

107 LG München, Urt. v. 16. 10. 1979, Az. 2 HK O 13916/78.

108 KG NJW 1981, 2823 (2824).

109 OLG Hamburg DB 1980, 972 (973). A. A. LG Köln, Urt. v. 5. 4. 1982, Az. 91 O 212/81, das die Vertragspflicht zur Überlassung des Kundenstamms mit dem BGH für ein unverzichtbares Merkmal hält. Ebenso LG Köln, ArchPR 1983, 353 (345).

verhältnis bestehen bleibt. Kundenstamm könne deshalb auch ein einziger „Stammkunde“ sein.[110]

Teilweise wird in den instanzgerichtlichen Urteilen das Vorliegen eines erheblichen Vorteils im Sinne von § 89 b Abs. 1 Satz 1 Nr. 1 HGB zugunsten des Herstellers verneint, weil der Kunde der „Sogwirkung der Marke“ folge oder der Kunde jedenfalls beim Händler verblieben sei.[111] Insgesamt betrachtet stützen sich die Urteile, die einen AA verneinen, auch auf das Argument der „Sogwirkung der Marke“, die klagzusprechenden befassen sich nur am Rande damit, und zwar bei den Billigkeitserwägungen.[112] Deutlich spricht das OLG Hamburg aus, daß es genüge, daß die Tätigkeit neben der „Sogwirkung der Marke“ mitursächlich war.[113] Nach dem KG Berlin ist eine solche Mitursächlichkeit auch im Falle der Sogwirkung einer Marke gerade bei VH für Autos ohne weiteres zu bejahen.[114]

3. Zusammenfassung

Der vorstehende Überblick über die Entwicklung der Rechtsprechung zeigt, daß diese einen teilweise recht wechselvollen Verlauf genommen hat und ständig in Bewegung war. Sowohl hinsichtlich der Voraussetzungen als auch hinsichtlich deren Auslegung scheint sie noch nicht abgeschlossen, wenngleich sie sich zuletzt in eine eindeutige Richtung entwickelt. Nach dem gegenwärtigen Stand der höchstrichterlichen Rechtsprechung hängt die analoge Anwendung des § 89 b HGB auf den VH von folgenden Voraussetzungen ab:

1. Der VH muß in die Absatzorganisation des Herstellers aufgrund besonderer vertraglicher Abmachungen so eingegliedert sein, daß er wirtschaftlich in weitem Umfang Aufgaben zu erfüllen hat, die sonst einem HV zukommen.

   Indizien hierfür sind, daß ihm

   — der Alleinvertrieb für ein bestimmtes Gebiet zugewiesen ist,

   — die Verpflichtung zum Einsatz für den Vertrieb der Erzeugnisse des Herstellers auferlegt ist,

   — sonstige Pflichten, die für einen HV kraft Gesetzes gelten, aufgegeben sind.

---

110 Im konkreten Fall: Die zentrale Einkaufsstelle eines sozialistischen Staates.

111 v. Westphalen DB 1981 Beilage Nr. 12 S. 22.

112 v. Westphalen DB 1981 Beilage Nr. 12 S. 24.

113 OLG Hamburg DB 1980, 972 (973).

114 KG NJW 1981, 2823 (2824).

2. Der VH muß vertraglich zur Übertragung des Kundenstamms an den Hersteller verpflichtet sein. Dabei wird jedenfalls eine Verpflichtung zur laufenden Unterrichtung während der Vertragszeit für ausreichend angesehen.
3. Es müssen die Tatbestandsvoraussetzungen des § 89 b HGB, insbesondere des Abs. 1 Satz 1 Nr. 1 bis 3, vorliegen.

II. Die Entwicklung des Schrifttums

Die Frage der Anwendbarkeit des § 89 b HGB auf den VH rief auch in der Literatur eine rege Diskussion hervor. Um eine bessere Vergleichsmöglichkeit mit der Rechtsprechungsentwicklung zu geben, werden im folgenden drei Abschnitte gebildet: Zunächst die Zeit bis zum ersten einschlägigen höchstrichterlichen Urteil, sodann die Zwischenzeit bis zur großen Wende im Jahre 1977 durch BGHZ 68, 340 — unter Auslassung eines besonderen Einschnitts durch die Entscheidung BGHZ 34, 282 — und schließlich die neuesten Meinungsäußerungen. Selbstverständlich können dabei nur die jeweils wichtigsten Argumente der einzelnen Autoren dargestellt werden, eine erschöpfende Aufzählung würde nicht nur zu unzähligen Wiederholungen führen, sondern auch den Rahmen dieser Arbeit sprengen sowie deren Zweck verfehlen. Ebenso unterbleibt an dieser Stelle — wie bei Darstellung der Rechtsprechung — eine Auseinandersetzung mit und eine Stellungnahme zu den jeweiligen Ansichten. Beides wird an späterer Stelle erfolgen.

1. Literatur nach Einführung des § 89 b HGB durch die HV-Rechtsnovelle im Jahre 1953 bis zu BGHZ 29, 282 (11. 12. 1958)

Schon die beiden, soweit ersichtlich, ersten Äußerungen — sie stammen bereits aus dem Jahre 1954 — widersprechen sich im Ergebnis, erfolgten beide jedoch nur beiläufig ohne nähere Begründung. *V. Brunn*[115] hielt, ohne dies zu begründen, eine Analogie nicht für möglich, während *Schröder*[116] am Rande erklärt, daß § 89 b HGB auf EH nur beschränkt anwendbar sei; dies sei der Fall, wenn die Auslegung der vereinbarten Vertragsbeziehungen ergebe, daß es sich tatsächlich und wirtschaftlich um die Begründung von Rechtsbeziehungen handele, die denen zwischen einem Unternehmer und einem HV entspreche.

---

[115] v. Brunn NJW 1954, 56 (57) (unter Verweis auf v. Brunn, Händlerverträge S. 71 ff.).

[116] Schröder BB 1954, 477 (477 f.), vgl. auch ders. in Schlegelberger § 84 Rn. 20 sowie § 89 b Rn. 3.

Mücke[117] lehnt eine entsprechende Anwendung des § 89 b HGB schon wegen seines Ausnahmecharakters ab. Als ius singulare sei die Bestimmung nicht zu allgemeiner analoger Anwendung geeignet. Darüber hinaus begründet er seine Ablehnung mit grundsätzlichen wirtschaftlichen Unterschieden. Diese sieht er in der andersartigen Risikoverteilung sowie der wirtschaftlichen Macht des EH. Er hält es für eine unangebrachte Förderung eines „Pensionsdenkens", wenn der für den wirtschaftlich schwächeren und, auf die Absatzorganisation bezogen, minder bedeutungsvollen und auch „unselbständigeren" HV, gedachte AA des § 89 b HGB dem EH zugesprochen werde.

Mit ähnlichen Überlegungen kommt *Glaser*[118] zum gleichen Ergebnis. Als nur dem speziellen Charakter des HV-Vertrags entspringender Vergütungsanspruch sei der AA aufgrund seiner Ausnahmeregelung keiner ausdehnenden Anwendung zugänglich. Die Interessenverknüpfung zwischen Unternehmen und EH rechtfertige den Analogieschluß nicht, da die Interessenlage gerade bezüglich der Vergütungsansprüche grundverschieden sei. Außerdem habe der AA sinngemäß eine unmittelbare Kundenwerbung im Auge, wogegen der EH dem Unternehmer nur mittelbar Kunden zuführe.

Ebenso lehnt eine Veröffentlichung des *Vereins Deutscher Maschinenbau-Anstalten* einen AA des VH — ohne Begründung — ab.[119]

Gegen die Auffassung Mückes wendet sich *Buchwald.*[120] Er meint, § 89 b HGB sei keine Ausnahmeregelung, sondern allgemeiner Ausdruck des Grundsatzes, daß der, der für einen anderen im Geschäftsleben etwas geleistet hat, dies im Zweifel nicht unentgeltlich tut. Buchwald trennt zwischen Innen- und Außenverhältnis. Alle wirtschaftlichen Erwägungen müßten dazu führen, den VH, soweit es das Verhältnis zwischen ihm und dem Unternehmer betrifft, als HV anzusehen.[121] Deshalb sei die Frage nach der Analogie so auch nicht richtig. Die Frage sei, ob der VH nicht im Innenverhältnis als HV anzusehen sei.[122] Da dies der Fall sei, stünde ihm der AA zu; im Außenverhältnis gegenüber dem Kunden sei er dagegen Händler.[123]

---

117 Mücke MDR 1961, 641 (642 f.).

118 Glaser DB 1957, 1173.

119 VDMA-Broschüre S. 31.

120 Buchwald, GmbH-Rundschau 1957, 102; ders., Industrie- und Handelsvertreter 1957, 156 (157).

121 Buchwald, GmbH-Rundschau 1957, 102 (102 f.); ders., Industrie- und Handelsvertreter 1957, 156 (157).

122 Buchwald, Industrie- und Handelsvertreter 1957, 156 (157).

123 Vgl. Fn. 121.

In diese Richtung argumentiert auch *Schröder*[124] in seiner ersten ausführlichen Stellungnahme. Nach seiner Auffassung ist es möglich, den Grundgedanken des § 89 b HGB auf solche Fälle anzuwenden, in denen die Tatbestände und insbesondere die wirtschaftlichen Interessen mit denen des HV-Verhältnisses eng verwandt sind. Das HV-Recht (und damit der AA) könne dort entsprechend angewandt werden, wo trotz der Wahl einer in Einzelheiten abweichenden Rechtsform (insbesondere für das Auftreten des Beauftragten Dritten gegenüber) für das Vertragsverhältnis zwischen Auftraggeber und Beauftragtem (also für das Innenverhältnis) wirtschaftlich eine Gesamtsituation gegeben ist, die der des HV-Verhältnisses als eines Innenverhältnisses in jeder Beziehung entspricht.[125] Dies sei der Fall dann, wenn wirtschaftlich und rechtlich gesehen ein Auftragsverhältnis vorliegt, in dem Weisungsrecht und Weisungsgebundenheit bestehen, in dem dem Beauftragten als unmittelbare Vertragspflicht die Wahrnehmung der Belange des Auftraggebers obliegt, das auf die Dauer gerichtet ist und das sich dem Gegenstande nach auf die Vermittlung und auf den Abschluß von Geschäften erstreckt.[126]

Im Anschluß an Schröder hebt *Budczies*[127] entscheidend darauf ab, ob das Innenverhältnis dem HV-Verhältnis entspricht. Er legt dar, daß dies beim Automobil-VH regelmäßig der Fall sei und spricht diesem den Anspruch zu. Unter Verweis auf Schröder bejaht auch *Maier*[128] (ohne Begründung) die entsprechende Anwendbarkeit des § 89 b HGB auf den VH.

Die entgegengesetzte Auffassung vertritt *Nipperdey*[129] in einer umfassenden Untersuchung. Eine Analogie komme nur bei Gleichheit der Interessenlage in Betracht.[130] Er meint, die Gegenüberstellung der Vertragsverhältnisse des EH und des HV ergebe eine rechtlich, wirtschaftlich und sozial wesentlich abweichende Interessenlage, woraus erhebliche Bedenken gegen eine analoge Anwendung von Vorschriften des HV-Rechts auf den EH überhaupt folgen würden.[131] Die rechtlichen Unterschiede sieht Nipperdey zum einen darin, daß der HV nur Geschäfte vermittelt bzw. im fremden Namen abschließt, das Geschäft

---

124 Schröder BB 1958, 252.

125 Schröder BB 1958, 252 (253).

126 Schröder BB 1958, 252 (253 f.).

127 Budczies S. 60 ff.

128 Maier NJW 1958, 1327 (1330); ebenso ohne Stellungnahme *Baumbach / Duden* 13. A. § 84 Anm. 36.

129 Nipperdey, FS Hedemann, S. 207 ff.

130 Nipperdey, FS Hedemann, S. 207.

131 Nipperdey, FS Hedemann, S. 226, S. 208 ff.

also dem dritten Unternehmer zugerechnet wird, der EH dagegen im eigenen Namen und auf eigene Rechnung arbeitet, das Geschäft somit ihm selbst zuzurechnen sei.[132] Zum anderen folge aus der Ähnlichkeit der vertraglichen Pflichten keine Vergleichbarkeit, da sowohl die Informations- als auch die Weisungsrechte einen anderen Inhalt, einen anderen Zweck und damit eine andere rechtliche und wirtschaftliche Bedeutung hätten.[133] In wirtschaftlicher Sicht sieht er die Unterschiede in einer völlig verschiedenen Verteilung des Absatzrisikos sowie des Risikos bezüglich der Lagerhaltung und der einzelnen Kaufverträge und darin, daß der EH seinen Verdienst nicht vom Hersteller in Form der Provision, sondern in Gestalt des Gewinns erhält, den er als selbständiger Weiterverkäufer erzielt. Sein sogenannter Rabatt sei keine Tätigkeitsvergütung, sondern die Handelsspanne, die mit der Provision des HV nicht vergleichbar sei.[134] Aus der Notwendigkeit eines hohen Geschäftskapitals des EH und aus seinen gegenüber dem HV umfangreicheren Leistungen, die zu den höheren Rabatten führten, folge auch, daß der EH in seiner sozialen Stellung wesentlich stärker sei; es liege also eine durchaus verschiedene soziale Interessenlage vor.[135] Damit stehe fest, daß die zunächst nur im Außenverhältnis auffallende, von der des HV abweichende Stellung des EH sich auch auf das Innenverhältnis auswirke.[136]

Bei der Einzelprüfung des § 89 b HGB findet Nipperdey dann seine erheblichen Bedenken bestätigt. Die analoge Anwendung sei unzulässig, da die Vorschrift nur aus der besonderen Vergütungsregelung des HV-Vertrages zu verstehen sei. § 89 b HGB sei auf die Provision zugeschnitten[137]; der EH verliere jedoch bei Vertragsbeendigung keine Ansprüche, keine Provision und keinen Rabatt.[138] Sein Verlust an Kunden sei nur Auswirkung des allgemeinen, unvermeidlichen wirtschaftlichen Nachteils, der jeden Händler treffe.[139]

Eine Ausnahme anerkennt Nipperdey lediglich für den Fall der Umgehung, also wenn ein HV-Vertrag im Gewand des EH-Vertrags abgeschlossen wird.[140]

---

132 Nipperdey, FS Hedemann, S. 208 ff.
133 Nipperdey, FS Hedemann, S. 215 ff.
134 Nipperdey, FS Hedemann, S. 219 ff.
135 Nipperdey, FS Hedemann, S. 225.
136 Nipperdey, FS Hedemann, S. 225.
137 Nipperdey, FS Hedemann, S. 227, 229.
138 Nipperdey, FS Hedemann, S. 230 f.
139 Nipperdey, FS Hedemann, S. 232.
140 Nipperdey, FS Hedemann, S. 235 f.

2. Diskussionsbeiträge nach der Entscheidung BGHZ 29, 282 bis zum Jahre 1977 (BGHZ 68, 340)

Die Fülle der Meinungsäußerungen in diesem Zeitraum erfordert — neben der gewählten chronologischen Darstellung — eine weitere Systematisierung. Bei näherer Betrachtung schälen sich drei Meinungsgruppen heraus: Die erste Gruppe lehnt eine analoge Anwendung des § 89 b HGB auf VH rundweg ab, die zweite schließt sich der Rechtsauffassung des BGH an, und die dritte tritt — bei unterschiedlichen Auffassungen bezüglich einzelner Analogievoraussetzungen — für eine weitgehende entsprechende Anwendung des § 89 b HGB ein.

a) Die eine Analogie ablehnenden Auffassungen

Als erster hat *Schuler* zu den Entscheidungen BGHZ 29, 83 und BGHZ 34, 282 Stellung genommen.[141] Nach seiner Meinung besteht entgegen dem BGH für den EH grundsätzlich kein AA, wobei Ausnahmen — von Umgehungstatbeständen abgesehen — zur Schaffung einer klaren und sicheren Rechtslage nicht zuzulassen seien.[142] Es bestehe in rechtlicher, tatsächlicher und wirtschaftlicher Beziehung ein deutlicher, entscheidender Unterschied.[143] Es handele sich um zwei grundverschiedene Vertriebsformen. Er hält es für falsch, nur den Rahmenvertrag zwischen Fabrikant und EH mit dem Vertrag des HV zu vergleichen. Der Vollzug des Rahmenvertrags, nämlich die Kaufverträge des EH mit dem Fabrikanten, seien für das Innenverhältnis wenigstens genauso bedeutsam. Beim Vertrieb über den EH bestünden zwei selbständige, voneinander unabhängige Veräußerungsgeschäfte, bei denen der EH die kaufmännische Entschließungsfreiheit, das Unternehmensrisiko und statt der Provision den Unternehmensgewinn habe. Einschränkende vertragliche Bindungen des EH seien nur die Verwirklichung seiner Entschließungsfreiheit. Er besitze nicht nur einen eigenen Kundenstamm, sondern es mangele aufgrund seiner größeren wirtschaftlichen Selbständigkeit an der Schutzbedürftigkeit, von der § 89 b HGB als zwingende Vorschrift ausgehe.[144] Außerdem hätte die Ausdehnung des § 89 b HGB auf andere Personen unübersehbare, folgenschwere Auswirkungen.[145] Er sieht in der BGH-Rechtsprechung zudem insofern eine Unstimmigkeit, als daß beim HV dessen Schutzbedürftigkeit und fehlende Kapitalkraft nicht zu den Voraussetzungen des AA gehöre.[146]

---

[141] Schuler NJW 1959, 649; ders. NJW 1961, 758.

[142] Schuler NJW 1959, 649 (652).

[143] Schuler NJW 1959, 649 (651); ders. NJW 1961, 758 (759 f.).

[144] Schuler NJW 1959, 649 (651); ders. NJW 1961, 758 (759 f.).

[145] Schuler NJW 1961, 758 (760).

[146] Schuler NJW 1961, 758 (760).

Nach *Abraham*[147] stellt sich die Frage, ob das Tatbestandsmerkmal „HV" durch den Rechtsbegriff „VH" ersetzt werden kann. Da ein Analogieschluß stets nur innerhalb des gleichen Niveaus erfolgen könne, müsse die gattungsmäßige Interessenlage des zu entscheidenden Falles, der von der Regel nicht erfaßt werde, mit dem Tatbestand dieser Regel die Stücke gemeinsam haben, die für die Anknüpfung der Wirkungen wesentlich sind.[148] Abraham hält jedoch unter Berufung auf Nipperdey die gattungsmäßige Interessenlage für so verschieden, daß eine analoge Anwendung nicht möglich sei.[149] Eine Gleichheit folge weder aus der Mindestabnahmequote — diese sei nur Korrelat zum Gebietsschutz — noch aus dem Wettbewerbsverbot — dieses sei lediglich Ausdruck der Parität — noch aus der Auskunftspflicht über die Käufer — diese schütze den Unternehmer vor der durch die Bezirksgarantie hervorgerufenen Abhängigkeit. Wesensfremd für den HV seien die Unterhaltung eines Reparaturbetriebs und die damit verbundenen hohen Kapitalaufwendungen.[150]

Im Anschluß an die Argumentation von Nipperdey und Schuler lehnt auch *Kochs*[151] die Analogie wegen wesentlichen Unterschieden zwischen EH und HV ab. Dem EH fehle die Schutzbedürftigkeit, da er als selbständiger Käufer und Verkäufer wegen des Verdienstes aus der Handelsspanne arbeite. Zudem sei die gesamte Tätigkeit des Unternehmers durch den ihm gewährten „Rabatt" abgegolten, inclusive der eventuellen Verpflichtung zur Überlassung des Kundenstammes bei Vertragsende.[152]

Auch *Kunz*[153] meint, daß § 89 b HGB grundsätzlich für eine Anwendung auf den EH ungeeignet ist. Zu beachten sei nicht die allgemeine Lage der Parteien, wie sie Folge der Vertragsbeziehungen ist, sondern maßgebend sei allein der Grundgedanke des § 89 b HGB, der ein Leistungsvergütungsanspruch sei.[154] Zwei Fragen stellt Kunz in den Mittelpunkt: Zum einen, „ob es nicht etwas grundsätzlich anderes ist, wenn der Lieferant den Kundenstamm des EH übernimmt, als wenn der Unternehmer bereits bestehende Geschäftsverbindungen nach dem Ausscheiden einfach weiter nutzt."[155] Dies bejaht er, da der „übernehmende" Unternehmer in der schlechteren Position sei, er die Kundenkontakte erst auf sein Unternehmen überlenken müsse, was bei den

[147] Abraham S. 38 ff.
[148] Abraham S. 41 f.
[149] Abraham S. 42.
[150] Abraham S. 38 f.
[151] Kochs S. 93 ff.
[152] Kochs S. 98 f.
[153] Kunz S. 71 f.
[154] Kunz S. 59, 52.
[155] Kunz S. 62.

stark persönlichkeitsbezogenen Kundschaftsverhältnissen erhebliche finanzielle Aufwendungen für die Übernahme jeder einzelnen Geschäftsverbindung erfordere. Dagegen setze § 89 b HGB voraus, daß der geworbene Kundenstamm ohne weiteres vom Unternehmer genutzt werden kann.[156] Zum anderen, „ob bei dieser tatsächlichen und rechtlichen Unterschiedlichkeit der Vergütungsregelung noch eine Möglichkeit der Fortführung des in § 89 b HGB enthaltenen Grundgedankens besteht."[157] Dies wird von Kunz verneint. Beim HV müsse der Unternehmer einen Ausgleich für Ansprüche bezahlen, die gegen ihn entstanden wären, beim EH dagegen für Ansprüche, die gegen einen Dritten anfallen würden. § 89 b HGB beruhe aber auf den Besonderheiten der handelsrechtlichen Provisionsregelung. Die Handelsspanne sei keine Vergütung für eine Vermittlungs- oder Abschlußtätigkeit — und die Aufteilung des Rabatts nicht möglich —, sondern Entgelt für Leistung in eigenem Interesse und auf eigene Rechnung.[158] Darüber hinaus sei der EH als verantwortlicher Unternehmer in weit größerem Maße unabhängig von seinem Lieferanten als der HV im Verhältnis zu seinem Unternehmer.[159]

Im selben Jahr (1967) erhebt mit *Brüggemann*[160] ein weiterer Autor — unter Berufung auf Nipperdey — Bedenken gegen eine analoge Anwendung. Insbesondere wird auch das Abstellen des BGH auf die soziale Schutzbedürftigkeit kritisiert, weil mit ihr ein Element in die Wertung getragen werde, welches dem AA grundsätzlich fremd sei.

Ulmer[161] rechnet § 89 b HGB zu den Schutzvorschriften des HV-Rechts und lehnt deren Anwendung als zwingendes Recht auf den VH generell ab. Diese Vorschriften hätten nach ihrem Grundgedanken die Aufgabe, die Kaufleute, die nach Stellung und Funktionen in den Grenzbereich zu unselbständigen Angestellten geraten könnten, zur Erhaltung ihrer persönlichen Selbständigkeit zu schützen. Dieser Schutzzweck liege gegenüber sonstigen kaufmännischen Geschäftsbesorgern nur vor, wenn sie den typischen HV darin ähnlich sind, daß sie ebenfalls „ohne nennenswerte eigene Unternehmensorganisation persönlich für den Geschäftsherrn Dienste leisten und dadurch wie die HV Gefahr laufen, in den Grenzbereich zu den Arbeitnehmern zu geraten, ohne zugleich arbeitsrechtlichen Schutz zu genießen".[162] Der VH sei aber regelmäßig nicht

---

156 Kunz S. 63.

157 Kunz S. 64.

158 Kunz S. 63 ff.

159 Kunz S. 69 ff.

160 Brüggemann in Staub-Großkommentar 3. A., § 89 b Anm. 6; Vorbemerkung 3 zu § 84.

161 Ulmer, VH, S. 392 ff.

162 Ulmer, VH, S. 402.

schutzbedürftig in diesem Sinn, wie seine Tätigkeit als EH im eigenen Geschäftsbetrieb und die Übernahme verschiedenster Risiken zeige, und zwar unabhängig vom Maß der jeweiligen wirtschaftlichen Abhängigkeit.[163]

Ulmer stellt jedoch dann die Überlegung an, ob nicht, sofern der hinter dem AA stehende Rechtsgedanke auch für die Beziehungen zwischen Hersteller und VH Geltung beanspruchen könne, § 89 b HGB nach Art des dispositiven Rechts im Wege der Vertragsergänzung herangezogen werden könne.[164] Da Ulmer § 89 b HGB in Ablehnung der h. M. (Vergütungsanspruch) für eine auf Billigkeitsgesichtspunkten beruhende gesetzliche Sonderregelung, einen Anspruch sui generis hält, welcher nicht nur in seiner Unabdingbarkeit, sondern auch inhaltlich zu den Schutzvorschriften zu rechnen ist, scheitert aber auch diese Möglichkeit an der fehlenden Schutzbedürftigkeit des VH.[165]

Als geeigneten Ansatzpunkt zur Überwindung des Streits um die analoge Anwendbarkeit des § 89 b HGB auf den VH und zur Lösung der Probleme der Vertragsbeendigung sieht Ulmer[166] den Treuepflichtgedanken. Eigentliches Problem seien nicht die Einbuße künftiger Gewinnchancen, sondern die durch die Vertragsbeendigung eintretenden Vermögensnachteile. Zwar könne der Händler eine Entschädigung für die verlorenen Kunden aus dem Gesichtspunkt der Treuepflicht selbst dann nicht verlangen, wenn er bei Vertragsende seinen ganzen Kundenstamm verliert. Denn dieser Verlust sei als Sogwirkung der Marke unabwendbare Folge des Ausscheidens des Händlers aus dem Vertriebsnetz des Herstellers. Dagegen sei es unangebracht, daß der Händler einseitig die gesamten Umstellungsverluste tragen muß; dies sei treuwidrig und begründe eine Ersatzpflicht des Herstellers. Auf diese Weise werde das richtige Maß zwischen dem notwendigen Eigenrisiko des Händlers und der dem Hersteller zumutbaren Pflicht zur Schadensminderung erhalten.[167]

Ebenfalls gegen eine entsprechende Anwendung des § 89 b HGB auf EH votiert *Kötter*.[168] Unter der Voraussetzung, daß die Absatzorganisation so gestaltet sei, daß der EH das volle Risiko der Außengeschäfte trägt, daß also die vom EH als Vertragspartner gewonnenen Dritten als dessen echte Kunden erscheinen, liege der wesentliche Unterschied darin, daß nur der EH mit dem Unternehmer Umsatzgeschäfte ab-

163 Ulmer, VH, S. 402.
164 Ulmer, VH, S. 450.
165 Ulmer, VH, S. 456 f., 399 f.
166 Ulmer JZ 1971, 264.
167 Ulmer JZ 1971, 264 (265 f.); vgl. auch ders., VH, S. 457, 466 ff.
168 Heymann / Kötter § 84 Anm. 1.

schließt und daher nur er selbst materiell Herr der „Außengeschäfte" ist. Da der EH weder „für" den Unternehmer noch „für dessen Rechnung" mit Dritten kontrahiere, könne es den Analogiefall (daß das EH-Verhältnis wirtschaftlich und tatsächlich im Innenverhältnis einem HV-Verhältnis entspricht) in Wirklichkeit gar nicht geben.[169]

Ausführlich hat sich schließlich *Evans-v. Krbek* mit der analogen Anwendung des HV-Rechts auf den VH befaßt. Nach ihrer Auffassung kommt eine gesetzesanaloge Anwendung der HV-Vorschriften nur in Betracht, wenn sich jeweils das Tatbestandsmerkmal „HV" durch das Tatbestandsmerkmal „VH" ersetzen läßt; dies sei nur der Fall, wenn eine überwiegende Ähnlichkeit beider Absatzmittler vorliege.[170] Vergleichsgrundlage sei hierbei der Idealtypus des HV, also der der gesetzlichen Regelung des HV-Rechts zugrundeliegende Typus, und des VH, den sie mangels gesetzlicher Regelung den rechtstatsächlich-typologischen Untersuchungen Ulmers entnimmt.[171]

Im Ergebnis gelangt Evans-v. Krbek zur Unähnlichkeit beider Absatzmittler in ihrer idealtypischen Form. Trotz einiger Gemeinsamkeiten — Bestehen eines auf Dauer gerichteten Vertrags mit Verpflichtung zur Interessenwahrnehmung und Förderung des Warenabsatzes, wodurch HV und VH mit ihren selbständigen Gewerbebetrieben in die Absatzorganisation eingegliedert würden — bestünden erhebliche Unterschiede in den Handelsfunktionen und Risiken. Dies folge daraus, daß der HV auf Geschäftsabschlüsse verzichte, als lagerloser Absatzmittler die Abstimmungsfunktionen, d. h. die Markterschließung, übernehme, während beim VH das Schwergewicht seiner Tätigkeit in der Übernahme der sachgebundenen Vertriebsaufgaben, dem Warenumschlag liege. Den VH kennzeichneten höhere Gewinnchancen und höhere Risiken durch seine einseitige Bindung im Vergleich zum idealtypischen HV als lagerloser Mehrfirmenvertreter.[172]

Aber auch bei den vom Idealtyp abweichenden VH-Typen, nämlich den Mehrfirmenhändlern, den „Alleinvertretern" im Ausland und den VH im „Streckengeschäft"[173] bestünde keine ausreichende Ähnlichkeit.[174]

Neben der Gesetzesanalogie lehnt Evans-v. Krbek schließlich auch die Rechtsanalogie ab. Denn die Auffindung eines Rechtsfalltypus setze voraus, daß mehrere Tatbestände vorhanden sind, was hier schon des-

[169] Heymann / Kötter § 84 Anm. 1.

[170] Evans-v. Krbek S. 81.

[171] Evans-v. Krbek S. 82 ff., 86 ff.

[172] Evans-v. Krbek S. 99 f.

[173] Bei diesem Vertragstypus werden die Waren unmittelbar vom Hersteller ausgeliefert, der VH hält also kein Lager.

[174] Evans-v. Krbek S. 99 f.

halb nicht der Fall sei, weil es sich bei § 89 b HGB um einen völlig neuen Rechtsgedanken handele, der im geltenden Recht keine Entsprechung finde.[175]

b) Die der Rechtsprechung des BGH beitretenden Stimmen

In der ersten Äußerung zur BGH-Rechtsprechung berichtet *Zeitlmann*[176] Anfang 1959 von dem Urteil des BGH vom 11. 12. 1958[177], ohne sich näher damit auseinanderzusetzen, aber betonend, daß eine entsprechende Anwendung immer einen wirklich schutzbedürftigen EH erfordere.

Die ersten der Rechtsprechung ausdrücklich zustimmenden Äußerungen stammen aus dem Jahr 1961 und beziehen sich auf das BGH-Urteil vom 16. 2. 1961.[178]

Nies[179] sieht in Übereinstimmung mit dem BGH den Gesichtspunkt der Schutzbedürftigkeit als entscheidend an, wobei die Unterwerfung unter einen Formularvertrag hierfür jedoch kein brauchbares Merkmal sei.[180] Ausschlaggebend sei die wirtschaftliche Stärke des VH, wofür der Kapitaleinsatz sich als Unterscheidungsmerkmal besonders aufdränge. Kapitaleinsatz schließe Abhängigkeit aus.[181] Nies schließt sich jedoch der Kritik Schulers[182] am BGH an, daß die Unterschiede, die das Außenverhältnis beträfen, bei der Beantwortung der Frage der Anwendbarkeit des § 89 b HGB auf den EH nicht genügend berücksichtigt worden seien. Auch sie hätten mehr oder weniger Einfluß auf die Stellung des EH zum Unternehmer, auf die es nach dem gesetzgeberischen Grundgedanken der Vorschrift besonders ankomme. Den generellen Ausschluß lehnt er dann aber ab, da ja auch der BGH sie nur in seltenen Ausnahmefällen zulasse und es denkbar sei, daß der Grundgedanke des § 89 b HGB beim VH zum Tragen kommt.[183]

---

175 Evans-v. Krbek S. 105.

176 Zeitlmann, GmbH-Rundschau 1959, 58.

177 BGHZ 29, 282.

178 BGHZ 34, 282.

179 Nies MDR 1961, 556.

180 Nies MDR 1961, 556 (557).

181 Nies MDR 1961, 556 (558).

182 Vgl. Teil II: II. 2. a).

183 Nies MDR 1961, 556 (558). Da Nies hier wohl nur Umgehungsfälle im Auge hat — dies zeigt sich auch daran, daß er den BGH praktisch auf die Meinung von Schuler und Nipperdey eingeschwenkt sieht (S. 558) —, könnte man ihn auch zu den die Analogie ablehnenden Meinungen rechnen. Angesichts der — trotz aller positiver Formulierung — grundsätzlichen Ablehnung der Analogie durch BGHZ 34, 282 trifft dies jedoch letztlich die gesamte hier dargestellte Gruppe. Vgl. auch Teil II: I. 1. c) und dort Fn. 39.

V. Brunn[184] begrüßt die starke Einschränkung durch das genannte Urteil. Das Urteil bringe in der für die Problematik erforderlichen Weise den Kapitaleinsatz richtig mit dem Kundenstamm in Verbindung. Denn beim HV verkörpere tatsächlich sein Kundenstamm — neben seiner Arbeitskraft — sein „Kapital", während beim EH daneben Geld- und Sachkapital für den Betrieb des Unternehmers unerläßlich seien.[185] Er kritisiert dagegen den vom BGH betonten Entgeltcharakter des § 89 b HGB, da die Unterscheidung zwischen „Werbung eines neuen Kunden", die durch die Provision abgegolten ist, und die „Gewinnung eines Kunden für den Unternehmer", die noch nicht abgegolten sei, gekünstelt sei sowie rechtlich und tatsächlich unmöglich sein dürfte.[186] Er weist außerdem auf die Verschiedenheit der Interessenlage zwischen HV und EH hin, und zwar bezüglich des Ursprungs ihrer Gewinne. Der EH erstrebe seinen Gewinn durch Verkauf an Dritte, nämlich durch die Handelsspanne, der HV beim Unternehmer als Provision.[187] Er hält deshalb eine weitere Diskussion, ob eine analoge Anwendung überhaupt gerechtfertigt ist, eigentlich für angebracht, jedoch letztlich nicht für geboten, da nach der besprochenen BGH-Entscheidung die theoretisch mögliche Analogie praktisch nie eingreife, da es keine EH ohne Kapitaleinsatz geben dürfte.[188]

In einer weiteren Stellungnahme wiederholt *v. Brunn*[189] seine Bedenken nicht mehr, bezeichnet die Rechtsprechung als gefestigt und schließt sich ihr an.[190]

In Übereinstimmung mit dem BGH schließt *Stumpf*[191] für den Normalfall einen AA aus, da der typische VH wirtschaftlich unabhängig und gleichberechtigter, verantwortungsbewußter Partner des Herstellers sei. Anderes gelte, wenn er ausnahmsweise wie ein HV schutzbedürftig sei.

Eingehend hat auch *Renz* sich mit der Problematik beschäftigt. Zu Beginn seiner Untersuchung betont er die nach seiner Meinung bestehenden grundlegenden Unterschiede zwischen HV und VH in rechtlicher, wirtschaftlicher und sozialer Hinsicht.[192] Zunächst sei wesentlich, daß das vom HV herbeigeführte Geschäft dem Unternehmer zugerechnet werde, das vom VH getätigte Geschäft dagegen diesem selbst;[193]

---

184 v. Brunn DB 1961, 429.
185 v. Brunn DB 1961, 429 (431).
186 v. Brunn DB 1961, 429 (430).
187 v. Brunn DB 1961, 429 (430).
188 v. Brunn DB 1961, 429 (430 f.).
189 v. Brunn, FS 150 J. Carl Heymanns Verlag, S. 327 ff.
190 v. Brunn, FS 150 J. Carl Heymanns Verlag, S. 338 ff.
191 Stumpf, Verträge, Rn. 117 f.
192 Renz S. 29 ff.
193 Renz S. 30.

hierbei habe letzterer die kaufmännische Entschließungsfreiheit und erhalte Gewinn in Form der Handelsspanne, die mit der vom Lieferanten gezahlten Provision des HV nicht vergleichbar sei.[194] Dieser unterschiedlichen rechtlichen Gestaltung entspreche auch eine wirtschaftlich vom HV abweichende Position des VH. Dies ergebe die verschiedene Verteilung des wirtschaftlichen Risikos und die Erforderlichkeit eines erheblichen Geschäftskapitals zur Unterhaltung einer umfassenden Verkaufsorganisation beim VH,[195] wodurch er eine ungleich stärkere Stellung gegenüber dem HV erlange.[196]

Bei der Prüfung der analogen Anwendbarkeit des § 89 b HGB auf den VH untersucht Renz, ob der gesetzgeberische Grundgedanke der Bestimmung auf den VH zutrifft und die in ihr vorausgesetzte Interessenlage bei ihm die gleiche ist wie beim HV.[197] Er sieht in § 89 b HGB eine zusätzliche Vergütung für die Schaffung des Kundenstamms, zieht aus dem zwingenden Charakter der Vorschrift aber zudem den Schluß, daß der VH im Einzelfall tatsächlich schutzbedürftig sein müsse, woran es bei erheblichem eigenem Kapitaleinsatz und auch — insoweit ergänzend zum BGH — bei wesentlichem Fremdkapital fehle.[198] Die gleiche Interessenlage liege vor, wenn einerseits der Unternehmer nach Vertragsende Vorteile aus dem Kundenstamm ziehe, da er dann durch die Tätigkeit des VH einen Wertzuwachs erhalte, und andererseits — um auch die rechtliche Gleichheit zum HV herzustellen, bei dem der Kundenstamm dem Unternehmer von selbst zufällt — der Unternehmer aufgrund besonderer Vereinbarungen in die Lage versetzt werde, den Kundenstamm zu nutzen.[199] In weitgehender Übereinstimmung mit dem BGH macht er schließlich die Analogie von drei Voraussetzungen abhängig, nämlich daß

„a) der VH sich dem Unternehmer gegenüber verpflichtet hat, diesem den Kundenstamm in einer Weise zugänglich zu machen, daß sich der Unternehmer den Kundenstamm des VH nach dessen Ausscheiden ohne weiteres selbst nutzbar machen kann,

b) der VH durch Erfüllung dieser Verpflichtung dem Unternehmer einen Vermögenswert verschafft, den dieser sonst nicht hätte und

c) der VH im konkreten Fall ‚schutzbedürftig' ist."[200]

---

194 Renz S. 30 ff.

195 Renz S. 32 ff.

196 Renz S. 35; im Gegensatz hierzu bezeichnet Renz wegen der Gefahr des Kapitalverlustes bei Vertragsbeendigung den VH allerdings an anderer Stelle als in gewisser Weise schutzbedürftiger als den HV (S. 53).

197 Renz S. 39 ff.

198 Renz S. 39 f., S. 48 ff.

199 Renz S. 41 ff.

200 Renz S. 60.

Winkel[201] stimmt in einer kurzen Stellungnahme der Entscheidung BGHZ 34, 282 zu, die seines Erachtens die Zubilligung des AA auf die wenigen atypischen Fälle mehr oder weniger konkreter Umgehungsabsicht beschränke. Zwar sei dieses Ergebnis nicht ganz billig, dafür jedoch im Interesse exakter Rechtsanwendung geboten; denn die wirtschaftliche Stellung von EH und HV würde sich so stark unterscheiden, daß eine spezielle auf die Identität der wirtschaftlichen Interessenlage abstellende Analogie nach § 89 b HGB ausgeschlossen sei.[202]

Ehinger[203] hält die BGH-Rechtsprechung für gefestigt und eine Kritik daran deshalb für unfruchtbar.[204] Er beschränkt sich daher auf die Prüfung der Frage, ob nach den gegebenen Präjudizien VH der Automobilindustrie einen AA geltend machen können. Er verneint sie, da es an der Erlangung eines Vermögensvorteils infolge der „Übertragung" des Kundenstamms fehle. Denn wenn erst einmal der erste Kauf getätigt sei, sei für die Zukunft nur noch die Sogwirkung der Marke ausschlaggebend. Diese bewirke, daß die vom VH neu geworbenen Kunden entweder der Marke treu bleiben oder aber aus besonderen, nicht mit dem VH zusammenhängenden Gründen, auf eine andere Marke überwechseln.[205]

Ob der VH der Automobilindustrie konkret schutzbedürftig sei, hänge von der — sich möglicherweise ändernden — finanziellen Lage ab. Würden die erforderlichen Mittel vom Hersteller zur Verfügung gestellt, könne der eigene Kapitaleinsatz unwesentlich werden. Bei überwiegendem eigenem oder von dritter Seite gestelltem Kapital fehle es dagegen an der konkreten Schutzbedürftigkeit.[206]

Finger[207] hält die angesprochene Rechtsprechung für einen annehmbaren Kompromiß, da sie jeden Versuch zur Umgehung der Ausgleichspflicht im Keime ersticke. Allerdings genüge eine soziale Abhängigkeit schlechthin nicht, sie müsse vielmehr gerade von der Art sein, wie sie für den HV bezeichnend sei.[208] Beim VH stünde daher nur in den seltenen Ausnahmefällen, in denen sein Rechtsverhältnis zum Hersteller praktisch als HV-Vertrag zu werten oder diesem aufgrund einer in besonderem Maße bestehenden sozialen Abhängigkeit gleichzustellen sei, zu.[209]

---

201 Winkel S. 43 ff.
202 Winkel S. 47.
203 Ehinger S. 98 ff.
204 Ehinger S. 98 ff.
205 Ehinger S. 104 ff.
206 Ehinger S. 107 f.
207 Finger DB 1970, 141; beiläufig auch ders. NJW 1971, 555.
208 Finger DB 1970, 141 (145).
209 Finger DB 1970, 141 (147).

Schließlich schließen sich *Baumbach / Duden*[210] im Kommentar von 1972 unter der Hervorhebung, daß HV-Recht nur dann, wenn für den EH die gleiche Schutzbedürftigkeit wie für den HV besteht, auf ersteren anzuwenden sei, der Rechtsprechung und den von dieser aufgestellten Voraussetzungen kritiklos an. Dasselbe gilt für *Knapp*,[211] der lediglich auf diese Rechtsprechung verweist.

c) Die eine (weitgehende) Analogie befürwortenden Meinungsäußerungen

In der — soweit ersichtlich — neben Zeitlmann einzigen Stellungnahme in der Zeit zwischen den Entscheidungen BGHZ 29, 282 und BGHZ 34, 282 spricht sich *Steffens*[212] für eine entsprechende Anwendung des § 89 b HGB unter bestimmten Voraussetzungen aus. Diese sieht er in Übereinstimmung mit dem BGH[213] darin, daß der sich aus dem Wesen des HV-Rechts ohne weiteres ergebende Umstand, daß der HV dem Unternehmer einen Kundenstamm verschafft, entsprechend vorliegt. Der Unternehmer müsse also aufgrund besonderer Vereinbarungen mit dem Alleinverkäufer in die Lage versetzt werden, den geworbenen Kundenstamm zu nutzen.[214] Auf das Kriterium der Schutzbedürftigkeit geht er dagegen entgegen dem BGH nicht ein. Hieraus ist zu folgern, daß er dieses nicht als Analogievoraussetzung betrachtet, zumal er betont, daß § 89 b HGB keinen Sozialschutz, sondern eine Vergütung gewähre.[215]

Noch im Jahre 1961 nahm *Schröder*[216] zum Urteil des BGH vom 16. 2. 1961[217] Stellung. Er äußert erhebliche Bedenken. Er meint, daß die neue Entscheidung weder der Rechtslage noch den tatsächlichen und wirtschaftlichen Gegebenheiten gerecht werde.[218] In erster Linie kritisiert er das Abstellen auf die Frage der Schutzwürdigkeit des EH, wodurch die Diskussion auf ein falsches Gleis geraten sei. § 89 b HGB sei keine Schutzbestimmung, sondern gewähre einen Vorteilsausgleich. Zwar hätte der Gesetzgeber die Stellung des HV verbessern wollen, daraus könne aber keine allgemeine Schutzbedürftigkeit abgeleitet werden.

---

210 Baumbach / Duden 20. A., § 84 Anm. 3 G, § 89 b Anm. 1 B.

211 Knapp II Art. 1, § 89 b Anm. 2.

212 Steffens S. 102 ff.

213 BGHZ 29, 282.

214 Steffens S. 104 f.

215 Steffens S. 163.

216 Schröder BB 1961, 809; vgl. auch (im wesentlichen übereinstimmend) ders. DB 1966, 449. Dieselbe Auffassung vertritt Schröder auch noch im Jahre 1973 (u. a. unter Berufung auf die genannten eigenen Aufsätze), vgl. Schröder, Kommentar, § 89 b Rn. 3 c.

217 BGHZ 34, 282.

218 Schröder BB 1961, 809 (810).

Daß eine Vergütung gewollt sei, folge schon daraus, daß der HV nicht in jedem Fall, in dem das Vertragsverhältnis endet und er den Kundenstamm verliert, den Ausgleich erhalte, sondern nur, wenn der Unternehmer Vorteile behält und der HV Provisionsverluste erleidet. Sämtliche Grundsätze der Rechtsprechung, die auf der Schutzbedürftigkeit beruhen, seien daher mit dem Grundgedanken des AA unvereinbar.[219]

Darüber hinaus hält Schröder die für die entsprechende Anwendbarkeit des § 89 b HGB auf den EH aufgestellte Voraussetzung der vertraglichen Verpflichtung zur Überlassung des Kundenstamms für zu eng: Da der AA des HV auch bestehe, wenn es ihm vertraglich nicht obliege, seinen Kundenstamm nicht weiterzubenutzen (§ 90 a HGB), sei allein maßgebend, daß der Lieferant durch die Tätigkeit des EH tatsächlich in die Lage versetzt werde, die Kunden des EH unter dessen Ausschaltung nach Beendigung des Vertragsverhältnisses mit diesem weiterzubeliefern.[220]

Ergänzend führt Schröder aus, daß selbst dann, wenn man mit dem BGH das Erfordernis der Schutzbedürftigkeit bejahe, dessen weitere Argumentation nicht überzeugend sei. Zum einen gebe es seiner Auffassung nach kein typisches Erscheinungsbild des HV, zum anderen sei der Gesichtspunkt des „eigenen Kapitaleinsatzes“ eine sachfremde Erwägung. Denn ob der EH eine dem HV vergleichbare Rechtsstellung innehabe, hänge von der Gestaltung der Rechtsbeziehungen zwischen Lieferant und EH, nicht aber von dessen Vermögenslage und Kapitaleinsatz ab.[221]

Schröder tritt daher für die grundsätzliche Anwendbarkeit des Ausgleichsrechts auf EH ein. Als Voraussetzung verlangt er nur, daß der EH in die Vertriebsorganisation des Lieferanten eingegliedert und aufgrund vertraglicher Vereinbarungen gehalten ist, den Lieferanten so über seine Kunden zu informieren, daß dieser tatsächlich dadurch die Möglichkeit erlangt, diese Kunden nach Vertragsende ohne Mitwirkung des bisherigen EH zu beliefern.[222]

Dieser Auffassung von Schröder schließt sich *Hoffmann*[223] an. Die sorgfältige Anwendung der Bestimmungen des Ausgleichsrechts schütze sowohl gegen unbillige Ergebnisse als auch die interessierten Wirtschaftskreise vor unübersehbaren und unverträglichen Risiken auf diesem sehr wichtigen Absatzwege.[224]

---

219 Schröder BB 1961, 809 (810).
220 Schröder BB 1961, 809 (810 f.).
221 Schröder BB 1961, 809 (811 f.).
222 Schröder BB 1961, 809 (812).
223 Hoffmann S. 95 ff.
224 Hoffmann S. 101.

Für eine analoge Anwendung des § 89 b HGB auf alle EH ohne weitere Voraussetzungen tritt *Klein* ein. Er setzt dabei an den Beginn seiner Untersuchung eine Definition, wonach „EH ist, wer für längere Zeit Waren im eigenen Namen und für eigene Rechnung zu kaufen und zu verkaufen verpflichtet ist und dabei die Interessen des Vertragspartners wahrzunehmen hat".[225] Solchen EH stünde wegen der in Bezug auf § 89 b HGB gleichen Interessenlage der AA zu. Das Innenverhältnis sei so ähnlich, daß eine Gleichstellung sich aufdränge, ohne daß es erheblich sei, inwieweit typische HV-Pflichten ausdrücklich in den EH-Vertrag aufgenommen seien; aus der Pflicht zur Interessenwahrung folge zwangsläufig die Eingliederung in die Verkaufsorganisation.[226] Auch der unterschiedliche Verdienst sei insoweit bedeutungslos, da er lediglich Folge der vom EH zu tragenden höheren Risiken sei.[227] Daß der EH seinen Gewinn von Dritten beziehe, sei unwesentlich, da notwendige Grundlage hierfür der vom EH eingeräumte Rabatt sei.[228]

Nach Kleins Ansicht ist § 89 b HGB ein gesetzlicher Anspruch auf Gegenleistung für bereits erbrachte, aber noch nicht vergütete Leistungen. Von Sozialschutzgedanken sei § 89 b HGB freigeblieben. Deshalb dürfe die Frage der Schutzwürdigkeit keine Rolle spielen. Ebensowenig könne ein Vergleich mit dem normalen typischen Erscheinungsbild des HV zu einer Schutzwürdigkeitsprüfung führen, weil der HV nicht schlechthin schutzwürdig sei. Zudem seien die Rechtsstellungen, nicht die Vermögenslage gegenüberzustellen. Klein spricht deshalb sowohl der Schutzwürdigkeit im allgemeinen als auch dem Kapitaleinsatz im besonderen jede Bedeutung ab.[229] Für überflüssig hält er auch das Erfordernis einer besonderen vertraglichen Verpflichtung, den Kundenstamm zugänglich zu machen; ansonsten würde in EH-Verträgen nur auf die Verpflichtung zur Übertragung verzichtet, um den AA von vorneherein auszuschließen. Es müsse ausreichen, daß dem Unternehmer hinreichende Angaben über die Kunden bei Vertragsbeendigung bekannt seien, sei es, weil er sie sich selbst ohne weiteres beschaffen konnte, sei es, weil der EH sie freiwillig gemacht hat. Die „Sogwirkung" der Marke allein reiche jedoch nicht.[230]

Kritisch setzen sich *Kreifels / Lang*[231] mit der Rechtsprechung des BGH auseinander. Bei der Prüfung der analogen Anwendung des § 89 b HGB auf VH betrachte der BGH die Schutzbedürftigkeit als weiteren

225 Klein S. 9.
226 Klein S. 64 ff.
227 Klein S. 66.
228 Klein S. 68.
229 Klein S. 75 ff.
230 Klein S. 72 ff.
231 Kreifels / Lang NJW 1970, 1769.

gesetzgeberischen Grundgedanken, in den Urteilen, die sich nur mit § 89 b HGB befassen, stelle er dagegen nur auf den Vergütungscharakter ab.[232] Zudem könne durch Berufung auf den zwingenden Charakter des § 89 b HGB die Schutzbedürftigkeit des HV als ratio legis nicht nachgewiesen werden. Aber auch die im Schrifttum erfolgende Gegenüberstellung von Vergütungs- und Schutzfunktion als sich ausschließende Alternativen sei nicht haltbar. Vielmehr sei zu unterscheiden, ob der AA als solcher zu gewähren ist oder ob er zwingend zugestanden werden muß. Nach seinem Inhalt (Abs. 1 und 2) gewähre § 89 b HGB eine zusätzliche Vergütung, durch seine zwingende Geltung Schutz.[233] Sei der AA nicht vertraglich ausgeschlossen, könne die Schutzbedürftigkeit daher nur im Rahmen der Billigkeitsprüfung Beachtung finden.[234] Die Frage der Schutzbedürftigkeit sei daher eine Frage der Relation. HV und VH dürften nicht — wie vom BGH — getrennt betrachtet werden, denn maßgebend sei, inwiefern die wirtschaftlichen und rechtlichen Beziehungen von HV und VH zum Produzenten vergleichbar seien. Der Kapitaleinsatz könne dabei ein Kriterium sein. Je größer dieser sei, desto größer sei jedoch die faktische Abhängigkeit.[235]

Auch die weitere Analogievoraussetzung des BGH, die vertragliche Verpflichtung des VH, den von ihm geworbenen Kundenstamm dem Unternehmer zu überlassen, lehnen Kreifels / Lang ab. Die tatsächliche Verschaffung genüge; damit läge die für eine Analogie wesentliche Übereinstimmung vor, da § 89 b Abs. 1 Satz 1 Nr. 1 HGB auf die Tatsache der Vorteilserlangung abstelle. Unerheblich sei, auf welche Weise der Kundenstamm übergehe. Die „Sogwirkung der Marke" dürfe nur bei den Billigkeitserwägungen berücksichtigt werden. Zu beachten sei dabei jedoch, daß der Ruf der Marke maßgeblich vom VH geprägt werde; dies sei gerade Sinn dieses Vertriebssystems. Dieser Zusammenhang werde durch das insoweit gefährliche Wort von der „Sogwirkung der Marke" leicht verdeckt.[236]

Kreifels / Lang betrachten es daher als ein Gebot von ausgleichender Gerechtigkeit, dem VH eine Ausgleichszahlung ohne die engen Voraussetzungen des BGH zu gewähren.[237]

Unter Zustimmung zu Kreifels / Lang betont *Cohn*[238], daß wahre Grundlage des § 89 b HGB nicht der Ausdruck des Rechtsgedankens der

232 Kreifels / Lang NJW 1970, 1769 (1770).

233 Kreifels / Lang NJW 1970, 1769 (1770 f.) in Anlehnung an die Differenzierung von Ulmer, vgl. Teil II: II. 2. a).

234 Kreifels / Lang NJW 1970, 1769 (1772).

235 Kreifels / Lang NJW 1970, 1769 (1772 f.).

236 Kreifels / Lang NJW 1970, 1769 (1773 ff.).

237 Kreifels / Lang NJW 1970, 1769 (1775).

238 Cohn AcP 172 (1972), 374 (380).

Schutzbedürftigkeit, sondern die Notwendigkeit sei, einen Ausgleich für den dem Hersteller sonst ersatzlos zufließenden good will zu schaffen. Daher sei die analoge Anwendung gerade für den „eingegliederten" VH in aller Regel geboten.

Auch *Sandrock*[239] billigt unter Ablehnung der BGH-Rechtsprechung dem VH den AA in gleichem Maße wie dem HV zu. Er betrachtet § 89 b HGB als Vergütungsanspruch, und zwar als Erstvermittlungssonderprämie. Auf diese habe der VH Anspruch, da er nicht nur das gleiche leiste, sondern auch noch schutzbedürftiger sei. Denn der VH könne bei Vertragsende sein Kapital verlieren, der HV nicht. Dessen Kapital sei nämlich seine Arbeitskraft, beim VH bestehe es dagegen in den Sachinvestitionen,[240] die durch Umstellungsprobleme leicht verlorengehen könnten.[241] Davon abgesehen bestünde eine grundsätzliche Gleichheit in der Abhängigkeit vom Hersteller.[242]

3. Neuentflammte Diskussion nach der Entscheidung des BGH im Jahre 1977 (BGHZ 68, 340)

Auch bei der Darstellung der neuesten Beiträge bietet sich eine Dreiteilung an: Erneut gibt es eine Meinungsgruppe, welche eine analoge Anwendung des § 89 b HGB auf den VH grundsätzlich ablehnt. Eine zweite Gruppe bilden die „Anhänger" der Rechtsprechung, wobei hier zu beachten ist, daß aufgrund deren grundlegenden Wandels diese nun im Gegensatz zum vorangehenden Abschnitt für eine weitreichende Analogie eintreten. Schließlich gibt es einige Autoren, die für eine noch über die Rechtsprechung hinausgehende analoge Anwendbarkeit des § 89 b HGB plädieren.

a) Die eine Analogie ablehnenden Auffassungen

Als erster wandte sich *Kroitzsch*[243] gegen die neue Rechtsprechung des BGH aus dem Jahre 1977[244]. Er lehnt eine analoge Anwendung des § 89 b HGB schon deshalb ab, weil aufgrund des umfassenden, Vorrang genießenden kartellrechtlichen Schutzes es bereits an einer Gesetzeslücke fehle.[245] Der echte EH unterscheide sich von anderen Unternehmern, auf die die §§ 15, 18 und 26 GWB Anwendung finden, grundsätz-

---

[239] v. Gierke / Sandrock § 28 C IV 1, S. 495 ff.

[240] So schon Kreifels / Lang NJW 1970, 1769 (1772).

[241] v. Gierke / Sandrock § 28 C IV 1, S. 496 f.

[242] v. Gierke / Sandrock § 28 C IV 1, S. 495 f.

[243] Kroitzsch BB 1977, 1631.

[244] BGHZ 68, 340.

[245] Kroitzsch BB 1977, 1631 (1634).

lich durch keine irgendwie relevanten Besonderheiten. Wie diese trage er im Gegensatz zum HV sämtliche mit dem Absatz zusammenhängenden Risiken. Deshalb sei auch der EH durch §§ 15, 18 und 26 Abs. 2 GWB geschützt. Auf mehr Schutz habe er keinen Anspruch, eines zusätzlichen handelsrechtlichen Schutzes durch § 89 b HGB bedürfe es nicht; ein solcher würde vielmehr zu einem Übermaß an sozialem Schutz, zu einem Doppelschutz führen.[246] Wie bei jedem anderen Gewerbetreibenden gelte bei ihm der Grundsatz, daß er keinen Anspruch auf die Erhaltung seines Kundenstamms habe, sondern, soweit das GWB nicht eingreife, dem freien Wettbewerb ausgesetzt sei.[247] § 15 GWB schütze den EH vor der Preisbindung durch den Lieferanten. § 26 Abs. 2 GWB gewähre ihm den Individualschutz des erweiterten Diskriminierungsverbots, wenn er bei Beendigung des EH-Verhältnisses keine ausreichende und zumutbare Möglichkeit habe, auf andere Unternehmen auszuweichen. Dieser kartellrechtliche Schutz erstrecke sich gerade auf die vertraglichen Regelungen, die Unternehmen miteinander vereinbaren. Die kartellrechtlichen Verbotsbestimmungen, die den Übergang des Kundenstamms gerade nicht in den Schutz einbeziehen, würden daher Vorrang genießen. Soweit die vertragliche Einengung der Wettbewerbsfreiheit erlaubt sei, bestünde nach der Grundkonzeption des Gesetzgebers mangels Lücke keine Möglichkeit der Anwendung des § 89 b HGB.[248]

Im übrigen fehle es wegen der Verschiedenartigkeit der Stellung des echten VH und des typischen HV auch an der weiteren Analogievoraussetzung, nämlich eines in den für die Regelung entscheidenden Gesichtspunkten gleichgelagerten Sachverhalts.[249]

Nicht ganz so weit, nämlich die Analogie völlig abzulehnen, gehen *Stumpf / Zimmermann*[250], die sich jedoch ebenfalls scharf gegen die neue Rechtsprechung wenden. Zunächst kritisieren sie die Annahme des BGH, der VH sei mit Einräumung des Rabatts nicht voll für seine Tätigkeit abgegolten. Unbesehen, insbesondere ohne Berücksichtigung des höheren Rabatts, werde hier die Typisierung, die der Gesetzgeber für den HV getroffen habe, auf den VH übertragen. Dafür gebe es keine Rechtfertigung, insbesondere keine empirischen Untersuchungen.[251]

---

246 Kroitzsch BB 1977, 1631 (1633).

247 Kroitzsch BB 1977, 1631 (1633 f.).

248 Kroitzsch BB 1977, 1631 (1634).

249 Kroitzsch BB 1977, 1631 (1634). Eine Ausnahme erkennt Kroitzsch nur für Umgehungstatbestände an.

250 Stumpf / Zimmermann BB 1978, 429. Ebenso *Stumpf*, VH-Vertrag, Rn. 122 ff. unter Bezugnahme auf den angeführten Aufsatz.

251 Stumpf / Zimmermann BB 1978, 429 (431).

Sodann vertreten sie die Ansicht, daß dem VH nur dann ein AA zusteht, wenn er in seiner Stellung einem HV vergleichbar und im konkreten Fall schutzbedürftig ist. Denn neben dem Vergütungscharakter sei — entgegen dem BGH[252] — die Schutzbedürftigkeit des HV Grundgedanke der gesetzlichen Regelung. Dies folge aus deren zwingendem Charakter und dem Gesetzeszusammenhang. Die Aufspaltung von § 89 b Abs. 1 und Abs. 4 sei formalistisch. Zwar habe auch ein nicht schutzbedürftiger HV den Anspruch aus § 89 b HGB, dies aber nur aus Gründen der Rechtseinheitlichkeit. Für eine Analogie müsse die Interessenlage aber im Einzelfall vergleichbar sein. Deshalb müsse geprüft werden, ob der konkrete VH schutzbedürftig ist, was — wegen fehlender wirtschaftlicher Abhängigkeit — grundsätzlich zu verneinen sei, wenn er mit eigenem Kapitaleinsatz arbeite.[253]

Im übrigen ziehen Stumpf / Zimmermann aus dem BGH-Urteil vom 11. 2. 1977[254] den Schluß, daß — folge man dem BGH — jedenfalls der Unabdingbarkeitsgrundsatz des § 89 b Abs. 4 HGB, für den gerade der Gesichtspunkt der Schutzbedürftigkeit maßgeblich sei, nicht analog angewendet werden könne. Zwischen Hersteller und einem nicht schutzbedürftigen VH sei damit ein wirksamer vertraglicher Ausschluß des AA möglich.[255]

Wegen der Ungleichheiten im Schutzbedürfnis, auf welches der Normzweck der §§ 84 ff. HGB eindeutig ausgerichtet sei, spricht sich jüngst auch *Hofmann*[256] unter Berufung auf Ulmer, Evans-v. Krbek und Stumpf / Zimmermann gegen eine Analogie aus.

Die neuesten, entschiedenen Ablehnungen einer Analogie stammen aus dem Jahre 1983 und kommen von *Brüggemann*[257] und *Bechtold*[258]. In einer differenzierten Stellungnahme stellt *Brüggemann* drei Vorfragen in den Mittelpunkt. Erstens sei der Rechtsgrund des AA zu ermitteln. Diesen sieht er in der Vergütung einer Leistung, die während der Vertragszeit erbracht, aber noch nicht voll abgegolten worden ist. Zweitens sei die strukturelle Besonderheit des AA zu beachten; einerseits werde der AA ex lege gewährt, und zwar als solcher, der nicht schon aus dem Wesen des HV-Verhältnisses von selbst bestünde (anders §§ 612 Abs. 1, 632 Abs. 1 BGB), gleichwohl aber keiner Vereinba-

---

252 Aber wie noch BGHZ 34, 282.

253 Stumpf / Zimmermann BB 1978, 429 (432).

254 BGHZ 68, 340.

255 Stumpf / Zimmermann BB 1978, 429 (432).

256 Hofmann G II, S. 169.

257 Brüggemann in Staub-Großkommentar 4. A. vor § 84 Rn. 27 ff. Er hält damit an den in der 3. A. geäußerten grundsätzlichen Bedenken fest (Teil II: II. 2. a)).

258 Bechtold NJW 1983, 1393.

rung bedürfe; andererseits werde er unabdingbar gewährt. Drittens stelle sich die Frage nach dem Schutzcharakter des AA. Dieser ergebe sich aus der zweiten Vorfrage in zwei Richtungen: Nicht nur das Verbot des Ausschlusses im voraus, sondern auch das Bestehen ohne besondere Vereinbarung schütze den HV. Denn im letzteren liege eine Privilegierung, indem der Anspruch unabhängig von einem ausdrücklich geäußerten Willen der Vertragsparteien gegeben sei.[259]

Da somit § 89 b HGB einen Schutzzweck zugunsten des HV beinhalte, sei er schon deswegen nicht übertragbar, weil VH nicht in gleicher Weise schutzbedürftig seien.[260] Außerdem sei § 89 b HGB ein „systemwidriges ad-hoc-Gebilde", resultierend aus einer typ-immanenten Zwitterstellung des HV zwischen „selbständigem" und doch unselbständig-abhängigem Kaufmann. In dieser Grenzzone bewege sich der VH aber typischerweise nicht.[261]

Ausgehend von seiner zweiten Vorfrage sieht Brüggemann — bei Ausschluß des Schutzgedankens — jedoch die Möglichkeit der vertraglichen Vereinbarung eines dem § 89 b HGB ähnlichen Anspruchs. Fehle eine solche, käme freilich ein AA im Wege der ergänzenden Vertragsauslegung nicht in Frage. Denn Rechtsgedanke und Zweckbestimmung des § 89 b HGB stünden dieser ebenso wie der Analogie entgegen. Der VH werde nämlich schon während der Vertragszeit voll entschädigt, indem ihm die Chance eines gesicherten Verdienstes durch Teilhabe an Ruf und good will der Marke unter Einräumung einer Vorzugsstellung im Wege der Absatzbindung oder des Alleinvertretungsrechts eröffnet werde. Es gebe weder unabgegoltene Leistungen noch unabgegoltene Leistungserfolge bei Vertragsende.[262, 263]

Nach *Bechtold,* der die Problematik anhand des Automobilvertriebs bespricht, scheidet eine analoge Anwendung des § 89 b HGB wegen erheblicher Unterschiede zwischen Hersteller und EH gerade in den für eine Analogie maßgebenden Fragen aus. Aufgrund der starken Einwirkung des Kartellrechts (§§ 15, 18 GWB; Art. 85 EWG-Vertrag; Gruppenfreistellungsverordnung für Alleinvertriebsverträge (VO 67/67)) auf die Struktur des Automobilvertriebs, die sich im Wegfall der Preisbindung und fehlender Festlegung auf ein Vertragsgebiet äußere, werde die wettbewerbliche Handlungsfreiheit des Händlers weit weniger beschränkt als beim HV. Sie bewirke eine starke Eigen-

---

259 Brüggemann in Staub-Großkommentar 4. A. vor § 84 Rn. 29.

260 Brüggemann in Staub-Großkommentar 4. A. vor § 84 Rn. 30, 17.

261 Brüggemann in Staub-Großkommentar 4. A. vor § 84 Rn. 30.

262 Brüggemann in Staub-Großkommentar 4. A. vor § 84 Rn. 31.

263 Eine Ausnahme gelte nur bei den Tatbeständen der Gesetzesumgehung, Brüggemann in Staub-Großkommentar 4. A. vor § 84 Rn. 32.

ständigkeit des EH. Handelsvertreterähnlich ausgestaltete Beziehungen eines EH zum Hersteller gebe es daher im Automobilvertrieb nicht mehr. So sei der EH organisationsinternem Wettbewerb ausgesetzt. Dies entspreche wirtschaftlich nicht dem HV. Analogievoraussetzung sei ein Alleinvertriebsrecht. Daß ein solches kartellrechtlich nicht mehr gestattet sei, erlaube keinen Verzicht auf dieses Erfordernis.[264]

Der EH habe auch keine Vergütungsansprüche gegen den Hersteller. Eine Zusatzvergütung, wie sie § 89 b HGB dem HV gewähre, setze dagegen voraus, daß auch die Grundleistung vom Hersteller entgolten werde. Der Hersteller habe aber keinen Einfluß auf die Vergütungshöhe. Wegen der Freiheit in der Preisfestsetzung habe es der EH selbst in der Hand, durch entsprechende Kalkulation am Markt eine volle Vergütung seiner Leistung zu erzielen.[265]

Auch bestehe regelmäßig kein zurechenbarer und übertragbarer Kundenstamm. Ein Kunde sei Kunde wegen der Sogwirkung der Marke oder wegen der Leistung der Gesamtorganisation. Mit dem jeweiligen EH sei er allenfalls wegen des Werkstattgeschäfts verbunden; eine solche Bindung beruhe jedoch zum einen nicht auf HV-typischen Leistungen, zum anderen seien solche Kunden nicht vom EH zu lösen und zu übertragen. Eine stetige Zusammenarbeit EH — Kunde, die erwarten lasse, daß der Kunde wieder ein Fahrzeug derselben Marke kaufe, gebe es wegen der langen Lebensdauer der Fahrzeuge im Verkaufsgeschäft nicht.[266]

Weiter betont Bechtold in diesem Zusammenhang, daß ein tatsächliches Geschehen zur Übertragung des Kundenstamms keineswegs ausreiche. Da sich beim HV die Überlassung rechtlich aus dem Wesen des Vertrags ergebe, sei Analogievoraussetzung die Ersetzung dieser Systemimmanenz durch gleichgewichtige vertragsrechtliche Verpflichtungen.[267]

Darüber hinaus werde die Ablehnung einer Analogie auch dadurch bestätigt, daß Automobil-EH die einzelnen Tatbestandsmerkmale im Regelfall nicht erfüllen. Hierbei betont er insbesondere nochmals die nach seiner Meinung bestehenden Wesensunterschiede in der Vergütung. Der Hersteller habe zudem allenfalls mittelbare Vorteile, da in erster Linie andere Händler Vorteile hätten. Schwierigkeiten lägen in der Selektion der Kunden, die der EH geworben hat, und der Feststellung, ob der Hersteller aus der (Verkaufs- und nicht Wartungs-) Geschäftsbeziehung Vorteile habe. Darüber, ob der Kunde bei Fort-

264 Bechtold NJW 1983, 1393 (1395).

265 Bechtold NJW 1983, 1393 (1396 f.).

266 Bechtold NJW 1983, 1393 (1398).

267 Bechtold NJW 1983, 1393 (1397 f.).

dauer des Vertragsverhältnisses wieder beim alten Händler und nicht bei einem konkurrierenden Händler der gleichen Marke gekauft hätte, was die erforderliche Mitkausalität zwischen früherer „Werbung“ und erwartetem Neuabschluß voraussetze, könne nur spekuliert werden. Schließlich könne der EH billigerweise keinen Anspruch verlangen, wenn seine Kunden in erster Linie wegen der Marke, nicht wegen seiner spezifischen Verkaufsleistungen zu ihm kommen und deswegen der Marke treu bleiben.[268]

In einem ergänzenden Beitrag versucht *Bechtold*[269] mit Hilfe neuer, auf der Grundlage einer demoskopischen Befragung gewonnener Rechtstatsachen seine Ablehnung eines AA speziell für Automobil-EH zu untermauern. Die demoskopische Untersuchung der Kaufmotive beim PKW-Neukauf[270], die Bechtold zugrunde legt, hat ergeben, daß PKW-Käufer für ihre Kaufentscheidung zuvorderst markenbezogene Merkmale (Wirtschaftlichkeit, Sicherheit, Zuverlässigkeit, Kaufpreis, Wendigkeit — Handlichkeit, Lebensdauer usw.), erst nachrangig händlerbezogene Merkmale (Verkaufsargumente und Werbung des EH, Bekanntschaft mit VH usw.) nennen.[271]

Bechtold sieht darin die empirische Bestätigung, daß der Erstkäufer nahezu ausschließlich markenorientiert, d. h. durch die objektiven Kriterien der Qualität, Zuverlässigkeit und Preiswürdigkeit motiviert sei. Die Entscheidungsfindung des Käufers erfolge unabhängig von Existenz und Tätigkeit der VH, der Automobilhersteller brauche hierfür keine Absatzmittler. Die Besonderheit der Branche liege somit darin, daß vom Hersteller aus ein eigener und unmittelbarer Zugang zum potentiellen Kunden bestehe. Mithin sei das Wirken des EH für die Bildung des Kundenstamms nicht kausal, er habe — im Gegensatz zum HV — keine marktöffnende Funktion.[272] Dies bedeute, daß von Anfang an ein Kundenstamm des Herstellers bestehe, folglich auch keine Übertragung mehr möglich sei.[273]

Für den Erhalt des einmal geschaffenen Kundenstamms gilt nach Bechtold dasselbe. Denn wenn der Erstkauf durch markenbezogene Faktoren veranlaßt worden sei, spreche alles dafür, daß dies beim Wiederholungskauf ebenso sei. Deshalb sei der Fortbestand nicht Bemühungen des EH, sondern der Sogwirkung der Marke zuzuschreiben; dies zeige sich auch darin, daß die markentreuen Kunden — so die

---

268 Bechtold NJW 1983, 1393 (1399).

269 Bechtold BB 1984, 1262.

270 Durchgeführt Mitte 1983 vom Bielefelder Meinungsforschungsinstitut EMNID, vgl. Bechtold BB 1984, 1262 (1263).

271 Bechtold BB 1984, 1264 (1263 ff.).

272 Bechtold BB 1984, 1262 (1263 f., 1267).

273 Bechtold BB 1984, 1262 (1266).

Umfrage — neben den Qualitäten des Fahrzeugs bei der Entscheidung zur Markentreue vom Kriterium „vorher gleiche Marke“ beeinflußt seien. Daß ein ausschließlich dem Hersteller verbundener Kundenstamm vorliege, werde dadurch gestützt, daß sich die Mehrzahl der Kfz-Käufer — so die Umfrage — bei einer Trennung von Hersteller und EH an das Produkt, also den Hersteller gebunden fühle.[274]

b) Die der Rechtsprechung des BGH beitretenden Stimmen

Die mit dem Urteil vom 11. 2. 1977[275] eingeleitete Rechtsprechung ist jedoch keineswegs nur auf Ablehnung gestoßen. Noch im Jahre 1977 stimmte *Schröder*[276] der Entscheidung in vollem Umfang zu. Er begrüßte es, daß von dem sachfremden Begriff der Schutzbedürftigkeit und damit von der Bedeutung des vom EH eingesetzten Kapitals Abschied genommen wird. Denn § 89 b HGB sei keine Schutzvorschrift, begründe vielmehr bei Erfüllung der Anspruchsvoraussetzungen Zahlungsansprüche für jeden HV und wolle weder den HV vor Kündigung schützen noch solle diesem sein Kundenstamm geschützt werden.[277]

Auch *v. Gamm*[278] befürwortet die neue Rechtsprechung. Bisher sei die erforderliche Unterscheidung zwischen Wesen und Inhalt des Vertragsverhältnisses einerseits und der — auf der sozialen Schutzfunktion beruhenden — Unabdingbarkeit bestimmter Ansprüche andrerseits nicht ausreichend beachtet worden. *Küstner*[279] greift die Rechtsprechung des BGH nicht an, schließt sich aber insoweit Stumpf / Zimmermann[280] an, als daß der Unabhängigkeitsgrundsatz des § 89 b Abs. 4 HGB nicht analog anwendbar sei; für diesen sei nämlich gerade der Gesichtspunkt der Schutzbedürftigkeit maßgebend.[281] Ohne Begründung stimmen die Kommentare von *Bandasch*[282] und *Bohnenberg*[283] den Grundsätzen von BGHZ 68, 340 zu. Auch *Capelle / Canaris*[284] bejahen mit dem BGH den AA des VH, ohne näher Stellung zu beziehen.[285]

---

274 Bechtold BB 1984, 1262 (1266 f.).
275 BGHZ 68, 340.
276 Schröder InfStW 1977, 379.
277 Schröder InfStW 1977, 379 (382 f.).
278 v. Gamm NJW 1979, 2489.
279 Küstner Rn. 44 f.
280 Vgl. Teil II: II. 3. a).
281 Küstner Rn. 46.
282 Haumann in Bandasch § 89 b Rn. 28.
283 Bohnenberg § 89 b Anm. I d.
284 Capelle / Canaris § 9 XI, S. 83.
285 Darüber hinaus folgen auch die Lehrbücher von *Gross* und *Hübner* der Rechtsprechung des BGH, allerdings — trotz ihres Erscheinens im Jahre 1980 — noch BGHZ 34, 284! Offensichtlich wurde BGHZ 68, 340 übersehen, da diese Entscheidung nicht erwähnt wird (Gross S. 154; Hübner Rn. 84).

Für die Auffassung der Rechtsprechung tritt jüngst auch *Bamberger*[286] ein. Voraussetzung für eine analoge Anwendung des § 89 b HGB sei die Eingliederung des EH in das Vertriebssystem des Herstellers und die vertragliche Verpflichtung des EH, spätestens bei Vertragsende seinen Kundenstamm dem Hersteller zu überlassen. Gerade letzteres Kriterium habe der BGH entgegen dem Eindruck, den Veltins erwecke[287], keineswegs aufgegeben. Dieses sei notwendig, da die Stellung des EH mit der Stellung des kraft gesetzlicher Regelung den Kundenstamm übertragenden HV nur vergleichbar sei, wenn der Hersteller einen durchsetzbaren Anspruch auf Übertragung des Kundenstamms habe. Hierbei macht Bamberger sich die Argumentationsweise des BGH in vollem Umfang zu eigen.[288]

c) Die die Analogie in einem weitergehenden Maße als der BGH befürwortenden Meinungsäußerungen

In einer ausführlichen Untersuchung erhebt *Sandrock*[289] erhebliche Bedenken gegen die Begründung der BGH-Rechtsprechung, stimmt jedoch deren Ergebnis in weitem Umfang zu. Als logisch vorrangige Kardinalfrage sieht er das Problem, ob § 89 b HGB eine Schutzvorschrift zugunsten des HV ist und der AA des VH dessen Schutzbedürftigkeit voraussetzt.[290]

Er lehnt die Auffassung von Kreifels / Lang[291], die die Schutzfunktion auf Abs. 4 des § 89 b HGB beschränken, ab. Die Unterscheidung zwischen einer „Inhaltsnorm" und einer „Unabdingbarkeitsnorm" sei nicht möglich. Denn zu einer Norm gehörten Tatbestand und Rechtsfolge zugleich. Absatz 4 beinhalte aber nicht nur keinen von Absatz 1 und 2 abweichenden Tatbestand, sondern ordne auch keine von diesen Absätzen unterscheidbare Rechtsfolge an; er sei deshalb keine eigene Norm.[292]

Sandrock vertritt die Auffassung, daß Vergütungs- und Schutzfunktion bei § 89 b HGB nebeneinander bestünden. Die Schutzfunktion folge daraus, daß § 89 b HGB Teil des zwingenden Rechts sei. Zwingende Vorschriften hätten nur dann eine Legitimation, wenn gegenüber der Privatautonomie höher einzustufende Interessen geschützt werden sollen. Wie zahlreiche andere zwingende Vorschriften[293] wolle § 89 b

---

286 Bamberger NJW 1985, 33.
287 Veltins NJW 1984, 2063, vgl. auch Fn. 334.
288 Bamberger NJW 1985, 33 ff.
289 Sandrock, FS Fischer, S. 657 ff.
290 Sandrock, FS Fischer, S. 661.
291 Vgl. Teil II: II. 2. c), ähnlich BGHZ 68, 340.
292 Sandrock, FS Fischer, S. 663 f.
293 Z. B. § 276 Abs. 2, 619 BGB, § 62 Abs. 4 HGB.

HGB solche Personen schützen, die aus Leichtfertigkeit auf den Erwerb von Ansprüchen verzichten, was dann nicht zu billigende Nachteile zur Folge habe.[294]

Entgegen den Thesen von Kroitzsch[295] hält Sandrock die Analogie nicht wegen ausreichenden kartellrechtlichen Schutzes für ausgeschlossen. Zum einen bestünden sehr wohl erhebliche Unterschiede zwischen normalen Unternehmern, auf die die §§ 15, 18, 26 GWB Anwendung finden, und dem VH. Diese lägen im Grade der Abhängigkeit, da der VH im Gegensatz zum Sortimentshändler alles „auf eine Karte gesetzt habe“ und nach außen als Teilbetrieb des Herstellers erscheine.

Zum anderen hätten die GWB-Vorschriften eine andere Schutzrichtung. §§ 15 und 18 GWB gewährten überhaupt keinen Abhängigkeitsschutz, und § 26 Abs. 2 GWB schütze nur vor, während und nach vertraglichen Beziehungen vor unbilligen Behinderungen und ungerechtfertigten Ungleichbehandlungen, also vor allgemeiner Abhängigkeit. § 89 b HGB knüpfe dagegen an jene besonders intensive Abhängigkeit an und gewähre einen „Umstellungsschutz“. Ein ungerechtfertigter Doppelschutz liege daher nicht vor.[296]

Nachdem Sandrock diese Bedenken ausgeräumt hat, bejaht er eine analoge Anwendung des § 89 b HGB auf VH, da diese aufgrund identischer Schutzbedürfnisse ebenso schutzbedürftig wie HV seien. Denn beide Absatzmittler hätten ihr ganzes Schicksal an einen Hersteller geknüpft und seien bei Vertragsende von einem hohen Umstellungsrisiko betroffen.[297]

Das Erfordernis zusätzlicher Analogievoraussetzungen wird abgelehnt. Da — wie dargelegt — VH und HV in gleichem Maße schutzbedürftig seien, sei der Nachweis eines konkreten Schutzbedürfnisses ebenso entbehrlich wie die Frage nach eigenem Kapitaleinsatz des VH. Abzulehnen sei jedoch auch die Notwendigkeit der vertraglichen Verpflichtung zur Überlassung des Kundenstamms. Weder ausdrücklich noch implizite sei dies Grundlage des § 89 b HGB. Der AA hänge nur davon ab, daß der Hersteller de facto zur Weiterbelieferung der neu geworbenen Kunden in der Lage sei.[298]

Auch *Schmidt*[299] nahm jüngst zur Rechtsprechung des BGH Stellung, wobei er die grundsätzliche Berechtigung der Analogie als Datum hinnimmt und sich nur mit den einzelnen Voraussetzungen befaßt.[300] Ne-

294 Sandrock, FS Fischer, S. 604 ff.
295 Vgl. Teil II: II. 3. a).
296 Sandrock, FS Fischer, S. 667 ff.
297 Sandrock, FS Fischer, S. 672 ff.
298 Sandrock, FS Fischer, S. 674 ff.
299 Schmidt DB 1979, 2357; ders., Handelsrecht § 27 III, S. 570 ff.
300 Schmidt DB 1979, 2357.

ben der Vergütungsfunktion sei die Schutzfunktion des § 89 b HGB unübersehbar. Aus der Art des Schutzes, nämlich daß § 89 b HGB dem HV nur die Vergütung während der Vertragsdauer nicht abgegoltener Dienste sichern will, folge aber, daß sich hieraus keine besonderen Anforderungen für die Anwendung auf VH ergeben, keine besondere Schutzbedürftigkeit erforderlich sei.[301] Abgelehnt wird von Schmidt die vom BGH geforderte Rechtspflicht des VH zur Übertragung des Kundenstamms. Dieses Erfordernis beruhe auf einem falschen Grundgedanken, denn es müsse auf die wirtschaftliche Zuordnung des Kundenkreises, nicht formal auf die Parteien von Lieferverhältnissen abgestellt werden. Trotz Handelns des VH im eigenen Namen könne doch von Anfang an ein Kundenkreis des Herstellers entstehen. Entscheidend sei allein die Tatsache einer erkennbaren Beständigkeit des Absatzverhältnisses, die Kontinuität des Kundenstamms, weniger dagegen, daß der Unternehmer durch ein fortlaufendes Rechtsverhältnis automatisch mit dem Kundenstamm verbunden bleibt. Die rechtliche Verpflichtung indiziere allerdings die ausschlaggebende tatsächliche Kontinuität.[302]

Er wendet sich ferner gegen die Auffassung des BGH, wonach die Analogie ausgeschlossen ist, wenn die Kundenstammfortführung auf der Sogwirkung der Marke beruht. Dieses Merkmal sei irreführend. Ermögliche die „Sogwirkung" eine kontinuierliche Fortsetzung des Kundenstamms, so sei sie kein Analogiehindernis. Analogieausschließend wirke sie nur, wenn vom Hersteller ein neuer Kundenstamm (z. B. mit Hilfe der Sogwirkung) aufgebaut werden muß, also die Kontinuität unterbrochen ist. Im übrigen sei die „Sogwirkung der Marke" nur im Rahmen der Billigkeitserwägungen des § 89 b Abs. 1 Satz 1 Nr. 3 HGB zu berücksichtigen.[303]

Auf der Linie von Sandrock und Schmidt liegt auch *Ebenroth*.[304] Er bejaht die grundsätzliche Möglichkeit der Analogie, da weder formal noch sachlich eine Ausnahmevorschrift vorliege; jedenfalls hätte der Gesetzgeber dies irgendwie zum Ausdruck bringen müssen.[305] Die These von Kroitzsch, der — wie dargestellt — einen hinreichenden, vorrangigen kartellrechtlichen Schutz des VH sieht und diesen für analogieausschließend hält, lehnt er ab. Kroitzsch gehe nicht nur von einem die Bedeutung der Eingliederung verkennenden falschen Bild des VH aus, sondern es bestehe keine Konkurrenz handels- und kartellrechtlicher Bestimmungen, aus der sich ein Vorrang des Kartellrechts

---

301 Schmidt DB 1979, 2357 (2358 f.).

302 Schmidt DB 1979, 2357 (2359 f.); ders., Handelsrecht § 27 III, S. 572 f.

303 Schmidt DB 1979, 2357 (2360 ff.).

304 Ebenroth S. 199 ff.

305 Ebenroth S. 201, 203.

ableiten ließe. §§ 15 und 18 GWB gewährten nicht im entferntesten einen dem § 89 b HGB äquivalenten Schutz. Und § 26 Abs. 2 GWB gebe Ersatzansprüche für unbillige Behinderungen und nicht gerechtfertigte Ungleichbehandlungen, wogegen der AA des § 89 b HGB gerade auch bei rechtmäßigem Handeln des Herstellers bestehe.[306]

Nach der Auffassung Ebenroths sind die Schutzbedürftigkeit, die vertragliche Verpflichtung zur Überlassung des Kundenstamms, Kausalität und Sogwirkung der Marke keine Analogievoraussetzungen. Notwendig sei allein die Überlassung des Kundenstamms durch den VH. Er begründet dies folgendermaßen:

Der AA sei in erster Linie ein Vergütungsanspruch, beschränkt durch Billigkeitserwägungen, allerdings könne der Schutzcharakter des § 89 b HGB nicht völlig verneint werden; denn entgegen Kreifels / Lang sei mit Sandrock die Abtrennung der Unabdingbarkeit von der übrigen Norm nicht als möglich anzusehen; nur der Schutzcharakter rechtfertige die Durchbrechung der Privatautonomie. Jedoch dürften daraus keine besonderen Anforderungen für die analoge Anwendbarkeit auf gleichgelagerte Sachverhalte gezogen werden.[307] Zudem könne keinesfalls aus dem Kapitaleinsatz des VH auf eine geringere Schutzbedürftigkeit geschlossen werden; er erbringe sogar eine zusätzliche Leistung und sichere in gleicher Weise unter Übernahme eines erhöhten Risikos dem Hersteller den Absatz.[308]

In Abweichung der BGH-Rechtsprechung lehnt er eine vertragliche Verpflichtung zur Überlassung des Kundenstamms ab, da dies mit Wortlaut und Sinn des § 89 b HGB nicht vereinbar sei. Nicht der rechtliche Übertragungsakt, sondern die Fortwirkung der markterschließenden Tätigkeit des VH sei ausschlaggebend. Damit genügten tatsächliche Angaben des VH.[309]

Ebenso unerheblich sei die Kausalität zwischen VH-Tätigkeit und Herstellervorteilen. Auch § 89 b HGB stelle nicht darauf ab, warum die Kunden weiterhin die Herstellermarke beziehen. Abgesehen davon, daß die Sogwirkung auf die Tätigkeit des VH zurückgehen könne, sei diese daher nur bei den Billigkeitserwägungen zu beachten.[310]

Graf von Westphalen[311] schließt sich in seiner auf die VH-Verträge in der Kfz-Branche abgestimmten Untersuchung zunächst ohne nähere Begründung insoweit dem BGH an, als daß es auf eine konkrete

306 Ebenroth S. 201 ff.
307 Ebenroth S. 205.
308 Ebenroth S. 204.
309 Ebenroth S. 205 f.
310 Ebenroth S. 206.
311 v. Westphalen DB 1981 Beilage Nr. 12; vgl. auch ders. NJW 1982, 2465 (2469).

Schutzbedürftigkeit und somit auch auf die Frage nach eigenem Kapitaleinsatz des VH für eine eventuelle Analogie nicht ankomme.[312] Wichtigste Analogievoraussetzung sei die Eingliederung des VH in die Absatzorganisation des Herstellers, wobei es auf die Gesamtheit der vertraglichen Rechtsbeziehungen ankomme. Ein Alleinvertriebsrecht als Tatbestandserfordernis der Analogie lehnt er entgegen manchen instanzgerichtlichen Entscheidungen und in der BGH-Rechtsprechung vorhandenen Andeutungen ab,[313] wertet es jedoch als Indiz für die Eingliederung.[314]

Sodann deutet er die BGH-Entscheidung vom 5. 10. 1979[315] so, daß der BGH das Kriterium der „Vertragspflicht" zur Übertragung des Kundenstamms — sei es während der Laufzeit des Vertrages durch laufende Mitteilung, sei es nach Vertragsende — habe fallen lassen. Denn dogmatisch mache es keinen Unterschied, ob eine „Vertragspflicht" bestehe, welche nicht ausgeübt werde, oder ob keine „Vertragspflicht" vorliege, der Kundenstamm aber letztlich übertragen werde. Denn in beiden Fällen komme der Kundenstamm infolge der Tätigkeit des VH dem Hersteller zugute.[316, 317] Im Anschluß daran sieht es v. Westphalen als ausreichend, aber auch erforderlich für die Analogie an, daß der VH rein tatsächlich dem Hersteller den Kundenstamm verschafft. Maßgebend sei, daß der vom VH aufgrund eigener Initiative geworbene Kundenstamm und damit erschlossene Markt kein „VH-Markt" bleibe. Hierbei wird jedoch nicht ganz deutlich, ob v. Westphalen ein aktives Tun des VH zur Übertragung — unabhängig von entsprechenden Pflichten — verlangen oder ob er den rein tatsächlichen Übergang genügen lassen will.[318]

Im Anschluß an Schmidt[319] spricht er schließlich dem Argument der „Sogwirkung der Marke" eine anspruchsnegierende Funktion ab. Denn

---

312 v. Westphalen DB 1981 Beilage Nr. 12 S. 4 f.

313 So später auch BGH NJW 1982, 2819, Urt. v. 25. 3. 82, vgl. Teil II: I. 1. f).

314 v. Westphalen DB 1981 Beilage Nr. 12 S. 5 ff.

315 BGH LM HGB § 89 b Nr. 57, vgl. Teil II: I. 1. f).

316 v. Westphalen DB 1981 Beilage Nr. 12 S. 8 ff.

317 Diese Deutung des BGH erscheint bedenklich. Zum einen hält der BGH in der zitierten Entscheidung am Kriterium der „Vertragspflicht" ausdrücklich fest, da dies nach seinem Standpunkt für die Vergleichbarkeit der rechtlichen Beziehungen zwischen HV und VH unerläßlich ist. Auch bestanden im entschiedenen Fall solche Abreden, die nur nicht ausgeübt wurden, weil dem Hersteller der Kundenstamm bereits bekannt war. Zum anderen hat der BGH in der folgenden Entscheidung (Urt. v. 20. 2. 1981, BGH LM HGB § 89 b Nr. 58) an der Vertragspflicht festgehalten. Im Urt. v. 25. 3. 1982 (NJW 1982, 2819) hat der BGH diese Frage offengelassen, aber die Voraussetzung nicht als aufgegeben bezeichnet, obwohl v. Westphalen zitiert wird — übrigens als vom BGH in diesem Punkt abweichende Meinung.

318 v. Westphalen DB 1981 Beilage Nr. 12 S. 10 ff.

319 Vgl. Teil II: II. 3. c).

entscheidend sei die Vorteilserlangung. Beim Aufbau des Kundenstamm spiele die „Sogwirkung der Marke“ nur eine untergeordnete Rolle, da die maßgeblichen Aktivitäten hier beim VH lägen. Damit würde aber die „Sogwirkung der Marke“ Bestandteil des dem VH zuzurechnenden Kundenstamms, der als solcher dem Hersteller überlassen werde. Die „Sogwirkung der Marke“ könne nur als einer von mehreren Gesichtspunkten bei der Billigkeitsabwägung nach § 89 b Abs. 1 Satz 1 Nr. 3 HGB berücksichtigt werden.[320]

Bei der Prüfung der Kfz-VH-Verträge anhand der von ihm verlangten Analogievoraussetzungen kommt er zu dem Ergebnis, daß den Kfz-VH ein AA zusteht, da sie aufgrund der Vertragsgestaltung in den Herstellerbetrieb eingegliedert sind und durch das in der Kfz-Branche bestehende Informations-, Melde- und Berichtssystem dem Hersteller den Kundenstamm zugänglich machen.[321]

In einer neuen Stellungnahme stimmt *Lang*[322] der durch das Urteil vom 11. 2. 1977[323] eingeleiteten Rechtsprechungsentwicklung zu. Er begrüßt es, daß der BGH in seinem Urteil vom 25. 3. 1982[324] ein Alleinvertriebsrecht des VH nicht als zwingende Voraussetzung für den AA angesehen hat. Denn auch der Ausgleich des HV sei von der Einräumung eines Alleinvertriebsrechts nicht abhängig, es handele sich nur um ein Indiz für die Eingliederung.[325] Dagegen fordert er erneut,[326] daß die tatsächliche Übertragung des Kundenstamms genügen müsse, denn § 89 b Abs. 1 Satz 1 Nr. 1 HGB stelle ersichtlich nur auf die Tatsache der Vorteilserlangung ab. Hingegen stimmt er dem BGH zu, daß die „Sogwirkung der Marke“ nicht anspruchsausschließend gewertet, sondern in die Billigkeitserwägung einbezogen werde.[327]

Werner / Machunsky[328] orientieren den AA des VH an seinem Rechtscharakter als nachvertraglicher Vergütungsanspruch. Er sei dem VH immer dann zu gewähren, wenn dieser umfassend in die Absatzorganisation des Händlers eingegliedert ist.[329] Allein der tatsächliche Übergang ist nach ihrer Auffassung maßgebend, da das Äquivalent für den AA nicht in einer denkbaren Rechtspflicht zur Übertragung des Kun-

---

320 v. Westphalen DB 1981 Beilage Nr. 12 S. 14 ff.

321 v. Westphalen DB 1981 Beilage Nr. 12 S. 5, 7, 10 f., 13, 17.

322 Lang BB 1982, 2068.

323 BGHZ 68, 340.

324 BGH NJW 1982, 2819.

325 Lang BB 1982, 2068 (2069).

326 So schon im Jahre 1970: Kreifels / Lang NJW 1970, 1769 (1774).

327 Lang BB 1982, 2068 (2070).

328 Werner / Machunsky BB 1983, 338.

329 Werner / Machunsky BB 1983, 338 (338 f.).

denstamms, sondern ausschließlich im verbleibenden wirtschaftlichen Vorteil bestehe. Die „Sogwirkung der Marke" sei unbeachtlich, da sich auch eine mit „Sogwirkung" ausgestattete Marke nicht selbst verkaufe und die „Sogwirkung der Marke" sich nachvertraglich nicht anders auswirken dürfe als während des Bestehens des Vertrages.[330] Einen bisher unerörterten Gesichtspunkt sprechen Werner / Machunsky an, indem sie den Rechtsgedanken des § 89 b Abs. 3 HGB nicht auf den VH übertragen wollen. Es sei nicht mit dem Vergütungscharakter des § 89 b HGB vereinbar, den Ausgleich für verbleibende wirtschaftliche Vorteile von Beendigungs- und Kündigungsgründen abhängig zu machen.[331] Darüber hinaus wird die Auffassung des BGH, bei der Berechnung der Höhe des AA nur den Teil des Händlerrabatts, der einer sonst üblichen Provision entspricht, zugrunde zu legen, abgelehnt. Diese Umstellung des Vergütungsanspruchs auf einen Provisionsanspruch sei nicht gerechtfertigt, da der wirtschaftliche Nachteil, der auszugleichen sei, im „Nettogewinnverlust" liege. Die Höhe des AA sei deshalb an der Händlerspanne auszurichten.[332]

Veltins[333] stellt die BGH-Rechtsprechung dar und interpretiert deren jüngste Entscheidungen dahin, daß das Erfordernis einer gesonderten vertraglichen Verpflichtung zur Übertragung des Kundenstamms aufgegeben sei.[334] Er stimmt einem solchen Verzicht zu, da das Merkmal weder ausdrücklich noch implizit in § 89 b HGB enthalten sei.[335]

In Erwiderung auf die beiden Aufsätze von Bechtold[336] versucht *Graf von Westphalen*[337] schließlich, dessen Auffassung zu widerlegen. Den kartellrechtlichen Erwägungen Bechtolds spricht er jede Berechtigung ab. Ausgehend vom methodischen Ansatz einer Gesetzesanalogie, welche Ähnlichkeit der Sachverhalte, nicht Identität, wie Bechtold es tue, fordere, habe der BGH in wertender Betrachtung entschieden, daß das Handeln des VH im eigenen Namen und auf eigene Rechnung sowie die daraus folgende größere Entschließungsfreiheit keine wesentlichen Unterschiede begründen würden. Dasselbe müsse deshalb für alle damit zusammenhängenden Abweichungen, insbesondere das Absatz- und

---

[330] Werner / Machunsky BB 1983, 338 (340).

[331] Werner / Machunsky BB 1983, 338 (339 f.); vgl. später hierzu BGH WM 1984, 38.

[332] Werner / Machunsky BB 1983, 338 (341).

[333] Veltins NJW 1984, 2063.

[334] Zumindest formal hält der BGH jedoch noch daran fest. Zu Bedenken bezüglich der Interpretation von Veltins vgl. Fn. 310 und Teil II: I. 1. f) sowie Bamberger NJW 1985, 33.

[335] Veltins NJW 1984, 2063 (2067).

[336] Bechtold NJW 1983, 1393; ders., BB 1984, 1262.

[337] v. Westphalen DB 1984 Beilage Nr. 24.

Preisrisiko des VH, den organisationsinternen Wettbewerb und die freie Preisbindung, gelten, da sie nur zwingendes kartellrechtliches Resultat dieser für die Analogie unwesentlichen Unterschiede seien.[338] Bei der Argumentation Bechtolds fehle überdies die Heranziehung des Grundgedankens der gesetzlichen Regelung des § 89 b HGB.[339]

Vehement wendet sich v. Westphalen gegen die von Bechtold aus der EMNID-Untersuchung hergeleitete Ansicht, es fehle an einem auf die Leistungen des VH rückführbaren, übertragbaren Kundenstamm. Die Argumentation falle schon deshalb zusammen, weil es an einer Auseinandersetzung mit dem vom BGH aufgestellten Erfordernis der „Mitursächlichkeit" mangele.[340] Unter Berücksichtigung des dem VH zuzuweisenden Einflusses sei die Negierung der Existenz eines dem Hersteller übertragbaren Kundenstamms verfehlt, da die werbende Tätigkeit des VH, der von ihm perfektionierte Vertragsabschluß, seine Service- und Betreuungsfunktionen einschließlich etwaiger Reparaturleistungen integrale Elemente dafür seien, daß aufgrund der Leistungen des VH ein Kundenstamm entsteht. Die notwendige Mitursächlichkeit werde aber durch die Umfrage gerade bestätigt. Die von Bechtold in den Vordergrund gestellte „Sogwirkung" der Marke sei deshalb nicht analogieverneinend, sondern nur im Rahmen der Billigkeitserwägungen zu berücksichtigen.[341, 342]

Schließlich wird auch im Kommentar von *Baumbach / Duden / Hopt*[343] ein AA des VH bejaht, im Gegensatz zur Rechtsprechung aber die tatsächliche Möglichkeit des Herstellers, den Kundenstamm des VH zu nutzen, für erforderlich und ausreichend angesehen.

4. Zusammenfassung

Die vorstehende, umfassende Darstellung der Diskussionen im Schrifttum bestätigt, was bereits in der Einleitung angedeutet wurde und sich auch im Überblick über die Rechtsprechung gezeigt hat: Trotz 30jähriger Auseinandersetzung besteht noch immer keine Einigkeit. Soll dem VH ein AA zugesprochen werden? Befürwortung und Ablehnung halten sich die Waage. Nach dem Kurswechsel des BGH im Jahre 1977 ist die

338 v. Westphalen DB 1984 Beilage Nr. 24 S. 6.

339 v. Westphalen DB 1984 Beilage Nr. 24 S. 6 f.

340 v. Westphalen DB 1984 Beilage Nr. 24 S. 7.

341 v. Westphalen DB 1984 Beilage Nr. 24 S. 7 f.

342 Erstaunlicherweise stellt v. Westphalen zur Widerlegung Bechtolds praktisch ausschließlich die Argumentation des BGH den Argumenten Bechtolds entgegen. Erstaunlich ist dies deshalb, weil Bechtold ja gerade gegen die Rechtsprechung des BGH opponiert und daraus zwangsläufig sich ein Widerspruch zum BGH ergibt.

343 Baumbach / Duden / Hopt § 84 Anm. 2 A.

Diskussion neu aufgebrochen, wobei — wie in den Jahren zuvor — die Stimmen, die sich grundsätzlich gegen eine analoge Anwendung richten, nicht verstummen wollen. Andere fordern die Wiedereinführung des von der Rechtsprechung aufgegebenen Kriteriums der „Schutzbedürftigkeit des VH"; in dem der analogen Anwendung zustimmenden Schrifttum sind die einzelnen Voraussetzungen nach wie vor streitig. Eng verbunden mit der genannten Frage stellt sich also eine zweite: Wenn überhaupt, unter welchen Voraussetzungen soll dann dem VH ein AA zustehen?

Eines macht die Darstellung der Argumentation von Rechtsprechung und Schrifttum bereits deutlich: Ohne einen gründlichen Blick auf den Vertragsinhalt und die Rechtsnatur der VH-Verträge, welche im Gegensatz zum HV-Recht nicht gesetzlich geregelt sind, und ohne eine Untersuchung von Grundgedanke und Wesen des AA, wie er dem HV nach § 89 b HGB zusteht, werden sich die Fragen nicht befriedigend beantworten lassen.

Damit ist der weitere Weg der Arbeit vorgezeichnet.

Teil III

Der Vertragshändler-Vertrag

Zweck des nun folgenden Abschnitts ist es mithin, als Grundlage zur Beantwortung der Frage nach einem etwaigen AA des VH Gewißheit über den tatsächlichen Inhalt und dessen wirtschaftliche Auswirkungen sowie die rechtliche Einstufung und das Vorkommen des gesetzlich nicht geregelten VH-Verhältnisses zu gewinnen.

I. Der Vertragsinhalt im rechtstatsächlichen Befund

Infolge der fehlenden gesetzlichen Regelung und der geltenden Privatautonomie kann ein Überblick über den Vertragsinhalt nur gewonnen werden, indem die in der Praxis verwendeten Verträge analysiert werden. Hierbei kann an dieser Stelle nur ein kurzer Abriß erfolgen.[1] Gestützt wird die folgende Darstellung in erster Linie auf die beiden bisher umfassendsten Untersuchungen vom Ulmer[2], der 20 verschiedene Vertragsmuster aus allen Branchen auswertete, und die von Tietz[3], der — allerdings auf die Kfz-Branche beschränkt — 14 Verträge auswertete. Ergänzend werden eigene Ermittlungen des Verfassers herangezogen, die sich insbesondere auch darauf richteten, inwieweit seit der Untersuchung Ulmers im Jahre 1969 Änderungen in der Vertragsgestaltung — vornehmlich unter Beachtung einer möglichen Relevanz für den AA — vorgenommen wurden.[4]

[1] Vgl. die ausführlichen Darstellungen bei Stumpf, VH-Vertrag S. 30 ff.; Ulmer, VH, S. 93 ff., 107 ff.; Tietz (für die Automobilwirtschaft) S. 202 ff. Kurz: Gierke / Sandrock § 28 C II, III, S. 491 ff. Aus der älteren Literatur: Budczies S. 8 ff. (für Automobil-VH); Ehinger S. 5 ff. (für Automobil-VH); VDMA-Broschüre S. 16 ff. (nur bezüglich spezieller Verhältnisse im Maschinenbau); Stumpf, Verträge S. 14 ff. (nur für Maschinenbau); Klein S. 9 ff.; Renz S. 17 ff.; Kunz S. 25 ff.; Winkel S. 24 ff.; Kochs S. 34 ff.

[2] Ulmer, VH, S. 93 ff.

[3] Tietz S. 202 ff.

[4] Der eigenen Untersuchung lagen 14 Vertragsmuster aus verschiedenen Branchen (darunter sieben aus der Kfz-Branche) zugrunde. Es ist darauf hinzuweisen, daß in nicht allzu ferner Zukunft möglicherweise umfangreichere Änderungen der VH-Verträge zur Anpassung an die Rechtsprechung zum AGB-Gesetz erfolgen werden. Denn der BGH, NJW 1985, 623 (vgl. hierzu auch Bunte NJW 1985, 600 ff.), hat in einem Verbandsprozeß die Unverein-

Die Gliederung der Vertragsbestimmungen wird dabei nicht — wie früher häufig üblich — nach deren kaufrechtlichem und agenturrechtlichem Charakter vorgenommen, sondern, um die rechtliche Beurteilung der einzelnen Bestandteile von der Bestandsaufnahme zu trennen, mit Ulmer[5] nach den von den Parteien jeweils verfolgten Zwecken.[6] Die weitere Unterteilung erfolgt nach den Pflichten des VH und des Herstellers, wobei zu beachten ist, daß entsprechende Pflichten wechselbezüglich Rechte des anderen Vertragspartners hervorrufen.

Aufbaumäßig gliedern sich die meisten Verträge formell in vier Hauptbereiche, nämlich eine Präambel, Rechte und Pflichten des VH, Rechte und Pflichten des Herstellers[7] und sonstige Vereinbarungen. Hervorzuheben ist der Formularcharakter der Verträge, die mit allen VH (zumindest) des inländischen Vertriebsnetzes einheitlich abgeschlossen werden, also vom Hersteller erstellt sind. Dadurch wird die Einheitlichkeit des Vertriebsnetzes gesichert.

1. Pflichten des VH bezüglich des Vertriebs der Vertragswaren

Hier sind alle Regelungen angesprochen, die den Vertrieb der Vertragswaren betreffen und die Eingliederung des VH in die Vertriebsorganisation des Herstellers bewirken. Dazu sind auch die Vertragsklauseln zu rechnen, die sich vordergründig auf den Kauf der Vertragswaren beziehen (z. B. Pflicht des VH zur Mindestabnahme), der Sache nach aber auf den Vertrieb (die Absatzförderung) gerichtet sind.

Zunächst wird ausnahmslos die Rechtsstellung des VH ausdrücklich klargestellt: Er handelt im eigenen Namen und auf eigene Rechnung, eine Vertretungsbefugnis gegenüber dem Hersteller steht ihm nicht zu. Auf gleicher Stufe steht in nahezu allen Verträgen die ausdrückliche

---

barkeit einiger Klauseln eines VH-Vertrages mit dem AGB-Gesetz festgestellt. Nach der Vorinstanz war sogar mit noch weitergehenden Änderungen zu rechnen, OLG Frankfurt BB 1983, 1435. Vgl. auch BGH NJW 1984, 1182 (Unwirksamkeit einer Gebietsänderungsklausel ohne Beschränkung auf schwerwiegende Änderungsgründe im VH-Vertrag). Eine Notwendigkeit zur Änderung davon erfaßter VH-Verträge ergibt sich ferner aus der Verordnung 123/85 der EG-Kommission über die Anwendung von Art. 85 Abs. 3 des Vertrages auf Gruppen von Vertriebs- und Kundendienstvereinbarungen über Kraftfahrzeuge vom 12. 12. 1984, ABl. 1985 L 15 S. 16.

[5] Ulmer, VH, S. 107 f.

[6] Danach bietet sich eine Unterteilung in Bestimmungen, die den Bezug der Vertragswaren und solche, die deren Vertrieb betreffen, sowie in sonstige Klauseln an, wobei eine klare Abgrenzung nicht immer möglich ist.

[7] Als Vertragspartner kann auch ein VH oder ein sonstiger Händler auf der Zwischenhandelsstufe auftreten. Im folgenden wird nur vom Hersteller gesprochen, die Ausführungen gelten jedoch genauso für mehrstufige Vertriebssysteme.

Verpflichtung des VH, die Interessen des Herstellers zu wahren und den Absatz der Vertragswaren zu fördern.

a) Absatzförderungspflichten

Mit den Absatzförderungspflichten will sich der Hersteller gute Absatzchancen und Schutz vor Absatzschwankungen sichern und indirekt eine langfristige Produktionsplanung, die Herstellung großer Serien und eine Verminderung des Produktionsrisikos ermöglichen. Hierzu sind zu rechnen:

— Die in allen Verträgen enthaltene Pflicht zur *Gestaltung des Verkaufs* nach den Vorstellungen des Herstellers, insbesondere die Einrichtung der Verkaufs- und Ausstellungsräume, Informations- und Beratungsverpflichtung bei Neu-, Um- und Erweiterungsbauten (Investitionen). Häufig findet sich auch die Pflicht zum Bereithalten von Vorführwaren.

— Die Zuweisung eines *Vertriebs-, Marktverantwortungs- oder Betreuungsgebiets zur Bearbeitung.* Eine solche ist in allen Verträgen vorhanden, verbunden mit der Pflicht zu intensiven Verkaufsanstrengungen. Sämtliche Kfz-Verträge enthalten kein ausschließliches Vertriebsrecht, sondern nur das Recht, an alle im Vertretungsgebiet ansässigen, aber auch außerhalb ansässigen Endabnehmer zu verkaufen.

— Die — heute ausnahmslos vorhandene — *Verpflichtung zur Markenwerbung,* d. h. Werbung nicht nur für das eigene Handelsgeschäft, sondern auch bzw. vorrangig für die Marke nach den Weisungen und Richtlinien des Herstellers unter Konzentration auf das zugewiesene Marktgebiet. Teilweise wird hierbei eine Mindesthöhe der Werbeaufwendungen festgelegt. Stark im Vordringen ist die Einbindung in ein Identifikationsprogramm.

— Die Auferlegung einer *Lagerhaltung,* und zwar meist des gesamten Sortiments der Vertragswaren, um die sofortige Lieferbereitschaft zu gewährleisten. Diesbezügliche Regelungen finden sich nicht in allen Verträgen, sind aber weit verbreitet.

— Die Festlegung der *Mindestabnahme* einer bestimmten Menge von Vertragswaren bzw. die Vereinbarung einer *Jahreszielsetzung.* Solche Regelungen finden sich häufig, enthalten meist jedoch nur Rahmenvereinbarungen, die als Grundlage für einvernehmliche Vereinbarungen oder für eine Bestimmung durch den Hersteller dienen. Daß hiermit regelmäßig keine endgültige Festlegung der Liefermengen erfolgt, sondern nur Orientierungsdaten zu sehen sind, zeigen die vertraglichen Sanktionen: Es besteht keine Abnahmepflicht, es droht aber die Einsetzung weiterer VH, die Verringerung des Vertragsgebiets oder die Vertragskündigung.

— Die im größeren Teil der Verträge enthaltene Pflicht zur *Vorausdisposition,* d. h. zu festen Bestellungen von Vertragswaren für einen bestimmten Zeitraum im voraus. Sie dient ebenso wie die Mindestabnahme zur besseren Steuerung von Produktions-, Lager- und Transportplanung.

— Die in nahezu allen Verträgen enthaltene Verpflichtung zur *Marktbeobachtung* durch den Händler und Bereitstellung der hierbei gewonnenen Informationen über die Marktentwicklung, insbesondere Verkaufsergebnisse, Auftrags- und Lagerbestände, kurzfristige Bedarfsschätzung und Beurteilung der Entwicklung.

b) Unterhaltung einer Kundendienstwerkstatt

In fast allen Verträgen (in der Kfz- und Maschinenbaubranche ausnahmslos) findet sich die Verpflichtung zur Einrichtung eines Kundendienstes. Mit ihr soll den Käufern der Vertragswaren ein leistungsfähiger Garantie- und Kundendienst zur Verfügung gestellt und damit der Absatz und good will der Marke gesteigert werden. Häufig finden sich nähere Konkretisierungen: Weisungsbindung hinsichtlich der Ausgestaltung, Pflicht zum Bezug der vom Hersteller entwickelten Spezialwerkzeuge[8], Einrichtung eines gut sortierten Ersatzteillagers[9], Schulung des Kundendienstpersonals durch den Hersteller[10] und Anforderungen an das Personal[11] sowie Pflicht zur Verwendung und Bezug von Original-Ersatzteilen[12].

Die Verbreitung dieser Bindungen in den Verträgen wie auch die Intensität des Einflusses des Herstellers hat sich seit der Untersuchung Ulmers deutlich verstärkt.

c) Beschränkungen der Wettbewerbsfreiheit

Zu den den Vertrieb der Vertragswaren betreffenden Regelungen gehören ferner Beschränkungen der Handlungsfreiheit, und zwar

— bei der Wahl der Lieferanten zum Bezug von Waren,

— bei der Wahl der Abnehmer zum Vertrieb der Waren,

— bezüglich des Inhalts der vom VH mit seinen Abnehmern zu schließenden Verträgen.

---

8 In der Kfz-Branche nur eine Ausnahme.
9 In der Kfz-Branche nur eine Ausnahme.
10 In der Kfz-Branche überall.
11 In der Kfz-Branche überall.
12 Fast ausnahmslos.

Zur ersten Gruppe gehören die Bestimmungen, die den VH verpflichten, die Vertragswaren nur beim Hersteller zu beziehen und ihm ein Konkurrenzverbot (Unterlassung von Bezug, Herstellung und Weitervertrieb konkurrierender Produkte) auferlegen. Zweck ist, Interessenkonflikte beim VH auszuschließen, seine Tätigkeit und Betriebsmittel auf den Absatz der Vertragswaren zu konzentrieren und den Vertragswaren im Angebot des VH eine Alleinstellung zu verschaffen. Eine ausschließliche Bezugsbindung findet sich aber nur teilweise, zudem wird häufig die Zustimmung zum Vertrieb fremder Erzeugnisse bei Vorliegen sachlich gerechtfertigter Gründe zugesagt.

Die zweite Gruppe ist sehr unterschiedlich gestaltet. Nicht selten liegt eine räumliche Vertriebsbindung vor, wenn nämlich der VH die Vertragsware nur in einem bestimmten Gebiet absetzen darf. Zum Teil wird diese Verpflichtung ersetzt durch das Verbot der Werbung außerhalb des Vertragsgebiets oder die Pflicht des Herstellers zur Zahlung einer Übergrenzprovision. In der Kfz-Branche findet man eine Verkaufsbeschränkung auf das Vertragsgebiet nicht[13], häufig aber ein Verbot von organisierten Verkaufs- und Kundendienstaktivitäten außerhalb des Vertragsgebiets. Zum Teil finden sich auch persönliche Vertriebsbindungen. Zum einen die Beschränkung der Lieferanten an Endabnehmer oder Wiederverkäufer des gleichen Systems, zum anderen in nahezu allen Verträgen der Vorbehalt des Herstellers zur Direktlieferung an bestimmte, enumerativ aufgeführte Abnehmergruppen, wobei im letzteren Fall teilweise dem VH eine Vergütung zugesichert wird.

Die dritte Gruppe umfaßt Inhaltsbindungen dergestalt, daß der VH in den Verträgen mit seinen Abnehmern die Geschäftsbedingungen des Herstellers zugrunde zu legen hat. Dagegen findet sich die bei Ulmer noch übliche Preisbindung nicht mehr, sondern wurde durch die unverbindlichen Preisempfehlungen ersetzt.[14]

d) Sonstige Pflichten

Eine Reihe weiterer Vorschriften intensiviert den Einfluß des Herstellers auf die Vertriebstätigkeit:

---

[13] Eine Ausnahme bildet die Daimler-Benz-AG, die jedoch kein Vergleichsmaßstab ist, da sie ihre Erzeugnisse über eigene Niederlassungen und HV, nicht aber über VH vertreibt.

Daß sich in der Kfz-Branche heute kein absoluter Gebietsschutz mehr findet, ist Ausfluß des Art. 85 Abs. 1 EWG-Vertrag.

[14] Bedingt durch die Änderung des § 16 GWB durch die 2. GWB-Novelle von 1973 (Gesetz v. 3. 8. 1973, BGBl. I S. 917), mit der die Erlaubnis der vertikalen Preisbindung bei Markenartikeln beseitigt und durch die Erlaubnis „bloßer" Preisempfehlungen in § 38 a GWB ersetzt wurde. Vgl. hierzu Immenga / Mestmäcker — Emmerich § 16 Rn. 1 ff.

— Die *Informations- und Genehmigungspflicht* von *Änderungen* in den Inhaber- und Eigentumsverhältnissen, der Rechtsform sowie der Geschäftsführung *des Unternehmens,* die fast ausnahmslos in den Verträgen zu finden ist. Diese Regelung verdeutlicht das auf persönlichen Beziehungen zu den jeweiligen Firmen- und Geschäftsführern und deren Mitwirkung am Vertrieb beruhende enge Vertrauensverhältnis zwischen Hersteller und VH.

— *Die Weisungs-, Berichts- und Kontrollpflichten.* Eine ausdrückliche, allgemeine Pflicht, Weisungen des Herstellers zu befolgen, besteht nur selten, häufiger dagegen finden sich Weisungsbindungen in den Teilbereichen Kundendienst, Verkauf und innere Organisation.

Fast ausnahmslos enthalten die Verträge umfassende Berichtspflichten[15] über Umsatz, Lagerstand, Liquidität, Finanzierung u. ä. sowie häufig die Pflicht zur Vorlage der geprüften Jahresbilanz mit Gewinn- und Verlustrechnung des VH, verbunden mit genauen Vorschriften zum Einsatz spezieller Organisationsmittel in diesen Bereichen und Anpassung des Rechnungswesens an das systemspezifische Konzept.

In engem Zusammenhang hiermit steht die Duldungspflicht bezüglich Kontrollen des Herstellers, welche diesem (in der Kfz-Branche ausnahmslos — anders noch Ulmer — ansonsten nahezu überall) Einblick in Geschäftsbücher und -räume sowie das Rechnungswesen gestatten, wodurch dem Hersteller vollständige Informationen über Absatzerfolge und finanziellen Status seines VH ermöglicht werden.

Die früher darüber hinaus verbreitete Pflicht zur Mitteilung der Kundenanschriften war schon zur Zeit der Untersuchung Ulmers als Folge der Rechtsprechung des BGH zum AA des VH überall beseitigt worden[16] und ist auch heute nirgends zu finden.

— Die Verpflichtung zur Herausstellung des Herstellerzeichens im Geschäftsverkehr mit den Abnehmern ist weit verbreitet und soll — neben der Markenwerbung — Einheitlichkeit der und Zugehörigkeit zur Händlerorganisation herausstellen. Dem entspricht aber auch das Recht des VH, den Markennamen zu nutzen[17], woran dieser wegen der Teilnahme am good will ein erhebliches Interesse hat.

— Die Verpflichtung zum *Aufbau einer Unterorganisation,* sofern es sich um VH auf der Großhandelsstufe handelt.

---

[15] Vgl. auch die bereits erwähnte Pflicht zur Marktbeobachtung.

[16] Ulmer, VH, S. 118; vgl. auch Stumpf, Verträge, Rn. 118, nach dem die Aufnahme entsprechender Pflichten in das Vertragsmuster bewußt vermieden wurde.

[17] Die Aufnahme des Herstellerzeichens in die Firma ist allerdings in den meisten Fällen ausgeschlossen.

— Ausnahmslos die *Unterwerfung unter die einseitige Änderung bestimmter Vertragsteile* durch den Hersteller, insbesondere bezüglich des Vertragsgebiets, der Geschäftsbedingungen und der Handelsspanne; diese im Rahmen eines „normalen" Austauschvertrages ungewöhnliche Bestimmung unterstreicht in besonderem Maße die Eingliederung des VH in die Vertriebsorganisation des Herstellers.

— In zunehmender Weise werden neuerdings *Regelungen über die Vertragsbeendigung* aufgenommen. Hierbei wird des öfteren die Pflicht des VH zur Rückgabe auf Verlangen noch vorhandener Vertragswaren und Ersatzteile begründet, nicht jedoch das Recht zur Rückgabe. Denn Zweck ist nicht, den VH vor Nachteilen zu bewahren, sondern der Hersteller soll die Umgehung des Vertriebssystems vermeiden können.

2. Pflichten des Herstellers bezüglich des Vertriebs der Vertragswaren

Die in den untersuchten Verträgen enthaltenen, den Vertrieb betreffenden Pflichten des Herstellers lassen sich unterteilen in die Pflichten zur Absatzbindung, zur Unterstützung und Information und die Gewährung des Nutzungsrechts des Herstellerzeichens.

a) Absatzbindung

Die wichtigste Verpflichtung des Herstellers liegt in der Beschränkung des Absatzes seiner Erzeugnisse auf einen durch sachliche oder persönliche Merkmale abgegrenzten Personenkreis. Eine solche Regelung findet man im überwiegenden Teil der Verträge, regelmäßig eingeschränkt durch bestimmte Direktgeschäfte des Herstellers. Soweit dem Hersteller die Belieferung anderer Personen im Vertragsgebiet als dem VH untersagt ist, entspricht ihr auf Seiten des VH ein vertraglich begründetes Alleinvertriebsrecht. Bezweckt wird mit dieser Bestimmung, dem VH in seinem Gebiet eine Vorrangstellung zu gewähren, die die Kaufinteressenten für Vertragswaren seinem neuen Unternehmen zuführt und ihm den Lohn seiner Verkaufsanstrengungen sichert.

b) Unterstützungs- und Informationspflichten

Zur Ergänzung der Absatzförderungspflicht des VH tritt, mehr oder weniger stark ausgeprägt, die Zusage des Herstellers zur Unterstützung und Information des VH bei seiner Tätigkeit hinzu. In allen Verträgen findet sich die Verpflichtung zur werbemäßigen Unterstützung. Nur teilweise sind Informationspflichten vorgesehen, die sich dann bevorzugt auf Unterrichtung fehlender Lieferbereitschaft und direkt an den Hersteller gelangter Bestellungen richtet.

c) *Die Pflicht zur Gewährung des Nutzungsrechts für den Markennamen und die Warenzeichen*

sowie die Beteiligung am System-Know-How (Nutzung der Erfahrungen durch Bekanntgabe von Standards und Richtlinien) ist — wie bereits erwähnt — in allen Verträgen vorhanden, wobei Richtlinien Art und Umfang festlegen.

3. Vertragsbestimmungen über den Bezug der Vertragswaren

Neben den vertriebsbezogenen Bestimmungen der VH-Verträge finden sich, wenn auch zahlenmäßig deutlich zurückstehend, solche, die den Bezug der Vertragswaren regeln. Sie betreffen:

a) *Den Kaufgegenstand*

Die Art der Vertragswaren ist in allen Verträgen, wenigstens als Rahmenbezeichnung, festgelegt. In mehr als der Hälfte der Fälle behält sich der Hersteller dabei das Recht vor, die Vertragswaren zu ändern. Die nähere Festlegung über Umfang, Zusammensetzung und Zeitpunkt der einzelnen Lieferungen wird regelmäßig besonderen Vereinbarungen vorbehalten.

b) *Den Kaufpreis*

Über den Kaufpreis der Waren — Neuwaren und Ersatzteile — sind in der überwiegenden Zahl der Verträge allgemeine Regelungen vorhanden. Dabei wird die Handelsspanne häufig in relativer Höhe bindend festgelegt, vorzugsweise auf der Grundlage einer unverbindlichen Preisempfehlung durch Gewährung eines Grundrabatts auf die Listenpreise mit oder ohne zusätzliche Bonifikationen. Überwiegend hat der Hersteller ein Recht zur einseitigen Änderung.

c) *Die Verkaufsbedingungen*

Eine vollständige Regelung der Veraufsbedingungen ist selten, in mehreren Verträgen finden sich aber Bestimmungen über wesentliche Punkte der Verkaufsbedingungen, insbesondere Garantieregelungen, Zahlungsbedingungen und Gefahrübertragung betreffend.

d) *Die Lieferverpflichtung*

Während Ulmer[18] noch nirgends ausdrückliche Lieferverpflichtungen des Herstellers fand, sind solche heute teilweise anzutreffen. In diesen Fällen bestehen jedoch regelmäßig Vorbehalte des Herstellers, die Be-

---

18 Ulmer, VH, S. 125 f.

stellungen auszuführen, so daß von einer verbindlichen Lieferpflicht nicht ausgegangen werden kann.

4. Sonstige Vertragsbestimmungen

Darüber hinaus finden sich in den Verträgen weitere Regelungen, die sich nicht in die Unterscheidung zwischen Vertrieb und Bezug einordnen lassen. Die wichtigsten sind folgende:

Ausnahmslos finden sich Bestimmungen über die *Vertragsdauer*. Während Ulmer noch eine überwiegende Zahl von auf befristete Zeit mit stillschweigender Verlängerung bei fehlendem Widerspruch abgeschlossene Verträge feststellte, finden sich heute vorzugsweise Verträge, die auf unbestimmte Dauer abgeschlossen sind und unter Einhaltung unterschiedlicher Fristen gekündigt werden können. Ebenso enthalten sie einen Katalog von Gründen, die zur fristlosen Kündigung berechtigen.

Wie bereits erwähnt, findet man zunehmend Regelungen, die die *Vertragsabwicklung* betreffen. In erster Linie beziehen sich diese auf die Behandlung bereits getätigter Bestellungen und die Rückübertragung gebildeter Waren- und Ersatzteillager sowie überlassener Spezialwerkzeuge, Werbemittel u. ä. Neu ist, daß in einigen Verträgen ein etwaiger AA des VH angesprochen wird, teils direkt, indem ein solcher ausgeschlossen wird, teils indirekt, indem Ansprüche auf Entschädigung wegen der Vertragskündigung oder Ansprüche irgendwelcher Art wegen Beendigung des Vertragsverhältnisses ausgeschlossen werden. In keinem der untersuchten Verträge wird ein AA vertraglich begründet.[19]

Darüber hinaus finden sich in Formularverträgen übliche, hier nicht näher interessierende Regelungen über Erfüllungsort und Gerichtsstand, Schlichtung von Streitigkeiten, Teilnichtigkeit und -unwirksamkeit, Formerfordernisse u. ä.

5. Zusammenfassung

Zusammenfassend läßt sich feststellen, daß die Vertragsbestandteile, die sich auf den Vertrieb der Vertragswaren durch den VH und die da-

---

[19] Lediglich im Münchener Vertragshandbuch (Semler), das drei verschiedene Musterverträge darbietet, nämlich eine Grundfassung, eine Fassung unter besonderer Berücksichtigung der Interessen des Herstellers und eine solche unter besonderer Berücksichtigung der Interessen des VH, ist in letzterem Muster ein vertraglicher AA vorgesehen. Daß sich dieses in der Praxis durchsetzen wird, ist angesichts dessen, daß die Hersteller die Vertragsmuster ausarbeiten und angesichts der von Vertretern der Hersteller dem Verfasser gegenüber geäußerten ablehnenden Haltung zum AA der VH nicht anzunehmen. Darüber hinaus geben Maier / Meyer-Marsilius, Alleinvertretungsvertrag, S. 19, einen Formuliervorschlag zur Vereinbarung eines AA.

mit verknüpften Fragen der Verkaufs- und Kundendienstorganisation beziehen, eindeutig den Schwerpunkt bilden. Dabei rücken die Pflichten des VH in den Vordergrund, während die des Herstellers weniger scharf konkretisiert sind.

Von untergeordneter Bedeutung sind die Warenlieferungen zwischen Hersteller und VH regelnden Klauseln. Dies zeigt sich an der Kürze und Unvollständigkeit der getroffenen Vereinbarungen, der verbreiteten Bezugnahme auf die Verkaufsbedingungen des Herstellers und dessen Recht zur einseitigen Änderung der Preise und Verkaufsbedingungen. Darin äußert sich ihre der Durchführung der Vertriebsaufgaben dienende Funktion.[20]

II. Heutige Verbreitung des VH-Vertriebs

Zur Verdeutlichung der Bedeutung des VH-Vertrags ist auf das Vorkommen und die Verbreitung des Vertriebs über VH in der heutigen Zeit kurz einzugehen.[21] Erhebungen oder irgendwelche Statistiken scheinen nicht zu existieren.[22] Hauptsächlich findet sich der VH-Vertrieb beim Vertrieb hochwertiger Markenartikel, und zwar insbesondere beim Absatz technisch komplizierter, dauerhafter und wartungsbedingter Serienprodukte. So ist er sehr verbreitet im Kraftfahrzeugvertrieb sowie beim Absatz von Bau-, Land-, Büro- und Werkzeugmaschinen, Computern u. ä. Darüber hinaus kommt er im Vertrieb von Elektro- und Kraftfahrzeugzubehör, bei bestimmten Verbrauchsgütern mit starker Marke wie Nähmaschinen, Schuhen und Porzellan sowie beim Absatz von Markenschokoladen und in der Getränkeindustrie vor. Ferner gibt es ihn beim Anzeigenverkauf im Verlagswesen.[23]

III. Wirtschaftliche Auswirkungen: Funktionen und Risiken

Die nunmehr gewonnene Klarheit über den tatsächlichen Inhalt des VH-Vertrages gestattet einen Blick auf die daraus sich ergebenden wirtschaftlichen Konsequenzen, die Verteilung der Handelsfunktionen und Risiken, die Vor- und Nachteile für die Vertragspartner, deren wirtschaftliches Verhältnis zueinander.

Wie bereits in der Einführung angesprochen wurde, ist der VH Absatzmittler im Warenhandel, d. h. er ist in den Vertrieb von Waren ein-

---

20 Ulmer, VH, S. 132.

21 Zur Geschichte der Entstehung des VH-Vertriebs vgl. ausführlich Ulmer, VH, S. 41 ff. und Huber S. 70 ff., 78 ff.

22 Statistisches Informationsmaterial liegt jedenfalls dem Statistischen Bundesamt nicht vor (Auskunft an den Verfasser vom 21. Juni 1983).

23 Vgl. LG Köln ArchPR 1983, 353.

geschaltet, er übernimmt den Absatz von Produkten eines anderen Unternehmers.

Im Warenhandel sind verschiedene Handelsfunktionen zu unterscheiden, die je nach der Absatzform auf verschiedene Personen und in unterschiedlicher Weise verteilt sind. Wichtigste Funktion des Warenhandels ist die „Verbringung" der Ware vom Hersteller zum Verbraucher, der Warenumsatz. Hinzu tritt die Aufgabe, räumliche, zeitliche und mengenmäßige Spannungen zwischen Produktion und Verwendung zu überbrücken.[24] Dabei sind aus wirtschaftswissenschaftlicher Sicht im einzelnen folgende Arten von Handels- bzw. Absatzfunktionen zu unterscheiden[25]:

— Die Überbrückungsfunktionen dienen dem räumlichen und zeitlichen Ausgleich von Angebot und Nachfrage durch Transport, Lagerhaltung und Vorausdispositionen, wozu auch die Kreditgewährung zur Überbrückung der Zeit zwischen Kauf und Zahlung und der Ausgleich von Preisschwankungen gehört.

— Zu den Warenfunktionen sind zu rechnen die Quantitätsfunktionen des Handels, d. h. der mengenmäßige Ausgleich zwischen Angebot und Nachfrage, die Qualitätsfunktion, d. h. die Aufbereitung der Ware durch den Händler zur Verbesserung ihrer Verkaufsgeeignetheit und die Sortimentsfunktion, d. h. die Zusammenstellung eines möglichst weitgehend den Wünschen der Nachfrager entsprechenden Warenangebots durch den Hersteller.

— Zu den Maklerfunktionen gehören die Funktion der Interessenwahrung und der Beratung und Information von Hersteller und Nachfrager über den Markt sowie die Markterschließung, also die Aufgabe, die Voraussetzungen für die Verkäuflichkeit der Ware zu schaffen.

Nach anderer Einteilung[26] werden die mit der Warenverteilung zusammenhängenden Ausgleichsfunktionen — die Überbrückungsfunktionen und von den Warenfunktionen die Quantitäts- und die Qualitätsfunktion — als Warenumschlagsaufgaben, die zur Überwindung von

---

[24] Seyffert S. 6; Schäfer, HdW, S. 310 f.; Schäfer, Absatzwirtschaft, S. 24 ff., 41 f.

[25] Seyffert S. 8 ff., dessen Gliederungsschema — da weit verbreitet — hier zugrunde gelegt ist. Ein verbindliches Schema einer bestimmten Zahl von Handelsfunktionen ist dabei nicht möglich, da unterschiedliche Abgrenzungen denkbar sind (so Buddeberg S. 24). Vgl. zum Ganzen auch Ulmer, VH, S. 143 ff., Buddeberg S. 21 ff., Marré S. 7 ff., 35 ff. und Oberparleiter S. 5 ff. sowie den instruktiven Überblick über die verschiedenen Konzepte von Handelsfunktionen im Handwörterbuch der Absatzwirtschaft, Stichwort „Handelsfunktionen" (Heribert Marré). Für eine Trennung von gesamt- und einzelwirtschaftlichen Funktionen neuerdings Schäfer, Absatzwirtschaft, S. 141.

[26] Buddeberg S. 22 f.

Spannungen qualitativer Art — Sortimentsfunktion und Maklerfunktionen — als Abstimmungsaufgaben bezeichnet.

Im selbständigen Handel liegen die genannten Funktionen sämtlich beim Händler. Wie ist nun aber die Lage beim VH?

Hier ist festzustellen, daß die Funktionen teils auf den Hersteller übergegangen sind, teils eine andersartige Gewichtung gefunden haben.

Übergegangen auf den Hersteller ist die Qualitätsfunktion, da dieser ausschließlich für Qualität und Ausstattung der (Marken-)Waren verantwortlich ist. Dasselbe gilt für die zentrale Handelsfunktion der Sortimentsbildung; dies gilt ohne Einschränkung in den Fällen der ausschließlichen Bezugsbindung des VH, in weitem Umfang auch in den anderen Fällen, da wegen der Interessenwahrungspflicht jedenfalls die Aufnahme von Konkurrenzprodukten ins Sortiment untersagt ist. Auch die Kundenberatung durch den VH ist erheblich eingeschränkt, sie ist auf die Information über die Vorteile der Vertragsware und die Auswahl unter den verschiedenen Typen des Herstellers beschränkt.[27]

Ebenso geht die Markterschließungs- und Marktbeobachtungsfunktion teilweise auf den Hersteller über; von einem vollständigen Übergang kann hierbei aber nicht ausgegangen werden.[28] Zwar ist es richtig, daß der Hersteller durch die zentrale Markenwerbung einen maßgeblichen Teil zur Bedarfsweckung und -steuerung beiträgt; der Vertragsinhalt zeigt jedoch, daß sich dem VH die gleiche Aufgabe stellt, wenngleich er dabei an Richtlinien gebunden ist. Dies folgt aus der Pflicht zur Verkaufsförderung und der Werbeverpflichtung im Vertragsgebiet. Hinzu tritt der nicht geringe Einfluß eines guten Services des VH auf die Kaufentscheidung des Kunden. Erst das Zusammenspiel der zentralen Bedarfsweckung durch den Hersteller mit der wichtigen Bearbeitung des Marktes durch den VH mittels Aufbau persönlicher Kontakte zu den Kunden, Ausnutzung von Beziehungen und Kenntnissen des Vertragsgebiets sowie das Angebot eines guten Services führt zur Verkäuflichkeit der Ware, zu einer optimalen Markterschließung. Selbst berühmte Markenwaren verkaufen sich — von Monopolmärkten eventuell abgesehen — keineswegs allein. Eine andere Beurteilung rechtfertigt sich auch nicht deshalb, weil der VH primär nicht für sich, sondern für den Markt der Herstellerware wirbt. Denn der Gleichlauf und die Abstimmung der Markterschließungstätigkeit, nicht der Wegfall dieser Aufgabe beim VH, läßt den VH nach außen hin als verlängerten Arm des Herstellers erscheinen. Die Markterschließung ist wesentliche Aufgabe des VH.

---

[27] Ebenso Ulmer, VH, S. 147; Ebenroth S. 39.

[28] So jedoch Ulmer, VH, S. 146 und Ebenroth S. 33.

Nach Aufhebung der Preisbindung kann zwar von einem Übergang der Handelsfunktion der Preisabstimmung auf den Hersteller nicht mehr gesprochen werden;[29] trotzdem steht sie nach wie vor unter dessen starken Einfluß, bedingt durch die weit verbreiteten unverbindlichen Preisempfehlungen, die unter Berücksichtigung der Machtverhältnisse der Vertragspartner trotz Unverbindlichkeit dem VH nur einen begrenzten Spielraum lassen, durch aktive Preispolitik auf Umsatz und Markterfolg Einfluß zu nehmen.

Damit zeigt sich, daß erhebliche Teile der Abstimmungsaufgaben des Handels dem VH entzogen sind bzw. beschränkt werden.

Beim VH verbleiben dagegen die Transport-, Lagerhaltungs-, Vordispositions- und Kreditfunktion (Überbrückungsfunktionen) sowie die Aufgabe der Verteilung (Quantitätsfunktion), die durch entsprechende Verpflichtungen in den VH-Verträgen gegenüber dem selbständigen Handel noch verstärkt werden. Dasselbe gilt für die Kundendienst- und Garantieaufgaben des VH.[30] Die Umschlagsaufgaben sind daher beim VH sogar stärker gewichtet.

Auch die Risikoverteilung zwischen Hersteller und VH bleibt nicht unbeeinflußt. Der Hersteller hat einige Handelsfunktionen an sich gezogen, auf andere übt er erheblichen Einfluß aus. Er hat damit seinen Einfluß in den Handelsbereich hinaus ausgedehnt, die Risiken aber verbleiben beim VH — ja, die aus den verbleibenden Handelsfunktionen werden durch die andersartige Gewichtung verstärkt. Durch den Verlust der Sortimentsfunktion hat er zudem die wirkungsvollste Risikoausgleichsmöglichkeit verloren; darüber hinaus werden Risiken, die eigentlich in die Sphäre des Herstellers fallen, nämlich die der Kapazitätsauslastung, der Vorratshaltung, des Absatzes durch die Verpflichtungen zur Mindestabnahme, Vorausdisposition, Lagerhaltung, Bezug des gesamten Sortiments u. ä. auf den VH verlagert.[31]

Er trägt in weitem Umfang das Absatz- und Kreditrisiko, die Vertriebspolitik des Herstellers, die Modell- und Typenpolitik dagegen, auf die er keine Einwirkungsmöglichkeit hat, bestimmt unmittelbar seinen Geschäftserfolg, sein Schicksal. Zudem besteht die Gefahr des Kundenverlustes bei Vertragsende, wenn diese der Marke der Waren folgen. Kennzeichnend für den VH-Vertrieb ist somit, daß Tätigkeit und Geschäftsbetrieb des VH weitgehend dem Einflußbereich des Herstellers unterfallen, ohne daß dieser die finanziellen Folgen seiner Entscheidun-

---

29 So noch Ulmer, VH, S. 147.

30 Da diese nicht unmittelbar auf den Warenabsatz zielen, werden sie allerdings nicht zu den eigentlichen Handelsfunktionen gezählt, vgl. Marré S. 73 f.

31 Ebenroth S. 39; Ulmer, VH, S. 149.

gen zu tragen hat. Entscheidungsgewalt und Risiko fallen auseinander.[32]

Das Interesse des Herstellers an dieser Vertriebsform liegt somit auf der Hand: Er hat die Gewähr der Markterschließung und Marktpflege nach seinen Vorstellungen und trotzdem vertreibt der VH die Vertragswaren als selbständiger Unternehmer auf volles eigenes Risiko.

Selbstverständlich gibt es für den VH nicht nur Nachteile, sondern auch Vorteile: Die Ausnutzung von Bekanntheitsgrad, Zeichen und good will der Marke, Beschränkung oder gar Ausschaltung des Wettbewerbs zwischen Anbietern des gleichen Produkts, Rationalisierung, Spezialisierung und Vereinfachung des Betriebs aufgrund der Bindung an einen Unternehmer sowie eine u. U. höhere Handelsspanne als Ausgleich der vielfältigen Aufgaben und Risiken können das Interesse eines Unternehmens am Abschluß eines VH-Vertrages wecken.[33]

An der Einbindung des VH durch Ausrichtung seiner Handelstätigkeit und des Handelsbetriebs in den vom Hersteller beherrschten Vertrieb seiner Waren, in die Vertriebsorganisation des Herstellers, ändert dies jedoch nichts.

IV. Der Begriff des VH und die Rechtsnatur des VH-Vertrages

Nach der Darstellung des tatsächlichen Inhalts der VH-Verträge und der daraus resultierenden wirtschaftlichen Auswirkungen bleibt die Aufgabe, den Begriff des VH, der im folgenden der Untersuchung zugrunde gelegt werden soll, festzulegen und die Rechtsnatur des VH-Vertrages zu bestimmen.

1. Der Begriff des VH

Der Abschnitt über den Vertragsinhalt hat gezeigt, daß die Verträge verschieden ausgestaltet sind, es eine einheitliche rechtliche Gestaltung nicht gibt. Dies ist z. T. durch die Entstehungsgeschichte und die jeweilige Branche bedingt. Je nach Eigenschaft der Vertragswaren scheiden manche Verpflichtungen naturgemäß aus.[34] Eine ganze Reihe von Klauseln[35] ist zwar typischerweise, keineswegs aber lückenlos vorhanden.

---

[32] Ulmer, VH, S. 150.

[33] Vgl. hierzu auch Ulmer, VH, S. 151 ff.; Ebenroth S. 40.

[34] So besteht z. B. die Verpflichtung zu Kunden- und Reparaturdienst nur bei bestimmten technischen oder qualitativen Merkmalen der Vertragswaren (nicht bei Schuhen und Getränken). Oder: Eine Lagerhaltungspflicht besteht nur bis zu einer gewissen Preisgrenze, nicht bei kostspieligen Büromaschinen oder Lastkraftwagen.

[35] Z. B. die Bestimmungen über Mindestabnahme, Bezugsbindung und Lagerhaltung des VH.

Vielmehr zeigen die mit den jeweiligen Klauseln angestrebten — bereits angedeuteten — Zwecke, daß diese oft austauschbar sind; daher werden häufig mit verschiedenen rechtlichen Mitteln dieselben Zwecke angestrebt.[36] Daraus folgt, daß diese typischen Klauseln nicht notwendige Voraussetzung für den VH-Vertrag sind; zudem finden sie sich auch in anderen Verträgen.[37]

Infolgedessen kann die Abgrenzung des VH von anderen Formen des Vertriebs nicht darauf abgestellt werden, welche konkreten rechtlichen Verpflichtungen er dem Hersteller gegenüber übernommen hat. Vielmehr ist auf den wirtschaftlichen Gehalt der Vertragsbestimmungen und seine Auswirkungen auf Stellung und Funktion der Vertragspartner, das sich aus den einzelnen Mosaikteilen ergebende wirtschaftliche Gesamtbild abzustellen.[38]

Gleichwohl gibt es Wesensmerkmale, die den VH von anderen Absatzmittlern und unabhängigen Händlern unterscheiden.

Ulmer sieht sie für den idealtypischen VH wie folgt:

„1. Der VH handelt im eigenen Namen und auf eigene Rechnung.

2. Er ist
   a) durch einen auf Dauer gerichteten Vertrag
   b) mit einem Hersteller von Markenwaren oder einem von diesem eingesetzten Zwischenhändler (VH) verbunden.

3. Er ist zur Förderung des Absatzes der Vertragswaren verpflichtet.

4. Er unterwirft in Erfüllung dieser Pflicht seine Handelsfunktionen und -risiken den Interessen des Herstellers und richtet sein Handelsgeschäft auf den Vertrieb der Vertragswaren aus.

5. Er nimmt durch Verwendung des Herstellerzeichens im Geschäftsverkehr am good will des Herstellers teil und bringt durch sein Auftreten am Markt seine Zugehörigkeit zum Vertriebsnetz des Herstellers zum Ausdruck.“[39]

Auf dieser Grundlage definiert Ulmer:

„VH ist ein Kaufmann, dessen Unternehmen in die Vertriebsorganisation eines Herstellers von Markenwaren in der Weise eingegliedert ist, daß er es durch Vertrag mit dem Hersteller oder einem von diesem eingesetzten Zwischenhändler ständig übernimmt, im eigenen Namen und auf eigene Rechnung die Vertragswaren im Vertragsgebiet zu vertreiben und ihren Absatz zu fördern, die Funktionen und Risiken seiner Handelstätigkeit hieran auszurichten und im Geschäftsverkehr das Herstellerzeichen neben der eigenen Firma herauszustellen.“[40]

---

[36] Ulmer, VH, S. 132 ff.

[37] Ulmer, VH, S. 136 f. mit ausführlicher Darstellung und Begründung.

[38] Ulmer, VH, S. 137; vgl. zur Abgrenzung von anderen Absatzmittlern auch v. Gierke / Sandrock § 28 A II 5, S. 482 ff.

[39] Ulmer, VH, S. 189 f.

[40] Ulmer, VH, S. 206.

Der BGH definiert:

„Unter einem EH-Vertrag wird ein auf gewisse Dauer gerichteter Rahmenvertrag eigener Art verstanden, durch den sich der eine Teil (EH oder VH) verpflichtet, Waren des anderen Teils (des Herstellers oder Lieferanten) in eigenem Namen und auf eigene Rechnung zu vertreiben, und durch den der EH in die Verkaufsorganisation des Herstellers eingegliedert wird.“[41]

Bei Ulmer ist schon der Ansatzpunkt der Definition, nämlich die Ausrichtung am „Idealtypus“ des VH, unbefriedigend. Der gebildete, damit „gekünstelte“ Idealtypus beschreibt gerade nicht die rechtliche und wirtschaftliche Wirklichkeit. Eine Definition — zumindest für diese Untersuchung — ist nur dann sinnvoll, wenn mit ihr eine Abgrenzung von anderen selbständigen und unselbständigen Gewerbetreibenden bewirkt werden kann; sie muß den VH in seiner ganzen wirtschaftlichen Breite treffen, und zwar soweit, als aus dem Erscheinungsbild einheitliche rechtliche Folgerungen zu ziehen sind. Dergestalt sind auch gesetzliche Definitionen wie z. B. § 84 HGB für den HV. Sie sind nicht am Idealtypus orientiert, begrenzen vielmehr den Anwendungsbereich der rechtlichen Regelungen.

Daher enthält die Definition Ulmers einige verzichtbare Elemente. Problematisch ist schon, daß der Vertragspartner immer ein „Hersteller oder von diesem eingesetzter Zwischenhändler“ sein muß. Denkbar ist auch, daß ein Handelsunternehmen — mit eigener Marke — für bestimmte Aufgaben eigene VH einsetzt.[42] Zu eng ist auch die Beschränkung auf Markenwaren, wenngleich in der Praxis vorzugsweise der Vertrieb von Markenwaren in Betracht kommt. Der VH-Vertrieb ist auch bei Sonderanfertigungen für Maschinen möglich[43] und findet sich auch außerhalb des Markenhandels.[44]

Notwendige Voraussetzung ist auch nicht die Pflicht zur Herausstellung des Herstellerzeichens. Fehlt sie, kann dennoch ein VH vorliegen. Zum einen läßt diese sich i. d. R. schon aus der Interessenwahrungspflicht und der Eingliederung in das Vertriebssystem ableiten, zum anderen hat der VH wegen der gewünschten Teilnahme am good will ein großes Interesse, von sich aus das Herstellerzeichen herauszustellen. Sie ist daher kein Definitionskriterium.[45] Ebenso dürfen durch die Auf-

---

[41] BGHZ 54, 338 (340 f.); ähnlich BGHZ 29, 83 (87) und 34, 282 (285). Vgl. ferner die Definitionen von Stumpf, VH-Vertrag, Rn. 1; Rittner ZHR 135 (1971), 62 (68); Kunz S. 8; Klein S. 9.

[42] Rittner ZHR 135 (1971), 62 (67).

[43] Welche keine Markenwaren sind, jedenfalls sofern man die gesetzliche Definition des § 38 a Abs. 2 GWB zugrunde legt.

[44] Stumpf, VH-Vertrag, Rn. 2; Cohn AcP 172 (1972), 374 (375); Rittner ZHR 135 (1971), 62 (67); Schmidt, Handelsrecht, § 27 II 2, S. 567.

[45] Rittner ZHR 135 (1971), 62 (68); Stumpf, VH-Vertrag, Rn. 2; Böni S. 9.

nahme des Elements der eigenen Firma Minderkaufleute nicht ausgeschlossen werden.[46]

Dagegen ist an dem von Ulmer und dem BGH verwendeten Begriff der Eingliederung als wesentliches Unterscheidungsmerkmal trotz geäußerter Kritik festzuhalten. Die Pflicht zur Vertriebs- und Absatzförderung ist ein zwar wichtiges, aber nicht erschöpfendes Kriterium.[47] Erst das Gesamtbild, wozu insbesondere auch die Ausrichtung von Tätigkeit und Risiko des eigenen Unternehmens an dem des Vertragspartners gehört, die Summe der Bindungen, ist charakteristisch für das VH-Verhältnis. Darin liegt das entscheidende Merkmal zur Abgrenzung zum selbständigen Umsatzhändler.[48] Hierfür bildet der Begriff der Eingliederung eine geeignete Umschreibung.

Zwar ist auf den Einwand Cohns[49], der die juristische Verwertbarkeit dieses Begriffs entschieden bezweifelt, einzuräumen, daß es sich um einen unbestimmten, bisher juristisch nicht exakt ausgefüllten Begriff handelt. Das Argument, der Gesetzgeber habe im Gesellschaftsrecht deshalb den Begriff der abhängigen Gesellschaft durch eine klare zahlenmäßige Bezifferung der erforderlichen Beteiligung der herrschenden an der eingegliederten Gesellschaft festgelegt, ist nicht stichhaltig. Denn während sich dort eben eine Konkretisierung aufdrängt, ist dies im vorliegenden Fall gerade nicht möglich. Es kommt auf die wirtschaftliche Gesamtbetrachtung an, welche sich nicht ziffernmäßig und wegen der Austauschbarkeit der rechtlichen Bindungen auch nicht durch eine detaillierte Aufzählung bestimmen läßt. Es ist tatsächlich nur ein umschreibender, bildlicher Begriff möglich. Solche unbestimmten Rechtsbegriffe sind jedoch in unserer Rechtsordnung keine Seltenheit und auch nicht vermeidbar.

Da solche Rechtsbegriffe aber nur im Rahmen ihrer Unumgänglichkeit ihre Rechtfertigung finden, sollte gleichwohl die nach den Erkenntnissen von Ulmer teilweise mögliche Konkretisierung des Merkmals „Eingliederung" für eine möglichst exakte Definition verwertet werden.[50]

---

46 Rittner ZHR 135 (1971), 62 (68).

47 A. A. Rittner ZHR 135 (1971), 62 (67 f.).

48 Ebenroth S. 36; Ulmer, VH, S. 205; Böni S. 9; a. A. Cohn AcP 172 (1972), 374 (377 f.), der eine Eingliederung für entbehrlich hält. Mißverständlich auch Rittner, der hervorhebt, der VH sei selbstverständlich ebenso wie alle anderen selbständigen Absatzmittler in die Vertriebsorganisation eingebunden. (Rittner ZHR 135 (1971), 62 (67)). Das Merkmal der Eingliederung erlaubt auch die Abgrenzung von Zwischentypen, die zu den EH zu rechnen sind, aber sich als Sonderformen zwischen den eigentlichen (Sortiments-)EH und den VH entwickelt haben, nämlich den sog. Fachhändlern, autorisierten Händlern und (produktbezogenen) Franchise-Händlern; vgl. v. Gierke / Sandrock § 28 A II 5, S. 483 f.

49 Cohn AcP 172 (1972), 374 (377 f.).

50 Ulmer, VH, S. 191: Er trennt zwischen dem Innenverhältnis der Einglie-

Ob dann im konkreten Fall das Gesamtbild der vereinbarten rechtlichen Verpflichtungen wirtschaftlich betrachtet eine Eingliederung im beschriebenen Sinne ergibt, ist selbstverständlich eine Frage des Einzelfalls, die jeweils einer gründlichen Prüfung bedarf.

Im Gegensatz zur Definition des BGH empfiehlt es sich[51], nicht den VH-Vertrag, sondern den VH in den Mittelpunkt zu stellen. Nur so kann die Einheitlichkeit zur Systematik des HGB gewahrt werden, ob man dessen Ansatzpunkt heute noch für sinnvoll erachtet oder nicht.[52]

Demnach ergibt sich im Anschluß an Ulmer folgende Bestimmung:

VH ist ein selbständiger Gewerbetreibender, der durch Vertrag mit einem Hersteller (oder Lieferanten) in der Weise in die Vertriebsorganisation des Vertragspartners (bzw. dessen Lieferanten) eingegliedert ist, daß er ständig damit betraut ist, die Vertragswaren im eigenen Namen und auf eigene Rechnung zu vertreiben und ihren Absatz zu fördern sowie die Funktionen und Risiken seines Handelsgeschäfts hieran auszurichten, und zudem nach außen als Teil des Vertriebsnetzes des Vertragspartners (bzw. dessen Lieferanten) erscheint.

2. Die Rechtsnatur des VH-Vertrages

Die früher h. M.[53] sah in dem VH-Vertrag einen Vertrag sui generis bzw. einen gemischten Vertrag eigener Art. Nach dessen Meinungen wird das Zusammentreffen von handelsvertreterrechtlichen[54] und kauf-

---

derung (d. h. der Tätigkeit des VH für den Hersteller) und dem Außenverhältnis der Eingliederung (d. h. dem Auftreten des VH am Markt). Zum ersteren rechnet er die Absatzförderungspflicht und die interne Ausrichtung von Funktionen, Risiken und Handelsgeschäft auf den Vertrieb der Vertragswaren — die Interessenwahrungspflicht ist damit als Bestandteil der inneren Eingliederung des VH anzusehen —, zum zweiteren den Markenwarencharakter der Vertragswaren, das Auftreten des VH am Markt unter dem Herstellerzeichen neben der eigenen Firma und die Zugehörigkeit des VH zum Vertriebsnetz des Herstellers (also die Maßgeblichkeit vertriebspolitischer Entscheidungen des Herstellers für den Geschäftsbetrieb des VH).

[51] Neben dem vom BGH verwendeten unglücklichen Begriff des EH-Vertrags statt VH-Vertrags, vgl. Teil I: I. Fn. 3.

[52] So auch Ulmer, VH, S. 68 f.; a. A. Cohn AcP 172 (1972), 376 f.

[53] RG DR 1942, 1226; BGHZ 29, 83 (87 f.); BGHZ 34, 282 (285 f.); BGHZ 54, 338 (340 f.); Mücke MDR 1956, 641; v. Brunn, Händlerverträge, S. 45 ff.; ders. BB 1961, 429; ders., FS 150 J. Carl Heymanns Verlag, S. 339; Steffens S. 26 f.; Kochs S. 30 ff.; Renz S. 17 ff.; Kunz S. 32 ff.; Schluep, Alleinvertriebsvertrag, S. 19 ff.; Budczies S. 25; VDMA-Broschüre S. 13; Klein S. 17 ff.; Ehinger S. 25 ff.; Steffens S. 16 ff.; Weil SJZ 32 (1935/36), 293; Wyniger S. 1, 14 ff.

[54] Zu den handelsvertreterrechtlichen Regelungen werden gerechnet: Pflichten des VH zur allgemeinen Interessenwahrung des Lieferanten (vgl. §§ 84 Abs. 1, 86 Abs. 1 HGB), Berichtspflichten (vgl. § 86 Abs. 2 HGB), Geheimhaltungspflicht (vgl. § 90 HGB), Pflichten des Lieferanten zur Unterstützung des Händlers bei seiner Tätigkeit (vgl. § 86 a HGB), Weisungsrechte

rechtlichen[55] (sowie nach mancher Ansicht typisch eigenhändlerischen[56] Vereinbarungen) als für das Wesen des VH-Vertrags ausschlaggebend angesehen.

Mit Ulmer und der heute h. M.[57] ist der VH-Vertrag dagegen zutreffend als Dienstvertrag, der eine Geschäftsbesorgung zum Gegenstand hat, i. S. v. § 675 BGB einzuordnen; da der VH im Unterschied zum Normalfall des Geschäftsbesorgungsvertrages, in dem der Geschäftsbesorger auf Rechnung des Geschäftsherrn tätig wird, auf eigene Rechnung handelt, liegt allerdings ein Sonderfall des Geschäftsbesorgungsvertrages vor.[58]

Allein diese Einordnung trägt dem Charakter des VH-Vertrags als Dauerschuldverhältnis, das die einzelnen rechtlich selbständigen Liefergeschäfte umspannt, und damit die Struktur eines auf den Vertrieb der Vertragswaren und den Abschluß von Einzelkaufverträgen über deren Bezug gerichteten Rahmenvertrages hat, und der im Mittelpunkt des Vertrages stehenden Verpflichtung zur Wahrnehmung der Interessen des Herstellers Rechnung.

Der ausführlichen und überzeugenden Begründung Ulmers ist nichts hinzuzufügen.[59]

---

des Lieferanten (vgl. §§ 675, 665 BGB, die auf den HV-Vertrag als besondere Ausprägung des Dienstvertrages Anwendung finden: Schröder, Kommentar § 86 Rn. 31), Zuweisung eines Vertragsgebiets (vgl. § 87 Abs. 2 HGB für den Bezirksvertreter), Bestimmungen über Dauer und Kündigung des Vertrags (vgl. §§ 89, 89 a HGB).

55 Zu den kaufrechtlichen Regelungen werden gerechnet: Vereinbarungen über Mindestabnahmen, Vorausdispositionen, Art der abzunehmenden Erzeugnisse, deren Beschaffenheit und Preis, Bezugnahme auf Verkaufs- und Zahlungsbedingungen.

56 Vereinbarungen, die nur aus der besonderen Stellung des VH verständlich sind: Bestimmungen, die die Wiederverkäuferstellung des Händlers bewirken, insbesondere Einräumung des Wiederverkaufsrabatts, sowie die Verpflichtung zu Kunden- und Reparaturdienst.

57 Ulmer, VH, S. 241 ff.; Rittner ZHR 135 (1971), 62 (69 f., 74); Loewenheim NJW 1970, 1362; v. Gierke / Sandrock § 28 C I 1, S. 490; Schmidt, Handelsrecht, § 27 II 2 b, S. 567; Stumpf, VH-Vertrag, Rn. 4 f.; Evans-v. Krbek S. 94; Ebenroth S. 36; v. Westphalen DB 1981 Beilage Nr. 12 S. 1; ders. NJW 1982, 2465 (2469); Capelle § 9 XI, S. 85; Capelle / Canaris § 9 XI, S. 83; MK-Seiler § 675 Rn. 46; Palandt / Thomas § 675 Anm. 3; Schulthess S. 145; Brüggemann in Staub-Großkommentar 4. A. vor § 84 Rn. 11; Bunte ZIP 1982, 1166 (1167); Ulmer in Ulmer / Brandner / Hensen Anh. §§ 9 - 11 Rn. 881; Wolf in Wolf / Horn / Lindacher § 9 Rn. V 21; Schneider JR 1972, 333; a. A. Cohn AcP 172 (1972), 374 (378) und auch OLG Zweibrücken BB 1983, 1301, das die frühere Meinung für die h. M. hält.

58 Die zentralen Vorschriften des Auftragsrechts (Herausgabepflicht und Aufwendungsersatzanspruch, §§ 667 und 670 BGB) können daher, da sie von der Tätigkeit auf fremde Rechnung ausgehen, nicht auf die Beziehung Hersteller—VH angewendet werden. Vgl. Ulmer, VH, S. 269, 458 f.

59 Ulmer, VH, S. 241 ff.

Teil IV

Der Ausgleichsanspruch des Handelsvertreters nach § 89 b HGB

Nach der Analyse des HV-Vertrages in rechtstatsächlicher und normativer Hinsicht ist eine eingehende Darstellung des AA des HV geboten.

I. Entstehungsgeschichte

§ 89 b HGB enthält die bedeutsamste und am meisten umstrittene Neuerung der Novelle zum Handelsgesetzbuch von 1953[1], mit der das Rechtsverhältnis zwischen HV und Unternehmer umfassend neu gestaltet und die Rechtsstellung der HV verbessert werden sollte.[2] Seiner Entstehung gingen heftige Auseinandersetzungen der verschiedenen Interessengruppen voraus. Die letztlich Gesetz gewordene Fassung ist Ergebnis eines Kompromisses.[3]

Ausgangspunkt für die Bestrebungen zur Einführung eines bis dahin unbekannten Anspruchs des HV bei Vertragsende waren als untragbar erachtete, bis 1953 im Gesetz nicht berücksichtigte wirtschaftliche Nachteile, die häufig dem HV auch bei ordentlicher Vertragskündigung entstanden. Dies galt insbesondere für den Einführungsvertreter, der gerade unter erheblichen Aufwendungen den Unternehmer eingeführt und damit die schwierigste Arbeit vollbracht hatte, den langjährigen Vertreter, der über Jahre hinweg für den Unternehmer tätig war und dessen Existenzgrundlage hierin lag, und den altersbedingt ausscheidenden Vertreter, der wegen Alters ohne Möglichkeit einer neuen Tätigkeit und ohne Altersversorgung ausschied,[4] vor allem wenn sie Alleinvertreter waren oder doch die beendete Vertretung den Schwerpunkt bildete.

---

[1] Gesetz zur Änderung des HGB (Recht der HV) vom 6. 8. 1953, BGBl. I S. 771.

[2] Amtl. Begr. S. 9 ff.

[3] Zur Entstehungsgeschichte vgl. ausführlich Gessler S. 24 ff. sowie Klein S. 50 ff. u. Maier NJW 1958, 1327 (1329).

[4] Vgl. Gessler S. 3 ff. mit Beispielen.

Dem eigentlichen Gesetzgebungsverfahren gingen zahlreiche, ganz unterschiedliche Entwürfe voraus.[5] In sämtlichen war ein „AA“ enthalten. Ebenso gab es bereits gesetzliche Regelungen in anderen Ländern.[6]

Die ersten Entwürfe knüpften an die Art und Weise der Kündigung an. Sie sahen eine Entschädigung vor, wenn die Kündigung nicht auf schuldhaftem Verhalten des HV beruht,[7] wenn die Kündigung grob gegen Anstand und Sitte eines ehrbaren Unternehmers verstößt,[8] bzw. bei zu mißbilligender Kündigung, wobei bei der Bemessung die Schäden, die der HV dadurch erleidet, daß er seine bisherige Existenz verliert und sich eine neue aufbauen muß und die Bereicherung des Unternehmers durch Zuführung des Kundenstamms des HV ausgeglichen werden sollten.[9] Weitere Vorschläge gewähren einen Anspruch, wenn die Kündigung nach den gesamten Umständen der Billigkeit sowie einer anständigen kaufmännischen Auffassung widerspricht,[10] beziehungsweise einen billigen Ausgleich bei unverschuldeter Kündigung, wenn dies angesichts der Vertragsdauer, der von beiden Teilen gemachten Aufwendungen, der nach Auflösung erwachsenden Vor- und Nachteile nach anständiger kaufmännischer Auffassung gerechtfertigt erscheint.[11]

Im Gegensatz hierzu wollte das Justizministerium eine von Kündigungsgründen losgelöste, weder an die Berechtigung oder Mißbilligung der Kündigung geknüpfte noch von der anständigen kaufmännischen Auffassung in irgendeiner Weise abhängige Regelung schaffen. Ziel war ein rechtssystematisch begründbarer, aus den Eigenarten des Vertragsverhältnisses ableitbarer Anspruch.[12]

Ihm diente — in Grenzen, da auf Billigkeitserwägungen verzichtet wurde — Art. 418 u Schweizerisches Obligationenrecht (OR) als Vorbild. Nach diesem Vorschlag sollte ein angemessener Ausgleich geschuldet

---

5 Sie können hier nur kurz erwähnt werden. Ausführlich Gessler S. 25 ff.

6 So in Österreich, Italien, Frankreich und der Schweiz, vgl. Gessler S. 8 ff.

7 § 27 der Denkschrift der Reichsfachgruppe „Das kaufmännische Hilfs- und Vermittlergewerbe“ des Fachamts „Der deutsche Handel“ der Deutschen Arbeitsfront, vgl. Gessler S. 25 f.

8 § 92 des Entwurfs der Fachgruppe HV und Handelsmakler, vgl. Gessler S. 26 f.

9 § 19 des Entwurfs eines HV-Gesetzes, aufgestellt vom Ausschuß der Akademie für deutsches Recht für das Recht des Handelsstandes und der Handelsgeschäfte, Unterausschuß für das Recht der HV und der Handelsreisenden, abgedruckt in Arbeitsberichte der Akademie für Deutsches Recht Nr. 17 (mit Denkschrift Dietz S. 29 ff., 125 ff.). Vgl. Gessler S. 27 ff.

10 § 19 des Entwurfs eines HV-Gesetzes vom Dezember 1949 der Centralvereinigung Deutscher HV- und Handelsmaklerverbände (CDH), vgl. Gessler S. 30 f.

11 Vorschlag Professor Lehmann, ähnlich CDH-Entwurf zum HV-Gesetz an den Deutschen Bundestag von Januar 1953, § 89 b, vgl. Gessler S. 32 ff.

12 Amtl. Begr. S. 33 ff.; Gessler S. 34.

sein, wenn der HV durch seine Tätigkeit den Kundenkreis des vertretenen Unternehmers erweitert hat und diesem aus der Verbindung mit der neuen Kundschaft auch nach Vertragsende nicht unerhebliche Vorteile, denen entsprechende Nachteile des HV gegenüberstehen, erwachsen.[13]

Hieran anknüpfend lautete § 89 b Abs. 1 der Regierungsvorlage[14] als Ausgangspunkt der Beratungen im eigentlichen Gesetzgebungsverfahren:

„Erwachsen dem Unternehmer aus der Geschäftsverbindung mit neuen Kunden, die der HV geworben hat, auch nach Beendigung des Vertragsverhältnisses nicht unerhebliche Vorteile und verliert der HV infolge der Beendigung Ansprüche auf Provision, die ihm bei Fortsetzung des Vertragsverhältnisses aus bereits abgeschlossenen oder künftig zustande gekommenen Geschäften mit den von ihm geworbenen Kunden zustehen würden, so hat er Anspruch auf einen angemessenen Ausgleich."

Im wesentlichen sind zwei Abweichungen vom Entwurf des Justizministeriums erkennbar: Zum einen wird nicht auf die Erweiterung des Kundenstamms, sondern auf die Werbung neuer Kunden abgestellt, zum anderen wird der Verlust von Provisionen zur Voraussetzung gemacht. Nach der Regierungsvorlage wird also in erster Linie Ersatz für Provisionsverlust gewährt.

Im wirtschaftspolitischen Ausschuß des Deutschen Bundestages wurden als Kompromiß zwei erhebliche Abweichungen beschlossen: Die Zahlung eines Ausgleichs sollte — wie im schweizerischen Recht — nur unter Berücksichtigung aller Umstände der Billigkeit erfolgen und als weitere Grundlage des AA sollte die Umsatzsteigerung eingeführt werden.[15] Letztere Änderung wurde vom Ausschuß für Rechtswesen und Verfassungsrecht als federführendem Ausschuß zwar verworfen, aber dennoch in eingeschränkter Weise beibehalten: Der Umsatzsteigerung ist dann Rechnung zu tragen, wenn ein HV eine übernommene Geschäftsverbindung so intensiviert, daß sie nach ihrem Aufbau mit der alten nicht mehr vergleichbar ist.[16]

Somit wurde folgende Fassung Gesetz:[17]

„(1) Der HV kann von dem Unternehmer nach Beendigung des Vertragsverhältnisses einen angemessenen Ausgleich verlangen, wenn und soweit

---

13 Gessler S. 34.

14 Entwurf S. 5.

15 Protokoll wirtschaftspolitischer Ausschuß S. 4 f. Der Bundesrat wollte auf eine Erweiterung des Kundenstamms abstellen, Anlage 2 Bundestags-Drucksache Nr. 3856 S. 47 ff. (48). (Ähnlich der Vorschlag des Justizministeriums, vgl. S. 78).

16 Bericht Rechtsausschuß S. 14 207; vgl. auch Protokoll Rechtsausschuß S. 4 ff.

17 Vgl. Fn. 1, BGBl. I S. 771 (1953).

1. der Unternehmer aus der Geschäftsverbindung mit neuen Kunden, die der HV geworben hat, auch nach Beendigung des Vertragsverhältnisses erhebliche Vorteile hat,
2. der HV infolge der Beendigung des Vertragsverhältnisses Ansprüche auf Provision verliert, die er bei Fortsetzung desselben aus bereits abgeschlossenen oder künftig zustande kommenden Geschäften mit den von ihm geworbenen Kunden hätte, und
3. die Zahlung eines Ausgleichs unter Berücksichtigung aller Umstände der Billigkeit entspricht.

Der Werbung eines neuen Kunden steht es gleich, wenn der HV die Geschäftsverbindung mit einem Kunden so wesentlich erweitert hat, daß dies wirtschaftlich der Werbung eines neuen Kunden entspricht.

(2) Der Ausgleich beträgt höchstens eine nach dem Durchschnitt der letzten fünf Jahre der Tätigkeit des HV berechnete Jahresprovision oder sonstige Jahresvergütung; bei kürzerer Dauer des Vertragsverhältnisses ist der Durchschnitt während der Dauer der Tätigkeit maßgebend.

(3) Der Anspruch besteht nicht, wenn der HV das Vertragsverhältnis gekündigt hat, ohne daß ein Verhalten des Unternehmers hierzu begründeten Anlaß gegeben hat. Das gleiche gilt, wenn der Unternehmer das Vertragsverhältnis gekündigt hat und für die Kündigung ein wichtiger Grund wegen schuldhaften Verhaltens des HV vorlag.

(4) Der Anspruch kann im voraus nicht ausgeschlossen werden. Er ist innerhalb von drei Monaten nach Beendigung des Vertragsverhältnisses geltend zu machen.

(5) (betrifft Versicherungsvertreter)."

Nach der Verabschiedung legte sich der Streit zusehends und die Grundkonzeption der Regelung wurde von den betroffenen Kreisen überwiegend akzeptiert.[18]

Im Jahre 1976 wurde zur Beseitigung unbilliger Härten § 89 b Abs. 3 HGB geändert; fortan schließt eine Kündigung des HV den Anspruch nicht aus, wenn ihm wegen Alters oder Krankheit die Fortsetzung unzumutbar ist.[19]

II. Grundgedanken und Rechtsnatur des AA

Für das Auffinden der Grundgedanken und der Rechtsnatur ist zunächst auf die in § 89 b Abs. 1 HGB erwähnten Anspruchsvoraussetzungen abzustellen: Die Vorteile des Unternehmers aus der Geschäftsver-

---

[18] Dies ergab eine Umfrage des Bundesjustizministeriums bei Verbänden der Unternehmer und der HV über die Erfahrungen der Praxis mit § 89 b HGB im Jahr 1973/74, vgl. Amtl. Begr. 1976 S. 7. Aus dem wirtschaftswissenschaftlichen Schrifttum wendet sich gegen § 89 b HGB Schüller, ORDO XIX (1968), S. 171 (216 ff.).

[19] Gesetz über die Kaufmannseigenschaft von Land- und Forstwirten und den AA des HV vom 13. 5. 1976, BGBl. I S. 1197.

bindung mit neuen Kunden (dazu 2 b)), der Verlust des HV von Ansprüchen auf Provision (dazu 2 a)) und die Billigkeit des Anspruchs (dazu 2 c)). Ferner stellt sich die Frage nach weiteren, sich neben den gesetzlich erwähnten Voraussetzungen ergebenden Grundgedanken. Dies führt zum einen zu §§ 89 b Abs. 3, 89 b Abs. 2, 92 b HGB (dazu 3 a)), zum anderen zur Frage der Schutzbedürftigkeit als ratio legis (dazu 3 b)).

1. Meinungsstand

Schon die Entstehungsgeschichte zeigt eine wechselhafte Entwicklung und sehr verschiedene, in sie eingegangene Gesichtspunkte. So verwundert es nicht, daß alsbald heftiger Streit über Wesen und Rechtsnatur des AA einsetzte.

Im Vordergrund stand hierbei der Versuch, den AA in bekannte rechtssystematische Kategorien einzuordnen. Bei aller Notwendigkeit dieses dogmatischen Bemühens muß im Vordergrund stehen, die wirklichen Grundgedanken, die ratio legis, in Vollständigkeit zu eruieren, ohne hierbei durch „Einzwängung" in eine bekannte Struktur nicht unwesentliche Gesichtspunkte zu vernachlässigen.

Die Einstufung des AA als Bereicherungs-[20], Schadensersatz-[21], Entschädigungs-[22], Versorgungsanspruch[23], als gesellschaftsrechtlicher Anspruch[24], Entschädigungsanspruch besonderer, sozialer Art[25], Anspruch auf Hoffnungsausgleich[26], reiner Billigkeitsanspruch[27], Kündigungsvor-

---

[20] Sieg VersR 1964, 789 (789 f.). (Allerdings ausdrücklich auf Versicherungsverteter bezogen); KG NJW 1958, 912. Dagegen zu Recht statt vieler Brüggemann in Staub-Großkommentar 4. A. § 89 b Rn. 7, Klein S. 57, Kunz S. 42.

[21] Gertner BB 1960, 314 (315 f.). Dagegen zu Recht statt vieler Klein, S. 56, Ulmer, VH, S. 451, Schuler NJW 1958, 1113 (1114).

[22] Meist ist Entschädigung für verlorene Provision gemeint, weshalb auch Einstufung bei Vergütungsanspruch möglich: Habscheid, FS Schmidt-Rimpler, S. 356 ff., 316; Schuler NJW 1959, 649 (650) und NJW 1958, 1113 (1114); Mellerowicz BB 1959, 150 (150 f.); Gessler S. 37; Herschel / Beine / Buchwald S. 195; Nipperdey, FS Hedemann, S. 229; OLG Bremen NJW 1967, 254 (254 f.); Eberstein BB 1957, 1058 (1059).

[23] Risse BB 1956, 1135 (1135 ff.), vgl. aber auch ders., BB 1957, 669 (mit Berichtigung BB 1957, 756): Anerkennung des Vergütungscharakters, jedoch Ähnlichkeit mit Pensionszahlung. Dagegen statt vieler Neflin NJW 1959, 2140; Brüggemann in Staub-Großkommentar 3. A. § 89 b Rn. 2, Brox Rn. 261.

[24] Viel diskutiert, aber nie bejaht. Vgl. statt vieler Klein S. 57; Kunz S. 48; Brüggemann in Staub-Großkommentar 4. A. § 89 b Rn. 7.

[25] Merkel BB 1956, 420 (420 ff.). Dagegen zu Recht u. a. Kunz S. 44 f.; Abraham S. 19; Hoffmann S. 17.

[26] Abraham S. 30 f.

[27] Hirsch JR 1960, 60 (61); Reinicke NJW 1953, 1609 (1612). Nicht eindeutig: Maier NJW 1958, 1327 (1329); v. Brunn DB 1961, 429 (430).

schrift[28], Schutzvorschrift des wirtschaftlich Abhängigen[29], reiner Vergütungsanspruch mit Billigkeitsgesichtspunkten[30] wurde erörtert und vertreten, letztere Auffassung entspricht der ganz h. M. in Literatur und Rechtsprechung.

Nicht alle diese Meinungen können hier in extenso diskutiert werden, zumal sie zum größten Teil überholt sind. Wie sogleich gezeigt werden wird, liegt die h. M. mit der grundsätzlichen Betonung des Vergütungscharakters sicherlich auf der richtigen Spur. Doch auch innerhalb dieser Richtung klingen verschiedene Gesichtspunkte an: Entschädigung für Provisionsverlust, Ausfluß des Gedankens des § 354 HGB, Wertausgleich. Hier ist eine differenzierte Betrachtung angebracht. Wesentlich ist gerade, warum überhaupt und in welcher Weise der Anspruch gewährt wird, wieso dieser gerechtfertigt ist. Dies ergibt sich aus der Analyse der Entstehungsgeschichte, der Gesetzesmaterialien und insbesondere der einzelnen Voraussetzungen, von denen der AA abhängig ist.

2. Die aus den drei gesetzlichen Anspruchsvoraussetzungen herzuleitenden Grundgedanken

§ 89 b Abs. 1 HGB nennt drei gleichberechtigte, kumulative Voraussetzungen für die Entstehung des Anspruchs, Vorteile des Unternehmers aus der Geschäftsverbindung mit neuen Kunden, Verlust von Ansprüchen auf Provision seitens des HV und Billigkeit des Ausgleichs. Sie sind daher gleichmäßig bei der Gewinnung des Grundgedankens zu berücksichtigen.

---

28 Ulmer, VH, S. 450 ff.; ders., FS Möhring, S. 311 ff. Ähnlich auch Stolterfoht S. 236 ff.; dagegen Hoffmann S. 16.

29 Nies MDR 1961, 556 (557 f.). Dagegen zu Recht Hoffmann S. 16 und die Amtl. Begr. S. 33; Schröder, Kommentar, § 89 b Rn. 1 b.

30 BGHZ 24, 214 (220 ff.); 24, 223 (228 ff.); 29, 83; 29, 275; 30, 98 (102); 34, 282; 41, 129 (133); 41, 292; 45, 268 (270); 45, 385 (386); BGH BB 1957, 1161; BGH VersR 1960, 113; BGH BB 1958, 1108; BGH NJW 1977, 671 (762).

Schröder BB 1954, 477; ders. BB 1958, 252; ders. DB 1958, 43; ders. BB 1961, 809 (810); ders. DB 1966, 449; ders., InfStW 1977, 379 (380, 382); Schuler NJW 1958, 1113 (1114); Mücke MDR 1956, 641 (642); Franta MDR 1953, 530 ff.; Schweikl S. 22 f.; Sempell S. 71 ff.; Buchwald, GmbH-Rundschau 1957, 102; Brüggemann in Staub-Großkommentar, 3. und 4. A. § 89 b Rn. 4; Knapp Art. 1, § 89 b Anm. 1 b; Steffens S. 103 f.; Klein S. 55 ff.; Kunz S. 49 ff.; Kreifels / Lang NJW 1970, 1769 (1170); Laum BB 1967, 1359; Renz S. 39 ff.; Küstner Rn. 19 f.; ders. BB 1963, 1147 und BB 1965, 1225 (1225 f.); Haumann in Bandasch § 89 b Rn. 2; Baumbach / Duden / Hopt § 89 b Anm. 1 A; v. Gierke / Sandrock § 28 C IV 2, S. 496; Sandrock, FS Fischer, S. 662; Bohnenberg § 89 b Anm. I a; Capelle S. 82; Capelle / Canaris S. 80; Brox Rn. 261; Stötter S. 141 ff.; Eberstein, HV-Vertrag, S. 73; Cohn AcP 172 (1972), 374 (380); Ebenroth S. 203 f.; Werner / Machunsky BB 1983, 338 (339); Bechtold NJW 1983, 1393 (1396) u. a.

a) Verlust von Ansprüchen auf Provision

Wie sich aus der Amtlichen Begründung der Regierungsvorlage ergibt, war Ausgangspunkt der Überlegungen der Provisionsverlust. Es sollte eine Entschädigung für den Verlust der Provisionen für Nachbestellungen (§ 87 Abs. 1 Satz 1 2. Alt. HGB) gewährt werden.[31] Nach dieser Bestimmung erhält der HV auch ohne Tätigkeit Provision aus den Bestellungen von Kunden, welche er neu geworben hat. Grund ist, daß die ursprüngliche Gewinnung als mitursächlich für den Nachauftrag gewertet wird. Denn der Wert der Tätigkeit des HV liegt für den Unternehmer weniger im Abschluß des einzelnen Geschäfts als in der Gewinnung und Erhaltung der Kunden, der Schaffung einer dauerhaften Verbindung.[32] Die schwierigste Aufgabe, die den größten Einsatz und die meisten Aufwendungen erfordert, ist oft die erstmalige Gewinnung. Weitere Geschäfte stellen sich dann häufig ohne (oder mit weit geringerer) weiterer Tätigkeit ein. Die Vergütung des HV ist jedoch erfolgsbezogen, nicht die Bemühungen werden vergütet, sondern der daraus hervorgehende Erfolg, der Abschluß. Es kann freilich nicht davon gesprochen werden, daß der HV für die Erstvermittlung nicht genügend vergütet sei.[33] Denn der Erfolgswert seiner Arbeit, welcher allein bezahlt wird, zeigt sich erst im Moment des jeweiligen Abschlusses. Erst wenn weitere Abschlüsse folgen, zeigt sich, daß der Wert der zu vergütenden Tätigkeit tatsächlich höher war. Gibt es keine weiteren Bestellungen, so war — bei der gebotenen erfolgsbezogenen Betrachtung — die Arbeit richtig vergütet, lediglich der HV hat in falscher Beurteilung der Lage u. U. zu viel investiert, ein Risiko, das er als selbständiger Unternehmer selbst zu tragen hat.

Nun stellt der AA aber keine reine Kapitalisierung der verlorenen Nachbestellungsprovisionen dar.[34] Denn dieser Ansatzpunkt der Regierungsvorlage wurde in zwei Bereichen verlassen. Nach der vom Ausschuß für Rechtswesen eingeführten Änderung ist anspruchsbegründend auch die wesentliche Erweiterung der Geschäftsverbindung mit einem Altkunden,[35] obgleich es hierfür keine Provision nach § 87 Abs. 1 Satz 1 2. Alt. HGB gibt. Zum anderen wird in § 89 b Abs. 1 Satz 1 Nr. 2 HGB allgemein auf Verlust von Provisionen abgestellt, also auch von solchen, für deren Erwerb es weiterer Tätigkeit des HV bedurft hätte.

---

31 Amtl. Begr. S. 33 f., 36 (unter Ablehnung von Lösungen, die den Anspruch an Art und Weise der Kündigung knüpfen wollten).

32 Vgl. auch Amtl. Begr. S. 34.

33 In diese Richtung aber Hoffmann S. 17; Klein S. 60; Haumann in Bandasch § 89 b Rn. 2.

34 So Habscheid, FS Schmidt-Rimpler, S. 349 ff. (die Modifizierung durch den Unternehmergewinn jedoch anerkennend).

35 Vgl. Teil IV: I.

Daraus ist abzuleiten, daß der AA weiter reicht, d. h. sich über die in § 87 Abs. 1 Satz 1 HGB erfaßten Provisionen hinaus auch auf die Aussicht auf Provisionen, die sich wahrscheinlich bei Vertragsfortsetzung realisiert hätten, erstreckt. Dies läßt sich nur so erklären, daß dem vom HV gewonnenen Kundenstamm ein Wert als solchem zukommt. In der Tat ist die Schaffung und Erhaltung eines Kundenstamms, wofür sich der HV unablässig einzusetzen hat, entscheidende Grundlage seiner Arbeit und seines Erfolgs. Mit Vertragsende geht der HV jedoch regelmäßig dieses Kundenstamms verlustig, da die Kunden meist an das Produkt gebunden sind bzw. der HV keine Vertretung mit Konkurrenzprodukten erhält.

b) Vorteile des Unternehmers

Hier ist nun die zweite Voraussetzung des AA einzubeziehen. Es kommt nicht nur auf die Nachteile des HV, sondern auch darauf an, daß der Unternehmer nach Vertragsende „erhebliche Vorteile" aus den vom HV neu geschaffenen oder erweiterten Geschäftsverbindungen zieht. Es darf also beim AA weder einseitig auf den Nachteil des HV noch einseitig auf den Vorteil des Unternehmers abgestellt werden.[36]

Ein vom HV erweiterter Kundenstamm sorgt beim Unternehmer für erhöhten Absatz. Ebenso wie der HV zieht er seinen Nutzen hieraus. Es liegt also eine „Doppelnutzung" vor: Der Absatz des Unternehmers garantiert die Provision des HV. Dies erhellt: An dem vom HV geschaffenen Kundenstamm entsteht ein „doppeltes Nutzungsverhältnis". Rechtlich gehört dieser weder dem Unternehmer noch dem HV,[37] aber beide ziehen Vorteile daraus.

Wenn nun der Vertrag endet, zerbricht dieses „doppelte Nutzungsverhältnis"; sein Gleichgewicht ist zerstört. Da die Kunden regelmäßig beim Unternehmer verbleiben, hat nur dieser noch den Gewinn, er profitiert allein, u. U. verdoppelt, da er die Provision für den HV erspart. Zieht der Unternehmer aber tatsächlich noch Vorteile aus Verbindungen zu den vom HV geworbenen Kunden, so zeigt sich ein noch höherer Wert der HV-Tätigkeit, welcher unvergütet ist. Der HV dagegen verliert seine Existenzgrundlage. Es ist in hohem Maße ein Gebot der Gerechtigkeit, dies auszugleichen. Der HV muß für den Nutzen, den der Unternehmer aus der Überlassung des Kundenstamms zieht, vergütet werden.[38]

---

[36] Der AA ist weder Bereicherungs- noch Schadensersatzanspruch, vgl. Fn. 20 und 21.

[37] Es gibt kein Eigentum am Kundenstamm, vgl. nur Leiss, Anspruch des Agenten, S. 230 f.

[38] So auch Brüggemann in Staub-Großkommentar 4. A., § 89 b Rn. 2 ff.;

Es handelt sich hierbei nicht um eine nachträgliche Vergütung für abgewickelte Tätigkeiten; ein Anspruch hierauf war bisher nicht entstanden. Die Provision bezog sich jeweils auf den Einzelabschluß. Der HV war auch nicht ungenügend vergütet; für eine höhere Vergütung bestand während der Vertragsdauer kein Anlaß, da auch dies im Widerspruch zur Erfolgsbezogenheit stünde. Erst der Moment, in dem die beidseitige Nutzung in die einseitige Nutzung übergeht, eignet sich als Anknüpfungspunkt.[39]

Abzulehnen ist daher auch die Qualifizierung des AA als Erstvermittlungssonderprämie.[40] Wollte man die Erstvermittlung als solche besonders entlohnen, könnte dies sofort durch eine erhöhte Provision geschehen. Der wahre Wert zeigt sich aber erst in der Zahl der Abschlüsse. Nur die Erstvermittlung, die weitere Vorteile bringt, wird Bestandteil des Nutzungsverhältnisses und daher ausgleichspflichtig. Zudem ist eine solche Qualifizierung mit § 89 b Abs. 1 Satz 2 HGB nicht vereinbar.

Nicht gewertet werden kann der AA als Ausfluß des allgemeinen Grundsatzes des § 354 BGB. Diese Bestimmung ist subsidiär; Vereinbarungen über Provisionen sind jedoch getroffen, diese haben die Vermutung der Vollständigkeit für sich. Dies hindert jedoch nicht, daß das Gesetz einen weiteren Anspruch begründet.

Nach den bisherigen Ausführungen zeigt sich, daß der Vergütungsgedanke durchaus zumindest eine gewichtige Rolle spielt. Hiergegen greifen auch nicht die von Ulmer vorgebrachten Bedenken: Es existiere im Recht nirgends ein allgemeiner Grundsatz, daß derjenige, der einem anderen aufgrund eines Vertrages einen über das Vertragsende fortdauernden Wertzuwachs verschafft, dafür einen Ausgleich zu fordern berechtigt ist. Als Beispiele nennt er die Wertsteigerung des good wills durch den Pächter eines Unternehmens und des Warenzeichens durch den Lizenznehmer.[41]

Die Beispiele von Ulmer treffen andere Fälle. Nicht berücksichtigt sind die Besonderheiten des HV-Vertrages, auf die der AA zugeschnitten ist. Pächter und Lizenznehmer verfolgen während der Vertragszeit ausschließlich eigene Interessen. Die Wertsteigerung tritt also nur in-

---

Neflin NJW 1959, 2140; Stötter S. 141 ff.; Eberstein, HV-Vertrag, S. 72 f.; ähnlich Maier NJW 1958, 1327 (1329). Zu weitgehend Cohn AcP 172 (1972), 374 (380), der als Grundlage des AA den Ausgleich für den dem Hersteller ersatzlos zufließenden good will sieht. Ähnlich wie hier der BGH: Der Ausgleich bezwecke, dem HV die durch die laufenden Provisionen noch nicht voll abgegoltene Schaffung des Kundenstamms zu vergüten (Nachweise vgl. Fn. 30).

39 Vgl. dazu schon Teil IV: II. 2. a).

40 So v. Gierke / Sandrock § 26 IX 1, S. 447 ff.; Sandrock, FS Fischer, S. 662.

41 Ulmer- VH, S. 452 ff.

direkt, eventuell sogar reflexartig ein. Die HV-Tätigkeit ist dagegen Geschäftsbesorgung für den Unternehmer,[42] hat eine notwendig doppelte Zielrichtung: Schaffung des Kundenstamms für sich selbst und für den Unternehmer: Der HV will gerade auch einen Wertzuwachs beim Unternehmer.

Darüber hinaus ist anzumerken, daß der Gesetzgeber auch dann, wenn zuvor ein allgemeiner Grundsatz nicht anerkannt ist, nicht gehindert ist, aus Gründen der Gerechtigkeit einen Anspruch einzuführen.[43] Selbst der nicht anerkannte Grundsatz könnte zum Gesetz erhoben werden. Solche Überlegungen anzustellen, ist gerade Aufgabe des Gesetzgebers.

Damit ist erwiesen, daß Vergütungsgedanken dem AA zugrunde liegen; treffender, da spezieller, ist es der dem Gebot der Gerechtigkeit folgende Gedanke des Vorteilsausgleichs für das durch die Vertragsbeendigung zerschnittene „doppelte Nutzungsverhältnis", das aufgrund der Eigenart des Verhältnisses zwischen dem HV und Unternehmer, einem Geschäftsbesorgungsverhältnis mit Erfolgsvergütung, entstanden ist.

c) Billigkeit des Anspruchs

Einzubeziehen ist § 89 b Abs. 1 Satz 1 Nr. 3 HGB; die Zahlung eines Ausgleichs muß unter Berücksichtigung aller Umstände der Billigkeit entsprechen. Diese Voraussetzung steht gleichberechtigt neben den Vorteilen des Unternehmers und den Nachteilen des HV; selbst wenn diese Voraussetzungen vorliegen, kann kein Anspruch gegeben sein. Damit erhält der AA einen starken Billigkeitscharakter.

3. Weitere neben den sich aus den gesetzlich erwähnten Voraussetzungen ergebende Grundgedanken

a) Billigkeitsgesichtspunkte aus §§ 89 b Abs. 3, 89 b Abs. 2, 92 b HGB

Bestätigt wird dies durch § 89 b Abs. 3 HGB. Es wird als unbillig betrachtet, daß ein AA gewährt wird, wenn der HV grundlos kündigt bzw. selbst die Kündigung verschuldet hat. Nachteile, die er selbst herbeigeführt hat, sollen nicht ersetzt werden.[44] Mit dem reinen Vorteilsausgleichsgedanken ist dies nicht vereinbar. Auch die Gesetzesänderung aus dem Jahre 1976 erfolgte aus Billigkeitsgründen.[45]

---

[42] Der HV-Vertrag ist Dienstvertrag über Geschäftsbesorgung, h. M. vgl. nur Baumbach / Duden / Hopt § 86 Anm. 1 A.

[43] So in der Tat die Amtl. Begr. S. 33: „bisher unberücksichtigte Belange".

[44] Amtl. Begr. S. 37; vgl. auch BGH JR 1960, 59 (60).

[45] Vgl. Teil IV: I.; Amtl. Begr. 1976, S. 6 ff.

Dies gilt auch für die Begrenzung der Höhe des Anspruchs nach § 89 b Abs. 2 HGB. Die Ermittlung des Wertzuwachses wäre die konsequente Ausgleichsbasis.

Ein weiterer wichtiger Gedanke, der ebenfalls der Billigkeit beizuordnen ist, äußert sich in § 92 b HGB. Auf den HV im Nebenberuf ist § 89 b HGB nicht anzuwenden. Der Grund liegt darin, daß die den Ausgleich nach § 89 b HGB fordernde Gerechtigkeit nicht zuletzt in dem mit dem Verlust des Kundenstamms liegenden Verlust der Existenzgrundlage bzw. der Erforderlichkeit des Neuaufbaus einer Existenz liegt. Ein AA soll also nur bei einschneidender Betroffenheit des HV gewährt werden, was beim HV im Nebenberuf regelmäßig nicht der Fall ist.[46] Relativiert wird diese Aussage jedoch dadurch, daß der AA auch dem Mehrfirmenvertreter zusteht, der durch die Kündigung nur einen Teil seiner Kundschaft verliert.

Als weiteres Zwischenergebnis bleibt festzuhalten, daß auch Billigkeitsgesichtspunkte wesentliche Grundlage des AA sind.

b) Frage nach der Schutzbedürftigkeit des HV als Grundgedanken

Bewußt unberücksichtigt gelassen wurde bisher die Frage nach dem Schutzcharakter des § 89 b HGB, nach der Schutzbedürftigkeit des HV als weiterem gesetzgeberischem Grundgedanken des AA. Erörtert wurde diese Frage vornehmlich im Zusammenhang einer möglichen Analogie zu § 89 b HGB zugunsten des VH und im Hinblick darauf, daß § 89 b Abs. 4 Satz 1 HGB den AA für unabdingbar erklärt. Häufig wurden dabei früher Vergütungs- und Schutzfunktionen als sich gegenseitig ausschließend diskutiert. Dies ist aber nicht notwendig der Fall, wie Sandrock mit Hinweis auf die Vorschriften über den gesetzlichen Mindestlohn zu Recht festgestellt hat.[47]

---

[46] Kunz S. 53 f.

[47] Sandrock, FS Fischer, S. 662 f.; ebenso Ebenroth S. 205; Kreifels / Lang NJW 1970, 1769 (1770); Schmidt DB 1979, 2357 (2358).

Für den Schutzcharakter (insbesondere im Hinblick auf eine Analogie): Schuler NJW 1959, 649 (651); ders. NJW 1961, 758 (760); Nies MDR 1961, 556 (557); v. Brunn, FS 150 J. Carl Heymanns Verlag, S. 340; ders. DB 1961, 429 (429 f.); Renz S. 49 f.; Kunz S. 56 f.; Ulmer, VH, S. 456; Finger DB 1970, 141 (145); Stumpf / Zimmermann BB 1978, 429 (431 f.); Stumpf, VH-Vertrag, Rn. 122; Hofmann G II, S. 168 f.; Ebenroth S. 204; Sandrock, FS Fischer, S. 661 ff.; Schmidt DB 1979, 2357 (2358 f.).

Gegen den Schutzcharakter (insbesondere als Analogieerfordernis): Mücke MDR 1956, 641 (642); Franta MDR 1953, 530 ff.; Buchwald, GmbH-Rundschau 1957, 102; Schröder BB 1961, 809 (810); ders., Kommentar, § 89 b Rn. 3 c; ders., InfStW 1977, 379 (382); Klein S. 75 ff.; Kreifels / Lang NJW 1970, 1769 (1770 ff.); Cohn AcP 172 (1972), 374 (380); Bohnenberg § 89 b Anm. I d; Baumbach / Duden / Hopt § 84 Anm. 2 A; Werner / Machunsky BB 1983, 338.

aa) Differenzierte Betrachtung von § 89 b HGB: „Inhaltsnorm“ (§ 89 b Abs. 1 bis 3 HGB) und „Unabdingbarkeitsnorm“ (§ 89 b Abs. 4 HGB)

Fraglich ist aber, ob die Frage nach dem Schutzcharakter des § 89 b HGB so richtig gestellt ist. Statt dieser einheitlichen Betrachtung könnte auch eine Trennung in § 89 b Abs. 1 bis 3 HGB als „Inhaltsnorm“ und § 89 b Abs. 4 Satz 1 HGB als „Unabdingbarkeitsnorm“ geboten sein. Diesen Weg bestreiten Kreifels / Lang[48] und sprechen lediglich Abs. 4 Satz 1 Schutzcharakter, Abs. 1 bis 3 dagegen Vergütungsfunktion zu. Dieser Argumentation angeschlossen hat sich der BGH, indem er bei der Frage nach Sinn und Zweck des AA zwischen Inhalt und Unabdingbarkeit unterscheidet.[49]

Dem ist Sandrock entgegengetreten.[50] Eine Unterscheidung zwischen Inhalt und Sanktionen eines Anspruchs und eine Beschränkung der Schutzfunktion auf Abs. 4 sei nicht möglich. § 89 b Abs. 4 HGB sei keine Norm, da sich weder der Tatbestand von Abs. 1 und 2 unterscheide, noch eine abweichende Rechtsfolge bestimmt sei. Eine Norm müsse jedoch aus Tatbestand und Rechtsfolge bestehen.

Der Argumentation Sandrocks kann nicht gefolgt werden. Zu beachten ist zunächst, daß es keinen Unterschied machen darf, ob die Unabdingbarkeit des in § 89 b Abs. 1 bis 3 HGB begründeten Anspruchs in einem gesonderten Absatz (wie geschehen) oder in einem besonderen Paragraphen (so z. B. § 554 b BGB) geregelt ist oder ob die Unabdingbarkeit für mehrere Vorschriften gemeinsam (so z. B. § 619 BGB) angeordnet wird. Dies ist eine Frage der Gesetzgebungstechnik. Daß es sich bei den genannten Beispielen um Normen handelt, wurde bisher nicht bestritten.

§ 89 b Abs. 4 Satz 1 HGB erfüllt die Voraussetzungen einer Norm. Tatbestand ist i. S. einer Blankettvorschrift der Tatbestand der für unabdingbar erklärten Norm (das Vorliegen des Anspruchs). Für solche Blankett- oder Verweisungsvorschriften ist typisch, daß sie der Ausfüllung bedürfen und in diesem Teil identisch sind. Rechtsfolge ist, daß der Ausschluß des Anspruchs „verboten“, unwirksam ist. Immer wenn die Anspruchsvoraussetzungen vorliegen und vertragliche Abmachungen darüber bestehen, ist ein diesbezüglicher vertraglicher Ausschluß unwirksam. Der Fall liegt nicht anders als z. B. bei § 134 BGB: Ein

48 Erstmals unterschieden von Ulmer, VH, S. 402, 449 f.; aufgegriffen von Kreifels / Lang NJW 1970, 1769 ff., vgl. Teil II: II. 2. c).

49 Grundlegend BGHZ 68, 340 (345 f.). Ebenso Cohn AcP 172 (1972), 374 (380).

50 Sandrock, FS Fischer, S. 663 ff., vgl. Teil II: II. 3. c). Angeschlossen haben sich Ebenroth S. 205, Brüggemann in Staub-Großkommentar 4. A., vor § 84 Rn. 29, Stumpf / Zimmermann BB 1978, 429 (431).

Rechtsgeschäft, das gegen ein gesetzliches Verbot verstößt (Tatbestand), ist nichtig (Rechtsfolge). § 89 b Abs. 1 bis 3 HGB ordnet dagegen die Zahlung des Ausgleichs an.

Eine Trennung zwischen Anspruch als solchem und der Unabdingbarkeit ist also möglich.

Hinzu kommt: Das dispositive Gesetzesrecht ist die Regelung, die der Gesetzgeber für den betreffenden Vertragstyp als angemessenen Interessenausgleich ansieht. Zwingendes Recht ordnet der Gesetzgeber an, wenn er die dispositive Regelung als wesentlich ansieht und wenn er befürchtet, ein Vertragsteil könne die Regelung, frei ausgehandelt, regelmäßig nicht durchsetzen.

Der Gesetzgeber trifft also zwei Entscheidungen: Ob er überhaupt Recht setzt, und ob er es zwingend ausgestaltet. Für beide bedarf es eines Grundes, einer ratio legis. Auch dies spricht für die Annahme zweier Normen.

bb) Schutzbedürftigkeit als Grundgedanke nur der „Unabdingbarkeitsnorm" oder auch der „Inhaltsnorm"?

Das Argument Sandrocks, auch Abs. 1 bis 3 habe Schutzcharakter[51], ist letztlich eine Leerformel, da jede Norm des dispositiven Gesetzesrechts einer der am Vertrag beteiligten Seite Schutz vor der anderen gewährt. Die ganze Neuregelung des HV-Rechts von 1953 hat Schutzfunktion.[52] Entscheidend ist, ob der Gesetzgeber davon ausging, im Rahmen der vertraglichen Vereinbarung könne jede Partei die Vorschriften des dispositiven Rechts — notwendig „Schutzvorschriften" — im für sie angemessenen Umfang durchsetzen, oder ob ihm der Schutz so wesentlich erschien, daß er die Unabdingbarkeit angeordnet hat.

Sandrocks Begründung trifft aber gerade die ratio legis der Unabdingbarkeitsnorm.[53] Da der Gesetzgeber den AA für wesentlich erachtete und davon ausging, daß die HV aufgrund ihrer wirtschaftlichen Lage regelmäßig nicht zur Durchsetzung ihrer Interessen fähig sind, normierte er die Unabdingbarkeit.[54] Es wird das Mindestmaß dessen,

---

[51] Sandrock, FS Fischer, S. 664 ff. So auch Brüggemann in Staub-Großkommentar 4. A., vor § 84 Rn. 29.

[52] Vgl. nur Amtl. Begr. S. 9 ff.

[53] Entgegen Sandrock schützt Abs. 4 aber nicht vor unüberlegten Handlungen, nicht vor Übereilung. Nach der Entstehung des AA ist ein Ausschluß deshalb nicht untersagt, weil zu dieser Zeit der Vertrag beendet ist und das wirtschaftliche Ungleichgewicht daher nicht mehr zum Tragen kommen kann.

[54] Amtl. Begr. S. 10 f., 37; vgl. auch Küstner Rn. 447; a. A. Ulmer, VH, S. 402: Er meint, die Schutzvorschriften sollten HV allgemein in ihrer Stellung stärken, weil sie ähnlich wie Angestellte zur persönlichen Dienstlei-

was nach kaufmännischer Berufsauffassung und Gerechtigkeitsmaßstäben Vertragsinhalt sein soll, garantiert.[55] Einseitige Benachteiligung infolge wirtschaftlicher Unterlegenheit wird verhindert. Dies gerade legitimiert die Durchbrechung der Privatautonomie.

Der „Inhaltsnorm“ könnte allerdings zugleich Schutzfunktion zukommen, wenn auch hier der Schutz als solcher im Vordergrund der gesetzlichen Regelung stünde. Dies wäre u. U. der Fall, wenn Ulmers Meinung, es handele sich um eine Kündigungsvorschrift,[56] richtig wäre.

Ulmer kommt im Wege der Negativauslese zu dem Ergebnis, der AA könne nur eine auf Billigkeitserwägungen beruhende Sonderregelung sein. Sie sei an Stelle der geforderten Kündigungsbeschränkungen eingeführt und komme im wirtschaftlichen Ergebnis wegen ihres Abschreckungseffekts dem Kündigungsschutz nahe.

Dies ist nicht haltbar. Daß Ulmers Argumente gegen die Vergütungsfunktion nicht greifen, wurde bereits dargelegt.[57] Seinem Schluß aus der Entstehungsgeschichte kann nicht gefolgt werden. Aus ihr wird deutlich, daß gerade ein Kündigungsschutz, da mit der Stellung selbständiger Kaufleute unvereinbar, entgegen anderer Vorschläge nicht gewährt werden sollte. Der AA schützt nicht vor Kündigung, sondern stärkt die Stellung im Falle der Kündigung.[58] Ihm kann abschreckende Wirkung nicht beigelegt werden, da er nur geschuldet wird, wenn der Unternehmer entsprechende Vorteile hat. Daß § 89 b Abs. 1 bis 3 HGB keine Kündigungsvorschrift ist, zeigt sich zudem darin, daß der AA nicht nur bei Kündigung, sondern auch in anderen Fällen der Vertragsbeendigung geschuldet wird.

4. Zusammenfassung

Somit bleibt festzuhalten: Bei der Frage nach dem Grundgedanken des § 89 b HGB ist zu unterscheiden: Schutzfunktion kommt allein § 89 b Abs. 4 HGB zu.[59] Ratio legis des AA als solchem sind Vorteilsausgleichs- und Billigkeitsgedanke.

---

stung verpflichtet seien, ohne in der Organisation ihres Handelsgeschäfts einen nennenswerten Rückhalt zu haben, und damit in den Grenzbereich zu Arbeitnehmern gerieten. Diese spezielle Interpretation ist nicht gerechtfertigt. Sie mag auf die HV nach § 92 a HGB zutreffen; im übrigen wollte der Gesetzgeber durch § 89 b Abs. 4 HGB den großen Kreis wirtschaftlich abhängiger HV schützen, die aufgrund ihrer Lage bei den Vertragsverhandlungen ihre Interessen nicht wahren können.

55 Franta MDR 1953, 530.

56 Ulmer, VH, S. 456.

57 Vgl. Teil IV: II. 2. b).

58 Amtl. Begr. S. 33.

59 Richtig somit Kreifels / Lang NJW 1970, 1769 ff. und BGH seit BGHZ 68, 340.

Der AA wird also gewährt, weil der Gedanke des Vorteilsausgleichs für das durch die Vertragsbeendigung zerschnittene „doppelte Nutzungsverhältnis“ am Kundenstamm, das aufgrund der Eigenart des Verhältnisses zwischen dem HV und Unternehmer, einem Geschäftsbesorgungsverhältnis mit Erfolgsvergütung, entstanden ist, und Billigkeitsgesichtspunkte, insbesondere der mit dem Verlust des Kundenstamms einhergehende Verlust der Existenzgrundlage, dies aus Gerechtigkeitsgründen gebieten. Die zwingende Anordnung folgt aus der Schutzbedürftigkeit der HV.

Dogmatisch läßt sich der so gedeutete Anspruch nicht in „bekannte“ Kategorien einstufen. Er ist als Anspruch sui generis zu bezeichnen.[60]

---

[60] Das Gesetz kennt auch sonst „Ausgleichsansprüche“, vgl. §§ 1372, 1378 BGB (Zugewinnausgleich) und § 1587 BGB (Versorgungsausgleich).

Teil V

Steht dem Vertragshändler ein Ausgleichsanspruch zu?

A. Ausländisches Recht

Bevor nun auf der Grundlage der bisher gefundenen Ergebnisse die Frage nach einem AA des VH im deutschen Recht erörtert wird, soll noch untersucht werden, ob und gegebenenfalls wie das Problem im ausländischen Recht gesehen wird, zumal bei Einführung des § 89 b HGB die Rechtsvergleichung eine beachtliche Rolle gespielt hat.[1] Eine solche Betrachtung verspricht Anhaltspunkte und Anregungen für die Problemsicht im deutschen Recht. Es bietet sich ein Blick auf die Länder Schweiz, Österreich, Frankreich und Italien an, die alle — wenn auch verschieden geartete — AA für HV kennen, auf Belgien und die USA, wo gesetzliche Regelungen für VH existieren, sowie — wegen eines anderen, beachtenswerten Lösungsansatzes — auf Schweden.

1. Schweiz

Angesichts der nahen Verwandtschaft des deutschen und schweizerischen HV-Rechts erscheint ein Blick in die Schweiz ganz besonders interessant.[2]

Das Rechtsverhältnis zwischen dem VH und seinem Lieferanten ist in der Schweiz ebensowenig kodifiziert wie in der BRD.

Die Rechtsprechung zu Art. 418 u OR[3], der einem HV einen Anspruch auf Kundschaftsentschädigung gewährt, insbesondere aber zu einer ent-

---

1 Vgl. nur Teil IV: I. sowie Amtl. Begr. S. 33 f.

2 Die Rechtslage in der Schweiz wird in der deutschen Literatur nur wenig beachtet, sowohl bezüglich Art. 418 u OR als auch bezüglich seiner entsprechenden Anwendung auf VH. Vgl. Nipperdey, FS Hedemann, S. 229, 235; Renz S. 55 ff.; Habscheid, FS Schmidt-Rimpler, S. 347 ff.; Neflin NJW 1959, 2140 (2142 f.); Gessler S. 20 ff. Vgl. zum AA des HV in der Schweiz auch Maier / Meyer-Marsilius / Regul, HV, S. 368 ff.; Leis, Anspruch des Agenten, S. 116 ff. sowie die Schweizer Kommentarliteratur.

3 Nur folgende Urteile wurden veröffentlicht: Handelsgericht des Kantons Aargau SJZ 54 (1958), 155 (Zur Berechnung der Abgangsentschädigung); Handelsgericht des Kantons St. Gallen v. 22. 4. 1954, SJZ 54 (1958), 182 (Zu

sprechenden Anwendung auf den VH[4], ist äußerst spärlich.[5] Nach zwei sich widersprechenden Entscheidungen zweier Kantonsgerichte[6] lehnte das BG[7] die entsprechende Anwendung des Art. 418 u OR ab. Die Voraussetzung der Kundschaftsentschädigung, daß die Kunden des Agenten zu Kunden des Vertretenen werden, daß also der Alleinvertreter den wirtschaftlichen Wert der Kundschaft dem Vertretenen zukommen läßt, sei beim Alleinvertretungsvertrag nicht erfüllt. Darüber hinaus sei es gänzlich neuartig und für das System des Zivilrechts außergewöhnlich, daß eine Vertragspartei, die alle ihr obliegenden Verpflichtungen erfüllt habe, ihren Partner für die Vorteile entschädigen müsse, die sie nach Erfüllung des Vertrags habe, obwohl dieser beendet sei. Auch bestehe leicht die Gefahr, daß die Konsequenz eine — nicht tragbare — Ausdehnung auf jede Art von Verträgen sei.

Allerdings läßt die Formulierung des BG eine andere Entscheidung bei besonders gelagerter Fallgestaltung — unter Hinweis auf den BGH[8] — ausdrücklich offen. Hierzu ist anzumerken, daß zwar im vom BG entschiedenen Fall auch der BGH nach seiner damaligen Rechtsprechung einen AA abgelehnt hätte, andererseits sich jedoch aus den angeführten

---

Voraussetzungen einer Kundschaftsentschädigung); Handelsgericht des Kantons Zürich v. 21. 6. 1957, SJZ 53 (1957), 289 (Zu den Anforderungen an den Kundenstock); Zivilgericht des Kantons Basel-Stadt v. 29. 2. 1956 und Bezirksgericht Horgen v. 25. 8. 1955, erwähnt bei Meyer-Marsilius AWD BB 1959, 32; Handelsgericht Zürich v. 22. 4. 1971, SJZ 67 (1971), 210 (Zum Begriff der Kundschaft); BGE 83 (1957) II, 32 v. 12. 2. 1957 (Erste höchstrichterliche Entscheidung zu Art. 418 u OR. Zur Anwendung des Art. 418 u OR auf unter altem Recht begründetes Agenturverhältnis); BGE 84 (1958) II, 164 v. 1. 4. 1958 (Zur Berechnung des Nettoverdienstes); BGE 84 (1958) II, 529 v. 25. 11. 1958 (Mit Art. 418 u OR soll nicht Nachteil des Agenten ausgeglichen werden, sondern Gegenleistung dafür gewährt werden, daß Auftraggeber aus dem Agenturverhältnis weiterhin Vorteile zieht); BGE 85 (1959) II, 118 v. 3. 3. 1959 (Wenn Agenturverhältnis beendet ist, kann Agent auf die Vergütung für die Erweiterung des Kundenkreises verzichten); BGE 103 (1978) II, 277 v. 29. 11. 1977 (Entschädigung ist kein nachträgliches Entgelt für Leistungen des Agenten der Vertragsdauer, sondern Ausgleich für einen Geschäftswert, den der Auftraggeber nach Beendigung des Vertrages weiter nutzen kann).

[4] Der VH wird in der Schweiz meist als Alleinvertreter oder Alleinverkäufer bezeichnet.

[5] Nur folgende Entscheidungen sind bekannt:

— Kantonsgericht St. Gallen v. 21. 1. 1954, SJZ 54 (1958), 187 (Art. 410 u OR ist auf Alleinvertretungsverträge nicht anwendbar).

— Kantonsgericht des Kantons Wallis in Sion, nicht veröffentlicht, aufgehoben durch BGE 88 (1962) II, 169 v. 15. 5. 1962, vgl. Meyer-Marsilius AWD BB 1962, 262.

— BGE 88 (1962) II, 169 v. 15. 5. 1962 (Ablehnung der Anwendung auf den Alleinvertreter).

— Cour de Justice Civile, Genève, La Semaine Judiciaire 92 (1970), 33 ff.

[6] Vgl. Fn. 5.

[7] Vgl. Fn. 5.

[8] BGHZ 29, 84; BGHZ 34, 282.

Gründen grundsätzliche Bedenken des BG gegen die Gewährung einer Kundschaftsentschädigung ergeben.

In späterer Zeit erging — soweit ersichtlich — nur noch eine Entscheidung, nämlich des Cour De Justice Civile, Genève.[9] Auch dieses Gericht lehnte eine Abgangsentschädigung in analoger Anwendung des Art. 418 u OR auf Alleinvertretungsverträge ab. Eine solche sei zwar nicht gänzlich ausgeschlossen, müsse aber in jedem Fall die Ausnahme bleiben. Die ausgefallene Norm, die hauptsächlich aus sozialbestimmten Gründen und mit Gedanken an die oft relativ schwache wirtschaftliche Lage des Agenten gegenüber seinen Vertragspartnern geschaffen worden sei, erlaube eine Analogie nur, wenn die Nichtanwendung höchst ungerecht erscheine. Solche Gründe für das Erreichen offensichtlicher Gerechtigkeit existierten in Fällen wie den vorliegenden nicht, wenn im Vertrag zwischen einer Autohandelsfirma, die keine kleine, wirtschaftlich schwache Gesellschaft, die gezwungen wäre, jede Bedingung zu akzeptieren, sei, und einer Autofabrik für den Fall der Vertragsauflösung irgendwelche Entschädigungsansprüche der einen oder anderen Partei ausdrücklich abbedungen worden seien.[10]

Auch in der Literatur fand die Problematik nicht die gleiche Beachtung wie in Deutschland. Nachdem nach Einführung des Art. 418 u OR zunächst keine Stellung zu der Problematik genommen wurde[11], entwickelte sich schließlich dennoch eine kontroverse Diskussion, wobei die wohl h. M.[12] mit der Rechtsprechung eine analoge Anwendung des Art. 418 u OR ablehnt.[13]

---

9 Cour De Justice Civile, Genève, La Semaine Judiciaire 92 (1970), 33.

10 Cour De Justice Civile, Genève, La Semaine Judiciaire 92 (1970), 33 (39 ff.).

11 Vgl. Sontag, Art. 418 u S. 56 ff.; Meister S. 15 ff., 62 ff.; Fehr ZSR 1950, 1 (19).

12 So jedenfalls Schluep, Schweizerisches Privatrecht, S. 847.

13 Eine Analogie befürworten: Bénédict S. 71 f.; Huber S. 253 ff. (260); Schläpfer, Deutschland — Schweiz / Schweiz — Deutschland 1958, 251 (Gesamtbild der Regelungen und entsprechende Umstände des Einzelfalls können Analogie begründen); Wyniger S. 24; Schluep, Schweizerisches Privatrecht, S. 848; ders., Aspekte, SJZ 71 (1975), 274 (sofern ausschließliche Bezugspflicht bestand und Vertragsware als Markenware qualifiziert werden muß); Demisch S. 119 (auf der Grundlage von BGHZ 34, 282 tritt er für eine Harmonisierung der deutschen und schweizerischen Rspr. ein); Berner Kom.-Gautschi Art. 418 a - 418 b Rn. 12 b, Art. 418 u Rn. 1 f. (vermittelnde Stellung: Anspruch u. U. bei Markenartikeln anzuerkennen). Eine Analogie lehnen ab: Dürr S. 212; Guhl / Merz / Kummer S. 450 (ohne Begründung); Schönle S. 149 ff., 155 f.; Meyer-Marsilius AWD BB 1962, 262; Leiss, AA, S. 64; ders., Kundschaftsentschädigung, S. 68; ders., Anspruch des Agenten, S. 144 ff., S. 289; Wehrli S. 35. Hierzu wird in der Schweiz auch v. Büren S. 221 gerechnet, der allerdings nur die restrikte Praxis der Rspr. schildert, ohne sich kritisch zu äußern. So auch Maier, Agenturvertrag, Art. 418 u Rn. 38.

Die Autoren, die dem Alleinvertreter keinen Anspruch auf Kundschaftsentschädigung zubilligen wollen, begründen dies — neben der Berufung auf das BG — in erster Linie damit, daß erhebliche rechtliche und wirtschaftliche Unterschiede zwischen dem Alleinvertretungs- und Agenturverhältnis bestünden. Selbst bei einer Eingliederung in die Absatzorganisation bestehe eine größere Selbständigkeit und Unabhängigkeit, was sich in erheblich weiteren Entscheidungsbefugnissen, größeren Risiken und größeren Gewinnchancen dokumentiere.[14] Auch gehe die Kundschaft dem Alleinvertreter nicht automatisch verloren.[15] Es wird darauf verwiesen, daß Art. 418 u OR eine singuläre, rechtspolitisch und rechtsdogmatisch höchst umstrittene Bestimmung sei.[16] Eine analoge Anwendung führe ins Uferlose, da mit gleichem Recht der Gedanke auf zahlreiche weitere Tatbestände übertragen werden könnte.[17] Dagegen spreche schließlich, daß die vergleichbaren Vorschriften des österreichischen, italienischen und argentinischen Rechts ebenfalls nicht auf den Alleinvertreter angewandt werden würden.[18]

Die Gegenansicht in der Literatur sieht dagegen eine im wesentlichen gleiche Interessenlage, weitreichende rechtliche und wirtschaftliche Parallelen zwischen Alleinvertreter und Agent.[19] Wie der Agent schaffe der Alleinvertreter auf eigene Kosten durch persönliche Leistung den Kundenstamm. Der good will entstehe hauptsächlich für die Marke, so daß der Hersteller, sofern er Markeneigentümer sei, u. U. einen erheblich höheren Wert bei der Vertragsauflösung erhalte, als er mit dem Recht, unter der Marke zu verkaufen, seinerzeit dem Alleinvertreter übergeben habe.[20] Auch die Kundschaft hänge regelmäßig an der Marke und werde dieser weiterhin treu bleiben. Somit sei es nur billig, daß der Vertretene, sofern er erhebliche Vorteile zieht, eine angemessene Entschädigung zahle.[21] Aus wirtschaftlicher Sicht dränge sich die Übertragung ebenfalls geradezu auf, da der Alleinvertreter in einem größeren Abhängigkeitsverhältnis zum Vertragspartner stehe als der Agent. Denn zum einen habe er seine wirtschaftliche Dispositionsfreiheit fast völlig verloren, so daß er für die Marktgegenseite als reine Vertriebsstelle des Vertragswarenlieferanten erscheine, zum anderen habe er regelmäßig

---

[14] Leiss, Anspruch des Agenten, S. 289 (mit Verweis auf S. 30 ff., 183); ders., Kundschaftsentschädigung, S. 68; Schönle S. 151 ff.

[15] Dürr Art. 418 u S. 210 ff. (212).

[16] Dürr Art. 418 u S. 210 ff. (212); Leiss, Kundschaftsentschädigung, S. 68.

[17] Leiss, Kundschaftsentschädigung, S. 68; ders., Anspruch des Agenten, S. 289.

[18] Schönle S. 142 ff. (151 f., 155).

[19] Schluep, Schweizerisches Privatrecht, S. 848; Huber S. 257; Bénédict S. 71 f.

[20] Berner Kom.-Gautschi Art. 418 a - 418 b Rn. 12 a, Art. 418 u Rn. 1 f.

[21] Huber S. 256; Wyniger S. 24.

ganz erhebliche finanzielle Mittel investiert, so daß bei Vertragsende beträchtliche Verluste drohen würden.[22]

Interessant ist, daß sich mit Leiss und Schönle, die sich neben Huber am ausführlichsten mit der Frage befaßten, zwei Autoren der eine Analogie ablehnenden Ansicht für eine Änderung de lege ferenda einsetzen, da sie die bestehende Rechtslage für unbefriedigend halten.[23]

Zusammenfassend läßt sich somit zur Rechtslage in der Schweiz feststellen: Eine spezialgesetzliche Regelung, die dem VH einen AA gewährt, gibt es nicht. Die Frage wird nur unter dem Gesichtspunkt einer Analogie zu Art. 418 u OR diskutiert. Allerdings kann angesichts der geringen Zahl der ergangenen Entscheidungen von einer gefestigten Rechtsprechung nicht die Rede sein. Ein Wandel der Rechtsprechung unter Eindruck der die Rechtsprechung attackierenden Literatur, des auch von einem Teil der Vertreter der ablehnenden Ansicht als unbillig empfundenen Ergebnisses und insbesondere der deutschen Rechtsprechung — der Rechtsvergleichung wird gerade in der Schweiz große Bedeutung beigemessen — erscheint nicht ausgeschlossen.

2. Österreich

In Österreich bestehen über das VH-Verhältnis ebenfalls keine besonderen Vorschriften. Eine Anwendung der zwingenden Vorschriften des § 25 HVG[24] (§ 28 Abs. 1 HVG), die eine Entschädigung für HV vorsieht, wurde früher nicht für möglich gehalten, ja nicht einmal ernsthaft diskutiert,[25] und zwar wegen ihres Ausnahmecharakters, den die Gesetzesmaterialien wiederholt betonen.[26]

---

22 Huber S. 258; Schluep, Schweizerisches Privatrecht, S. 848.

23 Leiss tritt dafür ein, daß der Gesetzgeber einen ähnlichen Entschädigungsanspruch für den VH schaffen sollte. Diesen will er von folgenden Voraussetzungen abhängig machen:
(1) Der VH ist ähnlich wie der Agent in die Absatzorganisation des Vertretenen eingegliedert und hat Pflicht der Interessenwahrung.
(2) Rein faktische Nutzung des Kundenstamms.
Zur Vermeidung drohender großer Rechtsunsicherheit lehnt er das Abstellen auf die Schutzwürdigkeit des VH und seinen Kapitaleinsatz im konkreten Fall ab. Zusätzlich sollte nach seiner Ansicht der Anspruch komplexer sein als der des Agenten, indem die noch nicht amortisierten Investitionen berücksichtigt werden (Leiss, Anspruch des Agenten, S. 289 ff.).
Hiergegen wendet sich Schönle S. 156: Er tritt für die Übernahme der französischen und italienischen Praxis ein.

24 Zum AA in Österreich vgl. Maier / Meyer-Marsilius / Regul, HV, S. 278 ff.; Leiss, Anspruch des Agenten, S. 41 ff.

25 Nipperdey, FS Hedemann, S. 235 unter Verweis auf eine persönliche Mitteilung von Prof. Demelius, Wien, wonach in Österreich niemand an eine analoge Anwendung des § 25 HAgG auf VH denke.

26 Leiss, Anspruch des Agenten, S. 53.

Angesichts der in § 25 HAgG vom 24. 6. 1921 (BGBl. Nr. 348) enthaltenen Beschränkung der Entschädigung auf Fälle der Lösung innerhalb von drei Jahren sowie nach der erfolgten Änderung des § 25 HVG vom 13. 7. 1960 (BGBl. Nr. 153) auf Lösung innerhalb von 15 Jahren bestand jedoch jeweils nur eine sehr eingeschränkte Ähnlichkeit zum deutschen Recht.[27] Der der österreichischen Regelung zugrunde liegende Gedanke, daß die kurze Vertragsdauer dem HV keine genügende Ausnutzungsmöglichkeit biete[28], trifft so für das deutsche Recht nicht zu, weshalb der Nichtanwendbarkeit auf den VH in Österreich auch keine gesteigerte Bedeutung für das deutsche Recht zukommen konnte.[29]

Nach der erneuten Änderung des § 25 HVG durch Gesetz vom 15. 6. 1978 (BGBl. Nr. 305), welche die zeitliche Beschränkung für den Anspruch aufgegeben hat — allerdings verringert sich der Höchstbetrag der Entschädigung mit fortschreitender Vertragsdauer, vgl. § 25 Abs. 3 HVG —, besteht nun jedoch eine nähere Verwandtschaft zur deutschen und schweizerischen Regelung.

Österreichische Entscheidungen, die sich mit der analogen Anwendung des § 25 HVG auf VH befassen, gibt es offenbar nicht.[30] Eine Diskussion wie im deutschen und schweizerischen Recht wird nicht geführt. Es gibt aber Stimmen, die für eine Anwendung des § 25 HVG entsprechend der deutschen Praxis eintreten.[31] Es wird interessant sein, ob nach der Gesetzesänderung nun eine Diskussion aufkommt.

---

27 Durch die Gesetzesänderung erfolgte auch eine Umbenennung von Handelsagent in HV.

28 Gessler S. 10 f.

29 Ebenso fehlt in den deutschen Materialien die Betonung des Ausnahmecharakters, vgl. Klein S. 82.

30 Nach OGH JBl 1975, 34 (= SZ 46, 109) mit zustimmender Anmerkung Bydlinski, JBl 1975, 39 ist § 24 HVG (Ansprüche bei vorzeitiger Vertragsauflösung) analog auf VH anwendbar.

31 Schönherr / Nitsche S. 1157 f. (indirekt durch Verweis auf deutsche Praxis). So auch Holzhammer S. 60 (Auf den VH seien „die Schutzvorschriften des HVG sinngemäß anzuwenden", unter Hinweis auf Capelle / Canaris § 9 XI, S. 82 f.) und Linner S. 158 (Bei Ähnlichkeit des VH-Vertrages mit dem HV-Vertrag könne HV-Recht entsprechend anwendbar sein), die als einzige in der Literatur — allerdings ohne tiefere Erörterung — das Problem ansprechen. Ansonsten finden sich keine Hinweise, vgl. etwa Hämmerle / Wünsch Bd. 1 S. 287 ff. (301 f.), Bd. 2 S. 261. Schönherr sieht keinen Grund dagegen, die differenzierende deutsche Praxis zum AA auch für Österreich — unter Berücksichtigung der in § 25 Abs. 3 HVG vorgesehenen Repression — zu übernehmen (Auskunft gegenüber dem Verfasser im September 1983). A. A. Demelius. Er hält auch heute an seiner früher geäußerten Auffassung fest (Auskunft gegenüber dem Verfasser im Juni 1983). Nach Auskunft des Bundesgremiums der Handelsvertreter, Kommissionäre und Vermittler, Wien, (Juni 1983) finde die Anwendbarkeit der gesetzlichen Bestimmungen des Entschädigungsanspruchs selbstverständlich auch bei VH in Österreich Interesse. Eine Realisierung wird im Gegensatz zu anderen europäischen Ländern im österreichischen Recht jedoch für wesentlich schwieriger erach-

3. Frankreich

Auch das franzöische Recht kennt gesetzliche Entschädigungsansprüche der HV für verlorenen Kundenstamm, während die ebenfalls weitverbreiteten VH sich nicht auf gesetzliche Regelungen stützen können.[32]

Zum besseren Verständnis, insbesondere um vergleichende Schlüsse für den VH ziehen zu können, ist zunächst die in Frankreich teilweise anders geartete Rechtslage bezüglich der HV sowie deren Ersatzansprüche darzustellen.

In Frankreich gibt es drei Gruppen von HV, nämlich die „Représentants salariés de droit commun“, die „V.R.P.“ (voyageurs, représentants, placiers) und die „agents commerciaux“.[33, 34] Erstere sind angestellte Vertreter und unterstehen dem allgemeinen Arbeitsrecht. Sie kommen für einen Vergleich zum HV i. S. d. § 84 HGB keinesfalls in Frage, können daher hier unbeachtet bleiben.[35] Die beiden anderen Gruppen sind klar zu unterscheiden.

Die am weitaus häufigsten vorkommenden HV sind die V.R.P., eine Art abhängige HV, die sich durch eine eigenartige Vermengung zwischen dem Recht freier Gewerbetreibender und dem Arbeitsrecht auszeichnen. Der V.R.P. hat ein Sonderstatut innerhalb des kodifizierten Arbeitsrechts (Art. L 751 — Nouveau — Code du Travail, früher Art. 29 k - r des 1. Buches Code du Travail).[36] Er arbeitet zwar ähnlich einem freien HV, sein Arbeitsverhältnis wird aber als Arbeitsvertrag bezeichnet. V.R.P. ist dabei nur, wer die Voraussetzungen des Art. L 751-1 (bzw. Art. L 751-2) Nouveau — Code du Travail — erfüllt.

---

tet. Daher sei die Diskussion auch nur aus internationalen Kontrakten vertraut.

32 Das gesamte VH-Verhältnis ist gesetzlich nicht geregelt (vgl. Encyclopédie Dalloz, Concession Exclusive Rz. 185). Lediglich Art. 1 des Gesetzes vom 14. 10. 1943, das Exclusivverträge auf die Höchstdauer von 10 Jahren beschränkt, betrifft auch die VH-Verträge. (Abgedruckt mit Übersetzung bei Fridmanis S. 123).

33 Synonym zum agent commercial findet sich, insbesondere früher, der Ausdruck „représentant mandataire“, Hémard, Rtrim Rz. 2.

34 Vgl. hierzu Leiss, Anspruch des Agenten, S. 81 f. mit zahlreichen Nachweisen französischer Rspr. und Literatur; Langer in Maier / Meyer-Marsilius / Regul, HV, S. 149 ff.; Landfermann AWD BB 1971, 116 ff.; Langer S. 3 ff. Ferner Troppmann S. 24 ff.

35 Ein AA steht ihnen nach französischem Recht nicht zu.

36 Das Statut wurde geschaffen und in Code du Travail integriert durch Gesetz v. 18. 7. 1937 und 7. 3. 1957, geringfügig abgeändert durch zwei Gesetze im Jahre 1973. Der Gesetzestext ist abgedruckt mit Übersetzung bei Fridmanis S. 105 ff. (Art. 29 k - r a. F.), und bei Langer, Anhang III (Text) + IV (Übersetzung); deutsche Übersetzung bei Langer in Maier / Meyer-Marsilius / Regul, HV, S. 189 ff. (Art. L 751 - 1 bis Art. L 751 - 15 n. F.).

Erfüllt ein HV diese Voraussetzungen nicht,[37] ist er agent commercial, ein sich durch größere Selbständigkeit und wirtschaftliche Stärke auszeichnender HV[38], der weder den Schutzvorschriften des allgemeinen Arbeitsrechts noch des V.R.P.-Statuts unterliegt. Er läßt sich am ehesten mit dem HV i. S. d. §§ 84 ff. HGB vergleichen. Er ist dem Décret Nr. 58-1345 vom 23. 12. 1958 unterworfen[39]. Ergänzend gilt das Auftragsrecht des Code Civil (Art. 1984 ff.).

Diese rechtliche Unterscheidung wirkt sich auch auf die hier interessierenden AA aus.

Das V.R.P.-Statut gewährt, neben der Festlegung von Mindestkündigungsfristen, dem V.R.P. vier unabdingbare (Art. L 751-11 Nouveau — Code du Travail) Entschädigungsansprüche, darunter einen Anspruch auf Kundschaftsentschädigung, indemnité de clientèle (Art. L 751-9 Nouveau — Code du Travail, früher Art. 290 Code du Travail, a. F.).[40] Diese Bestimmung gewährt dem V.R.P. einen Anspruch auf Entschädigung hinsichtlich des Anteils, der ihm persönlich bezüglich der Größe und des wirtschaftlichen Werts der von ihm eingebrachten, geschaffenen oder weiterentwickelten Kundschaft zuzurechnen ist. Der Anspruch besteht bei Verträgen unbestimmter Dauer, wenn das Unternehmen das Vertragsverhältnis kündigt, ohne daß den Vertreter ein schweres Verschulden trifft, bei Verträgen bestimmter Dauer, wenn das Unternehmen ohne schweres Verschulden des Vertreters vorzeitig kündigt oder den Vertrag nicht verlängert. Im Gegensatz zum deutschen AA setzt diese Regelung nicht voraus, daß dem Unternehmen auch Vorteile verbleiben,[41] der V.R.P. muß sich aber feststellbare, auf ihn rückführbare Verringerungen des Kundenstamms anrechnen lassen.

---

[37] Z. B. wenn er im Gegensatz zum V. R. P. das zusätzliche Recht hat, Handelsgeschäfte für eigene Rechnung abzuschließen, das Delkredere zu übernehmen oder Untervertreter auf eigene Kosten zu beschäftigen.

[38] Definition de l'agent commercial in Art. 1 Décret 58-1345 vom 13. 12. 1958.

[39] Text mit deutscher Übersetzung bei Fridmanis S. 117 f. und Langer, Anhang IX (Text) + Anhang X (Übersetzung); deutsche Übersetzung auch bei Langer in Maier / Meyer-Marsilius / Regul, HV, S. 192.

[40] Daneben handelt es sich um folgende Ersatzansprüche:

(a) Indemnité de rupture anticipée (Art. L 751-7 Nr. 2 — Nouveau — Code du Travail; Ausgleich für Verluste, die durch die vorzeitige Kündigung befristeter Verträge entstehen).

(b) Indemnité de préavis (Art. L 751-7 Nr. 1 a — Nouveau — Code du Travail; Ausgleich für Verluste, die durch die Nichtbeachtung der Kündigungsfristen unbefristeter Verträge entstehen).

(c) Indemnité de rupture abusive (Art. L 751-7 Nr. 1 b — Nouveau — Code du Travail; (Entschädigung für rechtsmißbräuchliche Kündigung bei Verträgen unbestimmter Dauer, wenn Kündigungsfrist beachtet).

[41] So besteht der Anspruch z. B. auch bei Konkurs oder Betriebsstillegung.

Eine Gesetzesänderung im Jahre 1973 i. V. m. dem Ende 1975 eingeführten V.R.P.-Tarifvertrag ermöglicht es dem V.R.P., anstelle des AA eine einmalige Entlassungs- oder Pensionsentschädigung zu verlangen (Art. L 751-9 — Nouveau — Code du Travail).[42]

Aufgrund des starken arbeitsrechtlichen Einschlags — so sind für Rechtsstreitigkeiten auch die Arbeitsgerichte zuständig — ist für einen Vergleich zum deutschen AA große Zurückhaltung geboten.

Auch dem agent commercial steht ein Entschädigungsanspruch zu. Nach Art. 3 Abs. 2 des Décret vom 23. 12. 1958 gibt die Vertragskündigung durch den Auftraggeber dem Vertreter einen zwingenden Anspruch auf Ersatz des erlittenen Schadens, soweit die Kündigung nicht durch ein Verschulden des Vertreters gerechtfertigt ist. Es handelt sich mithin um einen komplexen Anspruch, der nicht nur auf die Verluste aus der vom HV vertretenen Kundschaft beschränkt ist, sondern auch nicht amortisierte Investitionen, wenn der Vertreter mit Vertragsfortsetzung rechnen konnte, Mißachtung von Kündigungsfristen und Rufschädigung umfaßt.[43] Kern des Anspruchs dürfte aber im Regelfall der Verlust der Kundschaft sein, so daß doch eine bedingte Vergleichbarkeit zum deutschen AA besteht. Aus dem Gegenschluß zu Art. L 751-9 Nouveau — Code du Travail, der von einem „faute grave" spricht, ergibt sich, daß leichtes Verschulden des agent commercial zum Ausschluß des Anspruchs genügt.[44] Bei Kündigung aus anerkennenswerten Gründen ist der Unternehmer aber nicht von der Leistung des Schadensersatzes befreit. Die Nichtverlängerung befristeter Verträge begründet keinen Ersatzanspruch.[45, 46]

42 Langer in Maier / Meyer-Marsilius / Regul, HV, S. 161.

43 A. A. (entgegen dem klaren Wortlaut der Bestimmung) Leiss, Anspruch des Agenten, S. 109 f.; Hémard Rtrim Rz. 75; wie hier Ulmer, Franz. Recht, S. 35 m. w. N.; Langer in Maier / Meyer-Marsilius / Regul, HV, S. 184.

44 Landfermann AWD BB 1971, 116 (124); Leiss, Anspruch des Agenten, S. 107; Langer in Maier / Meyer-Marsilius / Regul, HV, S. 184.

45 Stillschweigend sich verlängernde Verträge werden als unbefristete angesehen, Cour de Cassation, Chambre commercial, Urt. v. 15. 10. 1973 (vgl. Langer in Maier / Meyer-Marsilius / Regul, HV, S. 183).

46 Eine interessante Besonderheit weist das französische Recht zudem mit der „cession de la carte" auf. Dieses in der Praxis entstandene, im später für verfassungswidrig erklärten „Arrêté" vom 5. 11. 1946 auch kodifizierte Recht gestattet es dem Vertreter der Firma, einen Nachfolger zu präsentieren. Wird dieser angenommen, erhält er von seinem Nachfolger eine Gegenleistung für die Ausübung des Präsentationsrechts, also die Vermittlung der Vertretung, die Einführung bei der Kundschaft und ein Konkurrenzverbot. Lehnte die Firma ab, hatte sie selbst die „carte" zu übernehmen, hatte dem Vertreter aber den Wert der eingebrachten oder geworbenen Kundschaft zu ersetzen. Die „cession de la carte" ist weder durch das V.R.P.-Statut noch das Décret vom 23. 12. 1958 verdrängt worden. Sie ist für V.R.P. und agent commercial günstiger, da der Wert der Kundschaft nicht nur im Falle der unverschuldeten Kündigung ersetzt wird. Das Recht hierauf besteht aber nur,

Bezüglich des VH („concessionnaire")[47] stehen in Frankreich wie in Deutschland die Probleme der Vertragsauflösung im Mittelpunkt.[48] Die Rechtsprechung hat versucht, die dem VH entstehenden Nachteile abzumildern.[49]

Ein Anspruch auf Entschädigung für verlorene Kundschaft wird dem concessionnaire jedoch nicht gewährt. Weder Art. L 751-9 — Nouveau — Code du Travail noch Art. 3 des Décret vom 23. 12. 1958 werden direkt oder analog angewandt. Der concessionnaire sei nicht im Namen und auf Rechnung des Lieferanten tätig. Die Kundschaft sei nicht an ihn, sondern an die Marke gebunden, weshalb kein Übergang der Kundschaft stattfinde. Auch bleibe es ihm unbenommen, seine Kunden nach Beendigung des Vertrages zum Erwerb von Konkurrenzprodukten zu bewegen.[50]

Allerdings werden die mit der Kündigung verbundenen großen Nachteile für den VH durchaus erkannt. Sie werden darin gesehen, daß sich der VH der von ihm geschaffenen Kundschaft beraubt sieht, ohne daß ihm der gerechte Schadensersatz für diesen Verlust der Kundschaft gewährt wird, daß Belastungen eintreten durch wichtige, aufgrund des Vertrages getätigte Investitionen, die sich noch nicht amortisiert haben, und daß bei Nicht-Rücknahme von Warenvorräten weitere ungedeckte Kosten entstehen.[51]

Um trotz Ablehnung einer Analogie derartige Ansprüche für abhängige und schutzbedürftige VH zu gewinnen, wurde verschiedentlich versucht, das VH-Verhältnis als „mandat d'intérêt commun"[52] oder als

---

wenn der jeweilige Vertrag es gewährt. Vgl. hierzu Leiss, Anspruch des Agenten, S. 100 ff. mit zahlreichen Nachweisen.

47 Weniger zutreffend auch „agent général" und „agent exclusif".

48 Hierzu liegt eine Fülle von Literatur und Rechtsprechung vor. Einen guten Überblick mit jeweils zahlreichen weiterführenden Angaben bieten: Juris-Classeur Commercial Annexes, Ventes Commerciales, Fascicule XXXIII ter; Encyclopédie Dalloz, Stichwort „Concession Exclusive"; Lamy commercial; Rz. 2300 ff. Vgl. ferner Buhagiar SJ 1981, éd. G I., 3015 und ders. SJ 1976, éd. C I., II., 12138.

49 So wird ein Rücknahmeanspruch gekaufter Waren, wenn der VH verpflichtet war, Waren auf Lager zu nehmen, anerkannt; Sonnenberger Rn. 26; vgl. auch die weiteren nachfolgenden Ausführungen.

50 Cour d'appel de Paris, Urt. v. 16. 11. 1962, Recueil Dalloz 1963 Sommaires 25, Urt. v. 28. 6. 1958, Gazette du Palais 1958, 2, 253; Guyénot, Droit Social 1965, 81 mit Hinweisen auf französische Judikatur und ders., Concession Commerciale, S. 84 f.; Hémard Rtrim Rz. 80; Encyclopédie Dalloz, Concession Exclusive, Rz. 191 ff. Leiss, Anspruch des Agenten, S. 115; Schluep, Alleinvertriebsvertrag, S. 36; Ulmer, Franz. Recht, S. 81 ff.; Budczies S. 29; Sonnenberger Rn. 26.

51 Encyclopédie Dalloz, Concession Exclusive, Rz. 182 ff.

52 Dessen einseitige Kündigung ohne gerechtfertigten Grund („cause legitime") macht schadensersatzpflichtig. Zum „mandat d'intérêt commun" vgl. Leiss, Anspruch des Agenten, S. 102 Fn. 9).

„contrat d'intérêt commun" zu qualifizieren, wobei interessanterweise in der französischen Diskussion parallele und ähnliche Kriterien wie in Deutschland anklingen, nämlich Abhängigkeit und völlige Integration, Beschränkungen in Preisgestaltung, Lagerhaltung, Werbung, Service, Kundenbetreuung usw.[53], um ein solches zu begründen. Die Rechtsprechung hat dies jedoch letztlich wiederholt abgelehnt.[54]

Gleichwohl besteht ein gewisser Schutz, der aus den allgemeinen französischen Kündigungsregeln entwickelt wurde. Dabei weigert sich die Rechtsprechung zwar, dem VH bei befristeten Verträgen ein Erneuerungsrecht zuzusprechen bzw. dem Konzessionsgeber bei unbefristeten Verträgen die Kündigung zu verwehren.[55] Aber es wird dort eine Grenze gezogen, wo die Nichtverlängerung bzw. Kündigung rechtsmißbräuchlich ist. Dies ist zum einen der Fall, wenn die Nichtverlängerung bzw. Kündigung nicht rechtzeitig angekündigt worden ist, zum anderen, wenn sich der Mißbrauch aus den Umständen ergibt, wenn kein rechtfertigender Grund vorliegt.[56] Wichtig ist, daß der VH den Mißbrauch beweisen muß.[57] Letztlich hängt der Schutz von den Entscheidungen der Gerichte im Einzelfall ab, die konstatieren, ob ein Mißbrauch vorliegt.[58] Es besteht in diesen Fällen ein umfassender, auch den Kundschaftsverlust und Verdienstausfall beinhaltender Schadensersatzanspruch.[59]

Bemerkenswert erscheint noch, daß einem VH, dessen Vertrag nicht erneuert worden ist, Schadensersatz zum Ausgleich des Schadens gewährt worden ist, der ihm durch die Nichtamortisation wichtiger, in Abstimmung mit dem Hersteller vorgenommener Investitionen ent-

---

53 Langer AWD BB 1974, 450 (451 f.).

54 Vgl. z. B. Cour de Cassation, Chambre Commercial, Urt. v. 27. 10. 1970, AWD BB 1971, 348 f. (Juris-Classeur Périodique Nr. 10175 vom 6. 5. 1971; Leiss, Anspruch des Agenten, S. 115 mit zahlreichen Nachweisen; Ulmer, Franz. Recht, S. 79, 45. Zustimmend auch Encyclopédie Dalloz, Concession Exclusive, Rz. 190; Juris Classeur, Commerciales Annexes, Ventes Commerciales, Fascicule XXXIII ter (3e cahier), Rz. 89 f. jeweils m. w. N. Zudem hätte dies oft keine Auswirkung, da VH-Verträge in Frankreich häufig kurz (1 bis 3 Jahre) befristet werden und nicht stillschweigend, sondern durch neue, ausdrückliche Vereinbarung verlängert werden (vgl. Hémard Rtrim Rz. 81).

55 Juris Classeur, Commerciales Annexes, Ventes commerciales, Fascicule XXXIII ter (3e cahier) Rz. 77, 87. Encyclopédie Dalloz, Concession Exclusive, Rz. 186, 209 ff.

56 Juris Classeur, Commerciales Annexes, Ventes commerciales, Fascicule XXXIII ter (3e cahier) Rz. 91 ff. mit Beispielen aus der Rspr.; Ulmer, Franz. Recht, S. 79 f., 92, 33; Schluep, Alleinvertriebsvertrag, S. 36; Ulmer, VH, S. 442.

57 Encyclopédie Dalloz, Concession Exclusive, Rz. 200.

58 Juris Classeur, Commerciales Annexes, Ventes commerciales, Fascicule XXXIII ter (3e cahier) Rz. 95.

59 Juris Classeur, Commerciales Annexes, Ventes commerciales, Fascicule XXXIII ter (3e cahier) Rz. 91 ff.; Ulmer, Franz. Recht, S. 93; Sonnenberger Rn. 26.

standen ist. Begründet wurde dies u. a. damit, daß nach der Gesamtheit der Vertragsbestimmungen der VH zur Vornahme solcher Investitionen verpflichtet gewesen sei, deren Amortisierung nach dem Vertragszweck auf die übliche Weise durch Fortsetzung hätte abgesichert werden können. Die Verlängerung bilde die Gegenleistung für die Anstrengungen zur Erwerbung und Entwicklung der Kundschaft, dafür daß der VH seine Tätigkeit voll der Marke des Herstellers unterstelle und diese in erster Linie begünstige. Die Aufhebung ziehe dagegen bei Tragung des ganzen Risikos den Verlust normalerweise berechenbarer Gewinne nach sich. Zudem wird die Zwangslage, insbesondere die Unmöglichkeit der Weiterverwertung der Investitionen, betont.[60]

Um den VH auch dann, wenn ihm Schadensersatzansprüche aus der Vertragsbeendigung nach geltendem Recht nicht zustehen, Ansprüche auf Kundschaftsentschädigung oder noch darüber hinaus zu gewähren, wurden de lege ferenda schon verschiedentlich Verstöße unternommen. Ein regelnder Eingriff des Gesetzgebers ist aber bisher nicht erfolgt.[61]

4. Italien

Neben den bisher dargestellten Ländern bietet sich ein Blick nach Italien an, da auch dort dem HV ein „AA" gewährt wird.[62] Der HV-Vertrag („contratto di Agencia") ist in Art. 1742 ff. Codice Civile geregelt. Daneben sind eine Reihe von Kollektivverträgen „Accordi Economici"), die z. T. für allgemeinverbindlich erklärt sind, zu beachten, wodurch die Rechtslage erheblich verkompliziert wird.[63]

---

60 Unveröffentlichter Beschluß des Cour d'Appel de Paris vom 10. 7. 1972, vgl. Encyclopédie Dalloz, Concession Exclusive, Rz. 202.

61 Zur aktuellen Diskussion über die Opportunität eines gesetzgeberischen Eingriffs und zu (erfolglosen) Gesetzesinitiativen siehe Lamy Commercial Nr. 2469; Juris Classeur, Commercial Annexes, Ventes commerciales, Fascicule XXXIII ter (3e cahier) Rz. 2; zu lege ferenda vgl. auch Guyénot, Concession Commerciale, S. 412 ff. Zum Gesetzesentwurf von Cupfer und Cupfer / Daladier (abgedruckt bei Budczies, Anhang III) siehe Budczies S. 30; Leiss, Anspruch des Agenten, S. 116; Ulmer, Franz. Recht, S. 21 ff. (mit Fundstellennachweis Fn. 77 und 78). Zum Gesetzesentwurf Glon / Cousté (Drucksache der Assemblée Nationale Nr. 891 vom 7. 1. 1974) siehe auch Langer AWD BB 1974, 450 (452 f.).

62 Nachfolgende Ausführungen stützen sich in erster Linie auf Leiss, Anspruch des Agenten, S. 53 ff. (mit zahlreichen Nachweisen zur italienischen Rspr. und Literatur), Haumann in Maier / Meyer-Marsilius / Regul, HV, S. 227 ff. sowie eine Auskunft der Geschäftsführung (Rechtsanwalt Ernst-Hellmuth Haumann) der Centralvereinigung Deutscher HV und Handelsmakler (CDH) vom Juni 1983 über die aktuelle Rechtslage.

Zu den italienischen Gesetzestexten siehe die Übersetzung Italienisches Zivilgesetzbuch sowie — den HV-Vertrag betreffend — Haumann in Maier / Meyer-Marsilius / Regul, HV, S. 245 f.

63 Zum Zusammenspiel der verschiedenen Accordi Economici siehe Haumann in Maier / Meyer-Marsilius / Regul, HV, S. 229 ff.

Art. 1751 Codice Civile gewährt dem HV eine Entschädigung für die Auflösung des Vertrages („indennità per lo scioglimento del contratto").[64] Voraussetzung ist allein, daß es sich bei dem aufgelösten HV-Vertrag um einen unbefristeten handelt. Art und Grund der Beendigung sind unerheblich.[65] Die Höhe des Anspruchs richtet sich nach den ausgezahlten Provisionen, Bestimmungen in den Kollektivverträgen oder nach Handelsbrauch. Abzuziehen ist, was der HV aufgrund von Versicherungsverträgen beanspruchen kann, die die vertretene Firma freiwillig zu seinen Gunsten abgeschlossen hat.

Schon letztere Tatsache, aber auch die, daß der Anspruch unabhängig davon ist, ob der HV Kunden geworben hat und ob der Unternehmer daraus weiterhin Vorteile zieht, zeigen, daß die Rechtsinstitute der „idennità" und des „AA" grundsätzliche Unterschiede aufweisen, eine juristische Gleichstellung ausgeschlossen ist. Die „indennità" ist geprägt von sozialen Momenten, hat ihre Wurzel im Arbeitsrecht und statt Vorteilsausgleich den Gedanken der Fürsorge.[66]

Unterstrichen und bestätigt wird dies neuerdings noch dadurch, daß der „Accordo Economico" 1974[67], der nicht allgemeinverbindlich ist, einen Zusatzanspruch gewährt: Die vertretene Firma hat eine Ergänzungsentschädigung für die Kundschaft zu leisten, wenn sie einen auf unbestimmte Zeit geschlossenen Vertrag gekündigt hat, ohne daß der HV durch sein Verhalten die Beendigung zu vertreten hat.[68]

Für den VH[69] hat sich in Italien die Auffassung durchgesetzt, daß sein Vertragsverhältnis als „somministrazione con escluvia" zu qualifizieren ist.[70] Das Institut der „somministrazione" (Dauerlieferungsvertrag) ist in Art. 1559 ff. Codice Civile ausführlich geregelt. Der Vertrag ist unter

64 Daneben ist dieser Anspruch — materiell übereinstimmend — in sämtlichen Accordi Economici enthalten. Außerdem enthalten diese auch einen Anspruch des Agenten auf Altersversorgung auf Gegenseitigkeitsgrundlage, vgl. Leiss, Anspruch des Agenten, S. 65 ff.

65 Früher war weitere Voraussetzung, daß die Beendigung aus Gründen erfolgte, die nicht von dem HV zu vertreten waren. Sie ist nach Änderung des Art. 1751 Codice Civile im Jahre 1971 weggefallen (Legge 15. 10. 1971 Nr. 911, Gazetta Nr. 288); anders noch Leiss, Anspruch des Agenten, S. 62 ff., dessen Darstellung zum Verschulden daher obsolet geworden ist.

66 Haumann in Maier / Meyer-Marsilius / Regul, HV, S. 240; Leiss, Anspruch des Agenten, S. 76, 78; Gessler S. 14 f.

67 Haumann in Maier / Meyer-Marsilius / Regul, HV, S. 230 Fn. 3.

68 Haumann in Maier / Meyer-Marsilius / Regul, HV, S. 242; auch dieser Anspruch hat jedoch nur sehr ferne Ähnlichkeit mit dem AA.

69 „venditore con escluvia", „rivenditare autorizzato" oder „rappresentate escluvio". Zum HV-Vertrag nach italienischem Recht siehe Bortolotti / Zimmermann RIW/AWD 1980, 315 ff.

70 Leiss, Anspruch des Agenten, S. 76 f. und S. 285; Schluep, Alleinvertriebsvertrag, S. 34. Gegen diese Einordnung wenden sich Bortolotti / Zimmermann RIW/AWD 1980, 315 (316).

Einhaltung der Kündigungsfrist jederzeit kündbar (Art. 1569 Codice Civile), eine Entschädigung bei Beendigung des Vertragsverhältnisses ist jedoch nicht vorgesehen.[71] Das HV-Recht wird, obwohl die Vertragsbedingungen beim VH oft mit den typischen des HV-Rechts übereinstimmen, weder direkt noch analog auf VH angewandt. Denn zum einen ist seine Rechtslage durch Art. 1559 ff. Codice Civile ausführlich geregelt, zum anderen ist der Fürsorgegedanke der „indennità per lo scioglimento“, der dem Arbeitsrecht entstammt und praktisch die Ebene sich zweier selbständig gegenüberstehender Unternehmer verlassen hat,[72] nicht auf den VH übertragbar.[73]

Dem VH steht in Italien somit keine Kundschaftsentschädigung zu. Zu erwähnen ist jedoch, daß die italienische Rechtsprechung bei Nichtbeachtung einer angemessenen Kündigungsfrist und wegen mißbräuchlicher Kündigung dem VH einen Schadensersatzanspruch gewährt.[74] Wegen der — dargestellten — völligen Verschiedenartigkeit der Rechtsinstitute der „indennità“ und des „AA“ können aus der in Italien nicht gezogenen Analogie aber keine Rückschlüsse für die deutsche Rechtslage gezogen werden.

5. Belgien

Im Gegensatz zu den bisher betrachteten Ländern hat Belgien[75] durch das Gesetz über die einseitige Kündbarkeit von Alleinverkaufsverträgen auf unbestimmte Dauer vom 5. 10. 1961[76], geändert durch Gesetz

---

[71] Nicht unstreitig, vgl. Bortolotti / Zimmermann RIW/AWD 1980, 315 (317 f.).

[72] Gessler S. 14.

[73] Leiss, Anspruch des Agenten, S. 78 mit Nachweisen. A. A. Bortolotti / Zimmermann RIW/AWD 1980, 315 (316): Sie halten eine Analogie grundsätzlich zwar nicht für möglich, wollen jedoch jeweils die einzelnen Bestimmungen überprüft wissen. So sei beispielsweise eine Analogie bezüglich der Kündigungsfrist zulässig.

[74] Schönle S. 156.

[75] Eine ausdrückliche Regelung des Rechts der HV gibt es in Belgien bisher nicht. Das maßgebende belgische Recht kennt auch keinen AA (Haumann in Maier / Meyer-Marsilius / Regul, HV, S. 56). Ein solcher ist aber im Gesetzentwurf (Proposition de loi établissant un statut des agents commerciaux, doc. Nr. 217, 1961/62, Nr. 1 vom 28. 11. 1961) vorgesehen, der jedoch noch nicht Gesetz geworden ist. Wahrscheinlich dürfte auch die Schaffung eines einheitlichen HV-Rechts für den Benelux-Raum sein. Das Benelux-Modellgesetz (Dispositions Communes annexées à la Convention BENELUX au Contrat d'Agence v. 26. 11. 1973, deutsche Übersetzung abgedruckt bei Haumann in Maier / Meyer-Marsilius / Regul, HV, S. 89 ff.) sieht in Art. 16 einen AA vor, der ähnlich wie § 89 b HGB ausgestaltet ist; vgl. Haumann in Maier / Meyer-Marsilius / Regul, HV, S. 49.

[76] Loi relative à la résilitation unilatérale des Concessions de vente, Moniteur Belge v. 5. 10. 1961, S. 7518 f.

vom 13. 4. 1971[77] (zwingende) Schutzbestimmungen zugunsten des VH erlassen.[78]

Nach Art. 1 Abs. 1 findet das Gesetz nicht nur auf VH, die einen Alleinvertriebsvertrag haben, Anwendung, sondern auch auf solche Vertriebsverträge, in denen der Lieferant dem VH erhebliche mit dem Vertrieb eng und eigentümlich verbundene Verpflichtungen auferlegt und deretwegen der VH im Falle einer Kündigung einen schweren Schaden erlitte.[79]

Art. 3 gewährt dem VH eine billige zusätzliche Entschädigung („indemnité complémentaire équitable"), wenn der Lieferant ohne eine grobe Vertragsverletzung des VH oder dieser aufgrund einer groben Vertragsverletzung des Lieferanten kündigt.

Die Entschädigung bestimmt sich nach folgenden Kriterien:

1. dem erheblichen Zuwachs an vom VH gewonnenen Kunden, soweit sie nach Vertragsbeendigung beim Lieferanten bleiben;
2. den Kosten, die der VH bei der Ausübung des Vertriebsrechts aufgewandt hat, soweit der Lieferant auch nach Vertragsauflösung daraus noch Nutzen ziehen kann;
3. den Entschädigungen, die der VH seinem Personal infolge der durch Vertragsauflösung bedingten Entlassung schuldet.

Damit geht der Anspruch des VH in Belgien noch über den im deutschen Recht dem HV gewährten AA hinaus, indem neben der verlorenen Kundschaft auch nicht amortisierte Investitionen, soweit der Lieferant hieraus Nutzen ziehen kann, und an das Personal geschuldete Entschädigungsleistungen berücksichtigt werden.

6. USA

Früher als in Belgien gab es gesetzliche Regelungen in den USA. In über 20 Bundesstaaten[80] wurden Gesetze erlassen mit dem Ziel, unbillige Praktiken der Automobilhersteller gegenüber den Händlern auszuschließen.[81, 82]

---

77 Moniteur Belge v. 21. 4. 1971, S. 4996.

78 Vgl. zu dem Gesetz auch Ulmer, VH, S. 441 u. Leiss, Anspruch des Agenten, S. 287 (beide noch ohne Berücksichtigung der Gesetzesänderung).

79 Das Gesetz findet allerdings nicht nur bei VH, sondern darüber hinaus bei allen Alleinvertriebsverträgen Anwendung (Art. 1 Abs. 1 Satz 1).

80 Eine Aufzählung der Gesetze befindet sich bei Kessler, Y.L.J., 66, 1135 (1169 Fn. 224).

81 Kessler, Y.L.J. 66, 1135 (1169).

82 Zu den Gesetzen siehe Kessler, Y.L.J., 66, 1135 (1169 ff.); Budczies S. 46 ff.

Im Jahre 1956 erließ dann der Bundesgesetzgeber zum Schutz der Kraftfahrzeughändler vor einem Mißbrauch der wirtschaftlichen Macht der Hersteller den „Automobile Dealer's Day in Court Act".[83] Das Gesetz gebietet den Parteien, bei Durchführung der Verträge „good faith" (Treu und Glauben) zu beachten und verbietet ihnen, den anderen Teil unter Zwang, Drohung oder Einschüchterung mit der Kündigung oder Nichterneuerung des Vertrages zu einem bestimmten Verhalten zu veranlassen. Bei Wahrung legitimer geschäftlicher Interessen ist der Grundsatz von Treu und Glauben nicht verletzt.[84]

In der Praxis hat sich das Gesetz nicht als sehr wirksam erwiesen. Unter Berufung auf den Gesetzeswortlaut verlangen die Gerichte für die Gewährung von Schadensersatz nicht nur einen Verstoß gegen die Treuepflicht des Herstellers, sondern darüber hinaus auch den Nachweis der Druckausübung des Herstellers gegenüber dem VH. Eine Schadensersatzpflicht besteht damit nur, wenn der Hersteller die Vertragsbeendigung zuerst androht, um den Händler zu einem bestimmten (unbilligen) Verhalten zu veranlassen, nicht aber, wenn er ohne Ankündigung oder sonstige Druckausübung den Vertrag kündigt oder nicht erneuert, unabhängig, ob der VH hierzu Veranlassung gegeben hat oder nicht.[85] Die Literatur teilt diese Ansicht.[86]

Mittelbar brachte das Einschreiten des Gesetzgebers jedoch einige Verbesserungen für die VH, da die Hersteller zur Vermeidung weiterreichender gesetzlicher Aktivitäten teilweise in ihrer Vertragsgestaltung Entgegenkommen zeigten, indem sie längere Verträge anboten und sich verpflichteten, bei Vertragsende noch nicht verkaufte Waren zurückzunehmen sowie den VH bei Verwertung seiner Anlagen zu unterstützen.[87]

Ausdrücklich zu beachten ist jedoch, daß die amerikanische Schutzgesetzgebung ausschließlich für Automobil-VH gilt, nicht dagegen für VH anderer Branchen.

---

[83] Text bei Budczies S. 206 ff., Anhang II. Zu Entstehungsgeschichte und Zielen des Gesetzes vgl. Kessler, Y.L.J., 66, 1135 (1171 ff.); Kessler / Stern, Y.L.J., 69, 1 (106 f.); Martin, M.L.R., 62, 310 ff.; Weiss, C.L.Q., 48, 711 (724). Siehe zu dem Gesetz darüber hinaus Budczies S. 51 ff.; Ulmer, VH, S. 442 ff.; Leiss, Anspruch des Agenten, S. 286 f.

[84] Kessler, Y.L.J., 66, 1135 (1180); Budczies S. 53.

[85] Zur Anwendung durch die Gerichte siehe Martin, M.L.R., 62, 310 (314 ff.) und Ulmer, VH, S. 442 jeweils mit zahlreichen Nachweisen.

[86] Kessler / Stern, Y.L.J., 69, 1 (109 Fn. 489) unter Aufgabe der früheren Auffassung, vgl. Kessler, Y.L.J., 66, 1135 (1183 f.); Martin, M.L.R., 62, 310 (316); Weiss, C.L.Q., 48, 711 (721 f.).

[87] Kessler, Y.L.J., 66, 1135 (1146 f.) m. w. N.; Ulmer, VH, S. 444.

7. Schweden

Wegen einer besonderen, von den anderen Ländern in interessanter Weise abweichenden Rechtslage soll zum Abschluß noch ein Blick auf Schweden gerichtet werden.

In Schweden ist weder das VH-Verhältnis gesetzlich geregelt noch gibt es einen AA des HV für Schaffung des Kundenkreises.[88, 89] Bei den Vorarbeiten zur Schaffung des am 1. 7. 1974 in Kraft getretenen neuen schwedischen HV-Rechts wurde ein solcher zwar erwogen, letztlich aber verworfen.[90] Geschaffen wurde eine vom deutschen und den anderen Systemen abweichende Regelung: Dem HV steht ein Investitionsersatzanspruch zu (§§ 76, 52 HVG).

Er kann in angemessener Weise Ersatz seines Verlustes verlangen, der ihm dadurch entsteht, daß er aufgrund des Vertragsendes keine Deckung für solche Investitionen in Bauten, Lagern, Maschinen, Transportmitteln und dergleichen erhält, die er zur Durchführung des Vertrages nach Übereinkunft oder im Einvernehmen mit dem Unternehmer getätigt hat. Der zwingende Anspruch ist ausgeschlossen bei Kündigung des Unternehmers wegen Pflichtverletzung des HV und bei Kündigung des HV, es sei denn, die Fortsetzung des Vertrages ist ihm nicht zumutbar.

Mit dieser Regelung wollte der Gesetzgeber dem Umstand Rechnung tragen, daß i. d. R. derartige Investitionen darauf gerichtet sind, auf längere Sicht den Absatz der Waren des Unternehmers zu fördern. Deshalb soll ein Unternehmer, der aus diesen Gründen den HV zu Investitionen dieser Art anregt, bei Beendigung des Vertragsverhältnisses in gewissem Umfang anteilsmäßig an den entstandenen Investitionskosten beteiligt werden.[91]

Eine obergerichtliche Entscheidung der Frage, ob § 52 HVG auf VH anzuwenden ist, ist nicht bekannt. Die Rechtslage wird diesbezüglich in Schweden als unsicher betrachtet. Die überwiegende Meinung sieht

---

[88] Vgl. Gesetz vom 18. 4. 1914 über Kommission, Handelsagentur und Handelsreisende (HVG) in der seit 1. 7. 1974 geltenden Fassung. Auszug in deutscher Übersetzung bei Gallwitz in Maier / Meyer-Marsilius / Regul, HV, S. 327 ff. Siehe auch Fischler / Vogel S. 30 f.

[89] Derzeit beschäftigt sich allerdings eine Kommision mit einer Überarbeitung des HVG. Der Gesetzesvorschlag der Kommission soll nach Auskunft eines ihrer Mitglieder aller Voraussicht nach eine Bestimmung enthalten, die eine Entschädigung des HV nach Lösung des rechtlichen Bandes zum Unternehmer zum Gegenstand hat. (Auskunft der Deutsch-Schwedischen-Handelskammer [Dr. Gallwitz] im Juni 1983).

[90] Gallwitz in Maier / Meyer-Marsilius / Regul, HV, S. 315 f.

[91] Näheres zum Investitionsersatzanspruch vgl. Gallwitz in Maier / Meyer-Marsilius / Regul, HV, S. 315 ff.; Fischler / Vogel S. 31 f.

jedoch die analoge Anwendung des § 52 HVG auf den VH wohl als möglich an.[92]

8. Zusammenfassung

Zusammenfassend läßt sich feststellen: In keinem der Länder, die einen AA des HV kennen, ist eine analoge Anwendung auf den VH von der Rechtsprechung anerkannt, obwohl überwiegend ein solcher als gerecht und angebracht angesehen wird; nach in Italien und Frankreich h. M., in Österreich und vor allem der Schweiz verbreiteter Ansicht ist er aber ohne gesetzliche Normierung nicht gewährbar. In Italien und insbesondere in Frankreich wird der Weg beschritten, daß ein Schutz des VH durch entsprechende Auslegung der allgemeinen Regeln der mißbräuchlichen Kündigung erfolgt. Der hieraus folgende Schadensersatzanspruch umfaßt auch den Kundschaftsverlust. Zumindest aus der Ablehnung der Analogie in Italien können jedoch wegen der Verschiedenheit der Rechtsinstitute keine Schlüsse auf das deutsche Recht gezogen werden. In Österreich und in der Schweiz scheint es dagegen nach dem Meinungsstand durchaus möglich, daß die Rechtsprechung, sofern Fälle zur Entscheidung anstehen, der vom (deutschen) BGH eingeschlagenen Richtung folgt. Hier muß die Lage mangels gefestigter Rechtsprechung als offen bezeichnet werden.

In den USA und in Belgien bestehen das Vertragsende des VH regelnde Gesetze, wobei sich in Belgien der vorgesehene Ersatzanspruch ausdrücklich nach der verlorenen Kundschaft und zusätzlich auch nach dem Verlust nicht amortisierter Investitionen berechnet, sofern der Hersteller hieraus noch Nutzen zieht. Ein solcher Investitionsersatzanspruch wird auch in Frankreich zugesprochen[93] und dürfte — soweit absehbar — im Streitfall auch in Schweden dem VH in Analogie zur dortigen HV-Regelung bejaht werden.

Auffallend ist schließlich, daß in allen Ländern dieselben Probleme auftreten und schon verschiedentlich Gesetzesinitiativen eingeleitet oder Forderungen de lege ferenda zur Einführung eines AA für VH erhoben worden sind, ohne jedoch erfolgreich zu sein.

Jedenfalls legt die Diskussion in den dargestellten Ländern es nahe, auch im deutschen Recht neben dem eigentlichen AA als weitere Gesichtspunkte das Problem nicht amortisierter Investitionen sowie der Vertragsbeendigung überhaupt mit in die Betrachtung einzubeziehen.

---

[92] Auskunft der Deutsch-Schwedischen Handelskammer (Dr. Gallwitz) im Juni 1983. Literatur zu diesem Spezialthema soll nicht existieren. Für eine analoge Anwendung der Bestimmung über die Entschädigung für Investitionsverluste auf VH auch Fischler / Vogel S. 33.

[93] Vgl. Teil V: A. 3., wobei allerdings aufgrund der einzelnen Entscheidung nicht von einer gefestigten Rspr. ausgegangen werden kann.

B. Deutsches Recht

Ausdrücklich ist ein AA für VH auch im deutschen Recht nicht geregelt. Für einen möglichen AA sind drei Rechtsgrundlagen denkbar: Gewohnheitsrecht, ergänzende Vertragsauslegung und Analogie zu § 89 b HGB.

I. Gewohnheitsrecht?

An vorderster Stelle ist das Bestehen von Gewohnheitsrecht zu prüfen. Denn ist solches entstanden, besteht eine verbindliche Norm, ist es nicht mehr maßgeblich, ob die ständige Übung, aus der es hervorgegangen ist, ursprünglich mit dem gesetzten Recht vereinbar war, solange kein Verstoß gegen vorrangige Rechtsprinzipien vorliegt.[94]

Gewohnheitsrecht liegt vor, wenn sich ein allgemeiner Rechtsgeltungswillen der Gemeinschaft, der in dauernder Übung, insbesondere ständigem Gerichtsgebrauch zum Ausdruck kommt, gebildet hat. Nicht ausreichend ist die völlig oder fast widerspruchslose Hinnahme einer bestimmten Judikatur, notwendig ist die Bildung einer Rechtsüberzeugung in den beteiligten Kreisen. Es bedarf nicht nur der Erwartung, daß die Rechtsprechung so entscheidet, sondern der Überzeugung, daß dies so Rechtens sei.[95]

Deswegen ist Zurückhaltung dagegen angezeigt, eine ständige Rechtsprechung ohne weiteres als Gewohnheitsrecht anzunehmen; dies insbesondere auch deshalb, weil Folge wäre, daß die Gerichte selbst wie an ein Gesetz gebunden sind, eine Abweichung also — selbst bei Erkenntnis der Unrichtigkeit des früheren Standpunktes — nicht mehr möglich ist.[96]

Die Prüfung dieser Voraussetzungen für Gewohnheitsrecht ergibt eindeutig: Ein AA des VH aufgrund von Gewohnheitsrecht besteht keinesfalls. Äußerst zweifelhaft erscheint schon, ob angesichts des mehrfachen Rechtsprechungswandels in der Vergangenheit von einer ständigen Rechtsprechung gesprochen werden kann.[97] Jedenfalls wurde sie — insbesondere auch noch nach BGHZ 68, 340 — in der Literatur heftig angegriffen[98], und auch bei den Befürwortern besteht Streit über die Voraussetzungen.[99] Eine Rechtsüberzeugung von der Richtigkeit der Recht-

[94] Larenz, Methodenlehre, S. 416.

[95] Larenz AT § 1 I, S. 9 f.; ders., Methodenlehre, S. 415; ausführlich zum Gewohnheitsrecht Enneccerus-Nipperdey §§ 38, 39, 40, S. 261 ff.

[96] Larenz AT § 1 I, S. 11.

[97] Vgl. Teil II: I.

[98] Vgl. Teil II: II. 3.

[99] Vgl. Teil II: II. 3. c).

sprechung hat sich mithin in den beteiligten Kreisen bis heute (noch) nicht gebildet.[100]

II. Ergänzende Vertragsauslegung?

Die Diskussion über einen AA des VH wurde bisher vorwiegend unter dem Gesichtspunkt der Analogie zu § 89 b HGB geführt. Bedenkenswert erscheint aber auch, ob sich das Bestehen eines AA nicht im Wege ergänzender Vertragsauslegung ergeben könnte.[101]

Diese Erwägung zwingt zu der Überlegung, ob vorrangig eine Analogie oder eine ergänzende Vertragsauslegung zu prüfen ist. Wenn bei der Erörterung zum Grundgedanken des § 89 b HGB festgestellt wurde, daß zu differenzieren ist, ob der AA als solcher (§ 89 b Abs. 1 bis 3 HGB) dispositiv oder aber zwingend (§ 89 b Abs. 4 HGB) gewährt wird,[102] so ist auch bei einer eventuellen Analogie zu unterscheiden: Analoge Anwendung nur als dispositives Recht oder, falls ersteres zu bejahen ist, auch als zwingendes Recht?

Sollte eine Analogie auch den zwingenden Charakter des AA umfassen, besteht kein Konkurrenzproblem. Sie hat, da analog angewendetes Recht kein Recht „minderer Qualität" ist, Vorrang vor ergänzender Vertragsauslegung. Die Frage aber, ob, sofern § 89 b Abs. 1 bis 3 HGB analog anwendbar ist, auch § 89 b Abs. 4 HGB anwendbar ist, muß an dieser Stelle noch offen bleiben. Damit bedarf es der Klärung der Frage, ob die ergänzende Vertragsauslegung Vorrang hat gegenüber dem Versuch der Fortbildung dispositiven Rechts im Wege der Analogie.

Die ergänzende Vertragsauslegung dient der Schließung von Regelungslücken im Vertrag, und zwar so, wie die Parteien sie geschlossen hätten, wenn sie den nicht bedachten Umstand berücksichtigt und dabei die Gebote von Treu und Glauben sowie die Verkehrssitte beachtet hätten (§ 157 BGB). Ausgehend vom speziellen Vertragszweck erfolgt eine Ergänzung im Wege der kasuistischen Methode.[103]

Das dispositive Recht tritt ergänzend ein, wenn ein Rechtsgeschäft keine vollständige, abschließende Regelung enthält. Die Fortbildung dispositiven Rechts dient der Füllung von Gesetzeslücken, folgt hierbei der gesetzgeberischen Methode und erfüllt dann die gleiche Funktion wie dispositives Recht.

Die h. M.[104] unterscheidet nach der Typizität des Rechtsgeschäfts: Bei typischen, allgemeinen Sachverhalten bzw. Regelungen soll das disposi-

[100] A. A. wohl Werner / Machunsky BB 1983, 338.
[101] Ulmer, VH, S. 450; Werner / Machunsky BB 1983, 338.
[102] Vgl. Teil IV: II. 3. b) aa).
[103] Vgl. z. B. Mayer-Maly, FS Flume, S. 625.
[104] MK-Mayer-Maly § 157 Rn. 29, 39, 49; MK-Säcker Einleitung Rn. 127

tive Recht bzw. seine Fortbildung Vorrang haben. Es sei zu prüfen, ob sich die gesetzliche Regel für den fraglichen Tatbestand verallgemeinern läßt. Bei atypischen, individuellen Sachverhalten soll dagegen im Wege der ergänzenden Vertragsauslegung, orientiert am speziellen Vertragszweck, eine Lösung gesucht werden.

Angesichts dessen, daß Zweck des dispositiven Rechts gerade ist, für übliche Sachverhalte einen an Treu und Glauben und der Verkehrssitte orientierten allgemeinen Interessenausgleich bereitzuhalten, ist dieser grundsätzlichen Differenzierung zuzustimmen.

Damit ist jedoch das Problem noch nicht gelöst. Wie ist vorzugehen bei Verträgen, die gesetzlich nicht durchnormiert sind, aber häufig in gleicher, typischer Gestalt vorkommen? Gerade hier herrscht innerhalb der h. M. Uneinigkeit. Einerseits wird hier — ausgehend davon, daß ein allgemeiner Sachverhalt vorliegt — für Fortbildung des dispositiven Rechts[105], andererseits — die spezielle Interessenlage herausstellend — für die ergänzende Vertragsauslegung plädiert.[106]

Vor einer Entscheidung sind die Besonderheiten derartiger Verträge, für die VH-Verträge, aber auch Leasingverträge typische Beispiele sind, zu beleuchten.

Es handelt sich um vorformulierte Verträge, die zwar nicht alle identisch[107], aber doch in den Wesenszügen gleich sind.[108] Dies bedeutet, daß es völlig atypische, individuelle Sachverhalte i. d. R. nicht gibt, also gerade der Streit innerhalb der h. M. zum Tragen kommt.

Daß es sich um vorformulierte Vertragsbedingungen (AGB) handelt, hat zudem Auswirkungen auf die Art und Weise der ergänzenden Vertragsauslegung. Nach ganz h. M.[109] ist eine solche auch bei AGB möglich, sie hat sich aber nicht am hypothetischen Willen der Parteien, sondern — wie bei der „einfachen" Auslegung von AGB im Regelfall — an

---

m. w. N.; Sandrock, Vertragsauslegung, S. 86 f.; Lüderitz S. 454; ders. AcP 171 (1971), 160 (161, 163); Larenz, AT, § 29 II, S. 538; ders. NJW 1963, 737 ff.; Dilcher in Staudinger §§ 133, 157 Rn. 39; Erman-Hefermehl § 157 Rn. 22; Bunte NJW 1984, 1145 (1147); teilweise treffen diese Ausführungen nur das Verhältnis dispositiven Rechts zur ergänzenden Vertragsauslegung, nicht aber die Fortbildung dispositiven Rechts. A. A. Enneccerus / Nipperdey § 205 II 2, S. 1254 f.; Henckel AcP 159 (1960/1961), 106 (122 ff.), die dem dispositiven Recht grundsätzlich Vorrang einräumen. Die andere Extremposition — grundsätzlicher Vorrang der ergänzenden Vertragsauslegung — vertritt Staudinger (11. A.) — Coing § 133 Rn. 37.

105 Sandrock, Vertragsauslegung, S. 48 ff., 53, 77.

106 MK-Mayer-Maly § 157 Rn. 29.

107 Identität besteht jedoch immerhin bei den jeweils vom selben Hersteller stammenden Verträgen.

108 Vgl. Teil III: I.

109 Vgl. nur Ulmer in Ulmer / Brandner / Hensen § 6 Rn. 33 m. w. N.

einem objektiv-generalisierenden Maßstab auszurichten. Dies bedeutet: Man gelangt durch die ergänzende Vertragsauslegung zu allgemeinen Regeln, wie sie das dispositive Recht für durchnormierte Typen enthält. Der Unterschied im Ergebnis zwischen ergänzender Auslegung (kasuistische Methode) und Analogie (gesetzgeberische Methode) verkleinert sich mithin.[110] Trotzdem besteht keine Identität: Hier erfolgt die Orientierung am typischen Vertragszweck bzw. Parteiwillen, dort am Gesetzeswillen.

Will man dem dispositiven Recht und seiner allfälligen Fortbildung die ihm zugewiesene Aufgabe belassen, so führt nur eine differenzierte Vorgehensweise zu einer angemessenen Regelung für solche Verträge:

Sofern eine Ähnlichkeit mit einem gesetzlich durchnormierten Typ, sei es auch nur in einem Teilbereich, besteht und dort eine Regelung existiert, ist eine Analogie zu dispositivem Recht vorrangig zu prüfen. Wenn dies aber nicht der Fall ist, ist die Lösung über die ergänzende Vertragsauslegung zu suchen. Es ist richtiger, sich hier Vertragszweck und Typisches dieser Vertragsart durch Auslegung zunutze zu machen, als allgemein auf § 242 BGB abzustellen.[111] Auch da bliebe nämlich nur übrig, Fallgruppen zu bilden und, ausgehend von typischen Vertragsgestaltungen, diese wertend einer interessengerechten Lösung zuzuführen. In diesen Fällen besteht die gleiche Lage wie bei individuellen Sachverhalten bzw. Vertragsgestaltungen, nämlich daß Anhaltspunkte in der gesetzlichen Regelung fehlen. Die Rechtsfindung kann nur vom Vertragszweck aus erfolgen.

Für den AA des VH heißt dies: Da möglicherweise in einem Teilbereich Ähnlichkeit mit einem durchnormierten Vertragstyp, nämlich mit dem HV-Vertrag, besteht, ist vorrangig eine Analogie zu § 89 b HGB zu prüfen.

III. Analoge Anwendung des § 89 b HGB?

1. Voraussetzungen einer Analogie

Die Darstellung der divergierenden Meinungen[112] hat gezeigt, daß bezüglich der Voraussetzungen einer Analogie keineswegs Einigkeit besteht. Sie sind daher vorab zu klären.

---

110 Insoweit tendenziell richtig Canaris, Bankvertragsrecht Rn. 1727, wenn er (den Leasingvertrag betreffend) ausführt, es gehe nicht um die Auslegung einzelner Verträge, sondern um Aufstellung neuer Rechtssätze im Wege richterlicher Rechtsfortbildung. Es ist möglich, daß durch den objektiven Maßstab der ergänzenden Vertragsauslegung ein Leitbild für den Vertragstyp geschaffen wird.

111 So aber Sandrock, Vertragsauslegung, S. 48 ff., 53, 77.

112 Vgl. Teil II: II.

„Analogie ist die Ausdehnung (ausdehnende Anwendung) der aus dem Gesetz zu entnehmenden Prinzipien auf Fälle, die den im Gesetz entschiedenen rechtsähnlich sind, d. h. ihnen in den für den Grund der Entscheidung maßgebenden Teilen gleichen (wesensgleich sind)".[113] Sie setzt ein, wenn eine Auslegung wegen der Grenze des möglichen Wortsinns ausscheidet und zugleich eine nach dem Regelungsplan oder Gesamtzusammenhang des Gesetzes zu erwartende — eventuell auch erst durch nachträgliche technische, wirtschaftliche oder soziale Entwicklung erforderliche — Regelung fehlt, eine Lücke vorliegt. Auslegung, gesetzesimmanente Rechtsfortbildung (Analogie), die sich noch im Rahmen der Teleologie des Gesetzes hält, und weitere richterliche Rechtsfortbildung sind hintereinandergeschaltete Stufen desselben gedanklichen Verfahrens mit z. T. fließenden Übergängen.[114]

Die Analogie rechtfertigt sich aus den der rechtsstaatlichen Ordnung zugrunde liegenden Geboten der Gerechtigkeit und Gleichheit.[115] Gleichwertiges ist gleich zu behandeln, somit sind zwei Tatbestände, welche bezüglich der für die gesetzliche Wertung maßgebenden Punkte ähnlich sind, derselben Regelung zu unterwerfen. Soweit die Ähnlichkeit reicht, ist der Analogieschluß statthaft, dort, wo ein wesentlicher Unterschied besteht, die Grenze. Daß eine Gleichbehandlung notwendig ist, ergibt sich aus der juristischen Logik,[116] ob eine Ähnlichkeit vorliegt, erfordert eine wertende Entscheidung.[117]

Zur Ähnlichkeitsfeststellung bedarf es eines Vergleichs zwischen geregeltem und nicht geregeltem Tatbestand. Nach welchem Maßstab ist dieser aber vorzunehmen?[118]

Ähnlichkeit bedeutet überwiegend Gleichheit, d. h. die Sachverhalte müssen im Wesentlichen gleich, dürfen nur im Unwesentlichen ungleich sein. Was wesentlich ist, kann sich nur aus der gesetzlichen Wertung, dem Grundgedanken des Gesetzes, ergeben. Denn dieser ist das Wesentliche der gesetzlichen Regel.[119] Die ratio legis ist daher aufzudecken und die Gleichheit der Interessenlage hinsichtlich der speziellen Frage

---

113 Enneccerus / Nipperdey § 58 II 1, S. 339.

114 Larenz, Methodenlehre, S. 352 m. w. N.

115 Larenz, Methodenlehre, S. 359, 374.

116 Zur Bedeutung der juristischen Logik beim Analogieschluß vgl. Klug S. 109 ff.; dort findet sich auch ein Überblick über die Theorien der klassischen Logik zum Analogieschluß, S. 115 ff.

117 Die Analogie ist also kein rein logisches Schlußverfahren. „Die Logik muß sich mit der Teleologik verbinden" (Engisch S. 149); ganz h. M., vgl. auch Larenz, Methodenlehre, S. 366; Evans-v. Krbek S. 57 f., 74; MK-Säcker, Einleitung Rn. 121.

118 Einen Überblick über die verschiedenen Versuche der Rechtswissenschaft zur Bestimmung des Ähnlichkeitsbegriffs gibt Evans-v. Krbek S. 58 ff.

119 Klug S. 114.

an ihr zu messen.[120] Nur bei Orientierung am Grundgedanken bleibt auch die Einheit der Analogie zur Auslegung gewahrt und erfolgt die Fortbildung des Rechts in der vom Gesetz eingeschlagenen Richtung.

Hierbei ist der jeweilige Einzelfall mit dem gesetzlich geregelten zu vergleichen. Die Auffassung, die nicht Einzelfälle, sondern nur die typischen Fälle bzw. Fallgruppen gegenüberstellen will, ist abzulehnen.[121]

Die Begründung, die Rechtsordnung interessiere sich nur für die Typik der Lebensphänomene, die Typisierung beherrsche die Vorgehensweise des Gesetzgebers und das Verfahren der Analogie vermöge daher nicht anders vorzugehen, überzeugt nicht.[122]

Es geht bei der Analogie wie bei der Auslegung, bei der geprüft wird, ob der zu untersuchende Fall unter die gesetzliche Bestimmung fällt, um die Lösung eines individuellen Falles. Die vom Gesetzgeber gefällte Entscheidung ist maßgebend. Hat dieser nicht nur typische, sondern davon abweichende Fallgestaltungen der gesetzlichen Regelung unterstellt, so zeigt sich, daß auf das gesamte Spektrum die Regel Anwendung finden soll. Da sich die Analogie durch das Gleichheitsgebot rechtfertigt, darf dann zur Vermeidung seiner Verletzung nicht nur auf typische Fälle abgestellt werden. Findet der Grundgedanke auch auf einen atypischen Fall[123] Anwendung, so kann nicht die Analogie für einen ähnlichen Fall ausgeschlossen, im Rahmen der gesetzlichen Regelung der atypische Fall aber noch von der Regelung erfaßt werden. Speziell wird dies beim HV-Recht deutlich. In § 84 HGB ist der Begriff des HV definiert, im folgenden sind allgemeine Regeln aufgestellt. Dort wo der Gesetzgeber wegen besonderer Fallgestaltungen unterschiedliche Regelungen wollte, hat er sie getroffen (vgl. z. B. §§ 87 Abs. 2, 92, 92 a, 92 c HGB). Die anderen Bestimmungen (z. B. auch § 89 b HGB[124]) finden auf sämtliche HV, typische und atypische, Anwendung. Aus welchen Gründen nun bei der

---

[120] Enneccerus / Nipperdey § 58 II, S. 339 f.; Nipperdey, FS Hedemann, S. 207; Renz S. 27; BGHZ 34, 282 (285), BGHZ 68, 340 (345). A. A. Evans-v. Krbek, S. 64 ff. (Ihre Prämisse, daß der Gesetzeszweck an der Auslegungsgrenze ende, überzeugt nicht).

[121] So Evans-v. Krbek S. 74 f. Indem der BGH einen umfassenden Interessenausgleich zwischen VH und HV durchführt, nimmt er zwar auch eine gewisse Typizitätsanalogie vor. Der BGH meint damit aber nicht, daß § 89 b HGB nur auf den VH Anwendung findet, der dem „typischen" HV entsprechende Merkmale aufweist. Dies erfolgt vielmehr eher zwangsläufig, da sämtliche HV und VH gewisse identische und damit auch typische Merkmale aufweisen. Vgl. v. Westphalen DB 1981, Beilage Nr. 12 S. 8.

[122] So aber Evans-v. Krbek S. 74 f.

[123] Häufig wird in der Praxis gar nicht feststellbar sein, was typisch ist — jedenfalls sicher nicht der Idealtypus, der sich allenfalls als Denkmodell eignet.

[124] Ausgenommen sind nur die HV im Nebenberuf, § 92 b Abs. 1 Satz 1 HGB.

Frage nach einer Analogie zum Vergleich nur der typische HV, auf den der Gesetzgeber die Regelung gerade nicht beschränkte, abzustellen sein soll, ist nicht ersichtlich. Eine solche verengte Typizitätsschau ist abzulehnen.

Bezüglich der Basis für den Analogieschluß wird traditionell zwischen Gesetzesanalogie und Rechtsanalogie unterschieden. Bei ersterer wird die für einen Tatbestand geltende Regel auf einen anderen übertragen, bei letzterer wird aus mehreren gesetzlichen Bestimmungen, die an verschiedene Tatbestände die gleiche Rechtsfolge anknüpfen, ein allgemeiner Rechtssatz entnommen.[125]

Eine Rechtsanalogie scheidet zur Begründung eines AA des VH mithin aus. Da Bezugsgröße mehrere gesetzlich erfaßte Tatbestände sind, ist die rechtsanaloge Anwendung einer einzelnen Vorschrift nicht möglich. Bei § 89 b HGB handelt es sich um eine Einzelvorschrift mit völlig neuen Rechtsgedanken ohne Entsprechung im geltenden Recht.[126]

In Betracht käme jedoch eine Gesetzesanalogie, da deren Ausgangspunkt eine einzelne Norm ist.

Nach den soeben allgemein für eine Analogie festgestellten Grundsätzen ist jede Vorschrift des HV-Rechts — also für den AA § 89 b HGB — auf ihre analoge Anwendbarkeit durch Offenlegung der ratio legis zu überprüfen, ist die Ähnlichkeit jeweils unter dem rechtlichen Aspekt der einzelnen Vorschrift in bezug auf den von ihr geregelten Teil des Vertragsverhältnisses zu untersuchen.[127]

Hiergegen wendet sich Evans-v. Krbek[128]: Aus dem Aufbau des HV-Rechts folge, daß nur einheitlich sämtliche Vorschriften oder aber gar keine angewandt werden könnten. Denn § 84 HGB enthalte die Legaldefinition des HV. Diese Vorschrift sei Tatbestand für alle folgenden Vorschriften. Hieraus schließt sie: Jede Vorschrift der §§ 85 ff. HGB könne nur dann analog auf VH angewandt werden, wenn sich jeweils das Tatbestandsmerkmal „HV" durch das des „VH" ersetzen lasse, folglich nur, wenn grundsätzlich eine überwiegende Gleichheit beider Absatzmittler bestehe. Daher sei ein umfassender Vergleich, der über den speziellen Aspekt der in Frage stehenden Vorschrift hinausgehe, vorzunehmen.

Diese Argumentation hält einer kritischen Prüfung nicht stand.

Daß nur der ganze Normenkomplex einheitlich der Analogie zugänglich ist, ist keineswegs zwingend. Dies könnte allenfalls richtig sein,

---

125 H. M., vgl. nur Larenz, Methodenlehre, S. 368.

126 Vgl. Teil IV: I.

127 H. M., vgl. etwa BGHZ 29, 83 (86 f.); 68, 340 (345); Renz S. 27; Schuler NJW 1959, 649 (650); Nies MDR 1961, 556.

128 Evans-v. Krbek S. 80 ff. Ähnlich Abraham S. 38 ff.

wenn alle Normen innerlich voneinander so abhängig wären, daß die eine ohne die andere nicht bestehen könnte oder nicht verständlich wäre. Dies ist nicht der Fall.

Evans-v. Krbek greift das Tatbestandsmerkmal „HV" als einzelnes heraus und setzt voraus, daß für alle Bestimmungen dieses bei der Ähnlichkeitsprüfung ausschlaggebend ist. Andere, durchaus gleichwertige Tatbestandsmerkmale werden überhaupt nicht berücksichtigt. Die ratio legis der einzelnen Vorschrift, welche gerade bestimmend für die Ähnlichkeitsprüfung ist, wird völlig vernachlässigt, obwohl sich aus ihr ergeben könnte, daß gerade bei einer einzelnen Vorschrift Ähnlichkeit vorliegt. Die Möglichkeit, daß bezüglich einer Norm, nicht aber bezüglich der Gesamtregelung Ähnlichkeit besteht, wird vorweg ausgeschlossen.

Schließlich gibt es auch andere Normen, die gleiche Tatbestandsmerkmale aufweisen, ohne daß daraus gefolgert wird, sie unterlägen nur einheitlich der Gesetzesanalogie. Dies wird deutlich durch Beispiele aus anderen Rechtsgebieten:

§ 31 BGB wird nach ganz h. M. analog auf OHG und KG angewandt.[129] Niemand vertritt jedoch die Auffassung, daß deshalb sämtliche Regeln des Vereinsrechts (§§ 25 ff. BGB), die alle als gemeinsames Tatbestandsmerkmal das Vorliegen eines „Vereins" haben, auf OHG und KG Anwendung finden. Vielmehr ist die Analogie nur für die spezifische Norm, deren Sinn und Zweck auch die Personenhandelsgesellschaften erfaßt, zulässig.

Mag man gegen dieses Beispiel noch einwenden, daß angesichts der ausführlichen gesetzlichen Regelung von OHG und KG sich die Analogiefrage bezüglich anderer Vorschriften gar nicht stelle, so trifft dies im zweiten Beispiel nicht mehr: Das GmbHG enthält über die Nichtigkeit und Anfechtbarkeit von Beschlüssen keine Vorschriften. Es ist allgemein anerkannt, daß die aktienrechtlichen Vorschriften über die Nichtigkeit und Anfechtbarkeit fehlerhafter Hauptversammlungsbeschlüsse (§§ 241 ff. AktG) analog auf die GmbH anzuwenden sind.[130] Obwohl also auch hier das Tatbestandsmerkmal „AG" durch das der „GmbH" ersetzt wird, besteht im Grundsatz Einigkeit, daß nur insoweit die Anwendung aktienrechtlicher Vorschriften möglich ist, als nicht die Besonderheiten der GmbH eine Abweichung erfordern.[131] Auch in diesem Fall

---

[129] Baumbach / Duden / Hopt § 124 Anm. 3 B, § 161 Anm. 1 B; MK-Reuter § 31 Rn. 5 ff.

[130] Schilling / Zutt in Hachenburg Anh. § 47 Rn. 1 f.

[131] Schilling / Zutt in Hachenburg Anh. § 47 Rn. 2; BGHZ 36, 207 (210 f.); RGZ 66, 129 (131 f.). Über die Anwendbarkeit aktienrechtlicher Vorschriften im einzelnen herrscht allerdings Streit. Zu den Einzelheiten vgl. die Kommentierung von Schilling / Zutt in Hachenburg Anh. § 47 Rn. 5 ff.

wird somit jede einzelne Bestimmung gesondert auf die Anwendbarkeit überprüft.

Unrichtig ist die von Evans-v. Krbek vorgenommene formelle Gleichsetzung. Problem ist nicht, ob eine allgemeine Gleichheit zwischen HV und VH besteht, und mithin nicht ein allgemeiner Vergleich HV — VH. Zu prüfen ist vielmehr, ob Gleichheit in bezug auf den spezifisch von dieser Norm geregelten Sachverhalt besteht.[132]

Basis für die Feststellung der Ähnlichkeit ist somit der Grundgedanke des § 89 b HGB. Von ihm ausgehend ist zu untersuchen, ob die Lage des VH bei Vertragsende der des HV im wesentlichen gleich ist, Abweichungen nur unwesentlich sind. Nicht abgestellt werden darf hierbei auf den Idealtypus von HV und VH.[133] Dieses verengte Vorgehen ist nicht gerechtfertigt.[134] Beim HV ist die Legaldefinition zugrunde zu legen, beim VH mangels gesetzlicher Definition die hier vorgenommene.[135]

Konkret bedeutet dies: Bestehen beim VH vergleichbare rechtliche Beziehungen und — bei der gebotenen wirtschaftlichen Betrachtungsweise — vergleichbare wirtschaftliche Funktionen, die wie beim HV ein Nutzungsverhältnis am Kundenstamm entstehen lassen, das bei Vertragsbeendigung zerschnitten wird und das aufgrund der Eigenart des Verhältnisses zwischen den Unternehmern, einem Geschäftsbesorgungsverhältnis mit Erfolgsvergütung, entstanden ist, so daß auch hier der Gedanke des Vorteilsausgleichs vorliegt? Gibt es auch hier entsprechende Billigkeitsgesichtspunkte, insbesondere die Gefahr der mit dem Verlust des Kundenstamms einhergehenden Gefährdung der Existenzgrundlage, die einen Anspruch aus Billigkeitsgesichtspunkten gebieten?[136] Liegt diesbezüglich die gleiche Interessenlage vor oder sind rechtliche und wirtschaftliche Unterschiede vorhanden, die diesem Gedanken wesentlich entgegenstehen?

2. Ausschluß der Analogie durch abschließende Regelung?

a) Ist § 89 b HGB eine nicht analogiefähige Ausnahmeregelung?

Zu Beginn der Diskussion über die Möglichkeit einer Analogie zu § 89 b HGB wurde verschiedentlich vertreten, § 89 b HGB sei als Aus-

---

132 Daß damit eine einheitliche Entscheidung für alle HV-Normen und das damit verbundene Maß an Rechtssicherheit nicht erreichbar sind, kann dagegen nicht ausschlaggebend sein (a. A. Evans-v. Krbek S. 81, die dies als gewichtigen Vorteil ihrer Auffasung herausstellt).

133 So aber Evans-v. Krbek S. 82 ff.; Ulmer, VH, S. 392 ff.

134 Vgl. Teil V: B. III. 1.

135 Vgl. Teil III: IV. 1.

136 Zur ratio legis des § 89 b HGB siehe Teil IV: II.

nahmeregelung, als ius singulare, gar nicht analogiefähig (singularia non sunt extendenda).[137] Diese Auffassung ist überholt.

Zum einen ergibt sich ein Analogieverbot weder aus der gesetzlichen Regelung noch aus den Materialien.[138] Zum anderen ist im neueren methodenwissenschaftlichen Schrifttum allgemein anerkannt, daß auch Ausnahmevorschriften analog anzuwenden sind, wenn der nicht geregelte Sachverhalt mit dem von der Ausnahmevorschrift geregelten ähnlich ist.[139] „In den Grenzen des Grundgedankens der Ausnahmevorschrift ist sehr wohl eine Analogie statthaft."[140] Auch die Rechtsprechung hält nur noch formal am Prinzip „singularia non sunt extendenda" fest, wenn ausgeführt wird, Ausnahmevorschriften seien zwar regelmäßig eng auszulegen, es sei aber auch möglich, daß eine Ausnahmevorschrift ein engeres, extensiver Interpretation oder Analogie zugängliches Prinzip beinhalte.[141] Faktisch stimmt sie damit mit dem Schrifttum überein.

Bei richtigem Verständnis der Analogiefähigkeit von Ausnahmevorschriften bestehen daher keine grundsätzlichen Bedenken gegen eine Analogie zu § 89 b HGB.

b) Liegt keine Gesetzeslücke vor, nachdem der VH bereits kartellrechtlich geschützt ist?

Eine an der Gesamtkonzeption des Gesetzgebers gemessen abschließende Regelung schließt eine Gesetzeslücke, mithin eine Analogie aus. Eine solche sieht Kroitzsch[142] im Kartellrecht begründet. Der VH unterscheide sich von den anderen Unternehmen, auf die die §§ 15, 18, 26 Abs. 2 GWB Anwendung finden, nicht. Ihm komme daher kartellrechtlicher Schutz zugute, der vorrangig vor handelsrechtlichem und (zur

---

137 Mücke MDR 1956, 641 (642); Glaser DB 1957, 1173. Mit Einschränkungen auch Schuler, der die entsprechende Anwendung für „nicht unbedenklich" hält, NJW 1958, 1113 (1115) und NJW 1959, 649.

138 So überzeugend schon der BGH in seiner ersten Entscheidung zur Analogiefrage, BGHZ 29, 83 (85 f.). Die Amtl. Begr. schweigt zur Frage der Anwendung auf andere Absatzmittler.

139 MK-Säcker Einleitung Rn. 102 (mit zahlreichen Nachweisen); Klug S. 112 ff.; Engisch S. 146 ff. Für die prinzipielle Möglichkeit der Analogie vgl. ferner z. B. Kochs S. 96; Kunz S. 37 ff.; Klein S. 61 ff.; Ulmer, VH, S. 401; Evans-v. Krbek S. 79 Fn. 428.

140 Engisch S. 152.

141 BGHZ 26, 78 (83); 29, 83 (85 f.); 34, 282 (283 f.); BGH NJW 1965, 1477 (1479). Vgl. auch BAG AP Nr. 4 zu § 81 BetrVG: Entsprechende Anwendung dann, „wenn bei sinngemäßer Wertung der der Ausnahmeregelung zugrunde liegenden gesetzgeberischen Gedanken die Anwendung der Ausnahmeregelung erforderlich ist."

142 Kroitzsch BB 1977, 1631. Ihm angeschlossen hat sich Bachmann S. 25 f.

Vermeidung einer Ungleichbehandlung) abschließend sei. Sonst entstehe ein Doppelschutz des VH.[143]

Die Einbeziehung des Kartellrechts in die Überlegungen bedeutet einen interessanten Aspekt, dennoch kommen Zweifel an der Berechtigung von Begründung und Folgerungen auf.

Schon der Ansatzpunkt ist unklar. Kroitzsch unterscheidet zwischen echtem und unechtem VH, ohne Kriterien oder eine Rechtfertigung hierfür zu liefern.[144] Zwar ist es richtig, daß der VH wie andere dem GWB unterliegende Unternehmen — im Gegensatz zum HV — sämtliche mit dem Absatz zusammenhängende Risiken trägt, was letztlich auch zur Anwendung der GWB-Vorschriften führt. Seiner Prämisse, daß der VH sich vom Sortimentshändler in keiner Weise unterscheide, kann jedoch nicht zugestimmt werden. Dies verkennt die Bedeutung der Eingliederung, der einseitigen Ausrichtung auf den Vertragspartner und der Interessenwahrungspflicht.[145] Daß die GWB-Vorschriften hier keinerlei Unterscheidung vornehmen — es ist gleichgültig, ob wirtschaftlich gleich starke Unternehmen, voneinander abhängige Unternehmen (jedenfalls bei §§ 15, 18 GWB) oder sonstwie geartete Beziehungen zwischen den Unternehmen vorliegen —, deutet vorab nur auf kartellrechtliche Gleichbehandlung hin, sagt noch nicht, ob wegen der Unterschiede anderweitige Abweichungen gerechtfertigt sein könnten. Auch die letztlich Behauptungen darstellende Aussage, daß beim „echten“ VH sich Einschränkungen der Vertragsfreiheit nur aus den Schutzbestimmungen des GWB ergeben würden und daß auf mehr Schutz kein Anspruch bestehe, können unbewiesen nicht als Ausgangspunkt der Argumentation hingenommen werden.

Ausgehend von der Erkenntnis, daß eine Lücke zu verneinen ist, wenn „einschlägige“, d. h. abschließende Regelungen vorliegen, ist maßgebend, ob die Vorschriften, § 89 b HGB einerseits, §§ 15, 18, 26 Abs. 2 GWB andererseits, in der Zielrichtung vergleichbar sind.

Bedenken entstehen diesbezüglich bereits dadurch, daß bei § 89 b HGB einerseits, §§ 15, 18, 26 Abs. 2 GWB andererseits verschieden zu bewertende Handlungen zugrunde liegen, nämlich bei ersterem erlaubtes, „rechtmäßiges“ Verhalten, bei letzterem gegen die gesetzlichen Verbotsnormen verstoßendes, „rechtswidriges“ Verhalten, welches die jeweiligen Rechtsfolgen auslöst.[146]

---

143 Vgl. zu dieser Argumentation auch ausführlicher Teil II: II. 3. a).

144 Ebenroth S. 201.

145 Sandrock, FS Fischer, S. 668; Ebenroth S. 201 f.

146 Ebenroth S. 202 f.

Die Vergleichbarkeit läßt sich jedoch sicher auch wiederum nur nach dem Normzweck feststellen. Für § 89 b HGB ist dieser bereits bekannt,[147] für die Vorschriften des GWB ist er jeweils getrennt zu untersuchen.

§ 15 GWB, der Bindungen an Preise und Geschäftsbedingungen für Zweitverträge verbietet, ist auf VH grundsätzlich anwendbar, nicht dagegen auf HV.[148] Denn der Zweitvertrag i. S. d. § 15 GWB bedarf materieller Selbständigkeit, muß dem gebundenen Unternehmen das wirtschaftliche Risiko seiner Tätigkeit auferlegen. Daran mangelt es beim HV in aller Regel; der HV-Vertrag enthält „wesensnotwendig" Bindungen dieser Art, da der Zweitvertrag mit dem Geschäftsherrn abgeschlossen wird und § 15 GWB auch nicht dessen Weisungsrecht einschränken will (Unanwendbarkeit des § 15 GWB aufgrund sog. institutioneller Gegebenheit).[149] Nicht gilt dies hingegen für den VH, den das volle Risiko beim Vertragsschluß mit Dritten trifft.[150]

§ 15 GWB schützt jede Partei vor Beschränkungen der Inhaltsfreiheit beim Abschluß weiterer Verträge. Schutzobjekt ist somit zuvorderst die wettbewerbsrelevante Handlungsfreiheit des gebundenen Vertragsteils. Nach — allerdings umstrittener — Meinung wird darüber hinaus auch der Schutz Dritter und des Wettbewerbs als Institution bezweckt.[151]

Etwas anderes ist die Lage bei § 18 GWB. Nach richtiger Ansicht ist diese Bestimmung nicht nur auf VH, sondern auch auf HV anzuwenden.[152]

Eine noch immer verbreitete Auffassung spricht sich allerdings gegen die Anwendbarkeit des § 18 GWB auf alle Interessenwahrungsverhältnisse einschließlich der HV-Verträge aus.[153] Da es sich beim VH-Vertrag jedoch ebenfalls um ein Interessenwahrungsverhältnis handelt,[154] müßte diese Meinung konsequenterweise § 18 GWB auch auf VH nicht anwenden.

Folglich ist — richtigerweise — § 18 GWB auf HV und VH oder — was abzulehnen ist — auf keinen von beiden anwendbar. Schon aus

---

147 Vgl. Teil IV: II.

148 Möschel Rn. 380.

149 I/M-Emmerich § 15 Rn. 23 ff.; Möschel Rn. 380; Langen § 15 Rn. 40 ff. Vgl. hierzu auch Keßler WRP 1984, 124.

150 Möschel Rn. 380; I/M-Emmerich Rn. 33; Langen § 15 Rn. 44.

151 I/M-Emmerich § 15 Rn. 7, 9; Langen § 15 Rn. 7 f.

152 Möschel Rn. 420; I/M-Emmerich Rn. 50, 91. Langen § 18 Rn. 18, 67 ff. Allerdings sind die Kartellbehörden beispielsweise bisher in keinem einzigen Fall gegen die selektiven Vertriebssysteme der Kfz-Branche eingeschritten (vgl. I/M-Emmerich § 15 Rn. 4).

153 Nachweise bei I/M-Emmerich § 15 Rn. 48. Vgl. zu dieser Streitfrage auch die zahlreichen Nachweise bei Ebenroth / Obermann DB 1981, 829 (830 Fn. 13).

154 Vgl. Teil III: IV. 2.

diesem Grund kann — gleichgültig, welche Auffassung man bevorzugt — aus § 18 GWB nichts gegen eine Analogie geschlossen werden, da ja insoweit kein Unterschied zwischen HV und VH bezüglich der gesetzlichen (kartellrechtlichen) Regelung besteht.[155]

Im übrigen ist der Schutzzweck des § 18 GWB nach h. M. entsprechend der Trias von Eingriffsvoraussetzungen der Schutz des gebundenen Vertragsteils, der Schutz des ausgeschlossenen Dritten sowie der Wettbewerb als Institution.[156] Die Praxis sieht dagegen bisher immer als Zweck des § 18 GWB in erster Linie den Schutz des Wettbewerbs als Institution und hat den Individualschutz des gebundenen Vertragsteils in das Zivilrecht verwiesen.[157]

Gesetzeszweck des § 26 Abs. 2 GWB ist die Verhinderung oder jedenfalls Eingrenzung der von der Marktmacht der Normadressaten ausgehenden Wettbewerbsstörungen. Schutzobjekt sind zum einen der Wettbewerb auf diesen Märkten als Institution, zum anderen die dort als tatsächliche oder potentielle Wettbewerber tätigen einzelnen Unternehmen. Der Individualschutz hat neben dem Institutionsschutz eigenständige Bedeutung.[158] Allerdings ist der Individualschutz beschränkt durch den wettbewerbsbezogenen Normzweck und muß deshalb bei der Interessenabwägung mit dem Ziel des Schutzes des Wettbewerbs als Institution abgewogen werden. Bei dieser umfassenden Interessenabwägung ist in jedem Einzelfall zu prüfen, „ob die Einschränkung der wirtschaftlichen Bewegungsfreiheit der gleichartig gebundenen Unternehmen nicht mehr durch die legitimen Interessen des bindenden Unternehmens gedeckt ist, sondern darüber hinausgeht, wobei ausschlaggebend die auf Freiheit des Wettbewerbs auf allen Märkten gerichtete Zielsetzung des GWB zu berücksichtigen ist."[159] Für weitergehende außerwettbewerbliche Schutzzwecke, etwa wirtschafts-, struktur- oder sozialpolitischer Art, ist im Rahmen der Anwendung des § 26 Abs. 2 GWB daher kein Raum.[160]

Stellt man diese bei §§ 15, 18, 26 Abs. 2 GWB festgestellten Normzwecke dem des § 89 b HGB gegenüber, so zeigen sich ganz anders geartete Zielrichtungen. Auf der einen Seite steht die wettbewerbsorien-

---

155 Von einem Doppelschutz des HV durch § 18 GWB und § 89 b HGB ist — soweit ersichtlich — nirgends die Rede.

156 Langen § 18 Rn. 11; I/M-Emmerich § 18 Rn. 26.

157 WuW/E BGH 1515 (1516) „Rhenania-Pilsener"; OLG Düsseldorf WuW/E OLG 1801 (1803 f.) „Rhenania-Pilsener"; Tätigkeitsbericht 1965, 11; Tätigkeitsbericht 1967, 39. Vgl. auch I/M-Emmerich § 18 Rn. 28.

158 I/M-Markert § 26 Rn. 69.

159 I/M-Emmerich § 18 Rn. 181; I/M-Markert § 26 Rn. 196 ff.; Langen § 26 Rn. 162.

160 Ganz h. M. I/M-Markert 26 Rn. 94, 199, 213, 222; Langen § 26 Rn. 5. Vgl. auch Möschel Rn. 636.

tierte Zielsetzung, auf der anderen Seite ein aufgrund besonderer Beziehungen zweier selbständiger Unternehmer gewährter Vorteilsausgleichsanspruch mit Billigkeitsgesichtspunkten, eine Vergütung für erbrachte Leistungen. Der diese auslösende Übergang des Kundenstamms kann schon deshalb nicht in den kartellrechtlichen Schutz einbezogen werden, weil dies nicht mit der wettbewerbsorientierten Zielsetzung des GWB vereinbar ist.

Das GWB kann keine dem § 89 b HGB gleichgerichtete Vorschriften enthalten; dies gilt insbesondere auch für § 26 Abs. 2 GWB, dem gerade andere als wettbewerbsrechtliche Zwecke nicht zugrunde liegen. Es fehlt jede Vergleichbarkeit, die GWB-Vorschriften und der AA haben nichts miteinander zu tun.

Letztlich erliegt Kroitzsch offenbar dem Gedanken des Schutzes gegen Umstellungsverluste und der Verkennung der ratio des § 89 b HGB. Irrtümlich geht er davon aus, daß § 89 b HGB hiergegen eine Schutzvorschrift sei; er zieht nicht die erforderliche Trennung zwischen dem AA und einem „Schutz" gegen Investitionsverluste.[161] Seine Gedanken sind eher gegen die Gewährung eines Investitionsersatzanspruches[162] stichhaltig, bei der die Gegenargumentation mit § 26 Abs. 2 GWB vertretbarer, wenn auch nicht durchgreifend ist.[163]

Nach dem hier vertretenen Sinn und Zweck des § 89 b HGB ist es somit unvereinbar, im Kartellrecht eine ausreichende, äquivalente Regelung zu sehen. Das Kartellrecht ersetzt den AA nicht. Es schützt ganz andere Interessen. Von einem Doppelschutz kann keine Rede sein.[164]

Richtig ist bei Kroitzsch jedoch, daß seit den Änderungen des GWB — Verbot der Preisbindung für Markenwaren, Erweiterung des Adressatenkreises durch Einführung des § 26 Abs. 2 GWB — diese Vorschriften für VH wesentlich bedeutsamer geworden sind. Dies schließt aber nicht unbedingt die Anwendung anderer Vorschriften aus. Möglich erscheint es allerdings, daß die Anwendbarkeit der kartellrechtlichen Vorschrif-

---

[161] Vgl. Teil IV: II. 3. b) aa).

[162] Vgl. hierzu die folgenden Ausführungen zum Investitionsersatzanspruch Teil V: B. III. 3.

[163] Vgl. Teil V: B. III. 3. d).

[164] So im Ergebnis als erster Sandrock, FS Fischer, S. 668 ff.: Nicht zugestimmt werden kann jedoch seiner Begründung, wenn er in § 89 b HGB einen „Umstellungsschutz" sehen will, wohingegen § 26 Abs. 2 GWB sich gegen eine allgemeine Abhängigkeit richte. Diese Argumentation ist so mit der ratio legis des § 89 bHGB nicht vereinbar; er selbst sieht ja auch im AA eine Erstvermittlungssonderprämie. Auch die Argumentation Sandrocks spielt daher eher beim Investitionsersatzanspruch eine Rolle.

Ebenso zu Recht gegen die Thesen von Kroitzsch: Schmidt DB 1979, 2357; ders., Handelsrecht, § 27 III B, S. 572; Ebenroth S. 201 ff.; Bechtold NJW 1983, 1394 (1399).

ten solche Unterschiede schafft bzw. bereits aus den Unterschieden, die diese Vorschriften auf VH, nicht aber HV anwendbar machen, sich solche Unterschiede ergeben, daß eine Analogie wegen fehlender Ähnlichkeit ausgeschlossen ist. Diesen Gesichtspunkten wird man bei der Ähnlichkeitsprüfung deshalb besondere Beachtung schenken müssen.[165]

c) Positive Feststellung einer Gesetzeslücke

Das Vorliegen einer Gesetzeslücke ist damit freilich noch nicht positiv festgestellt.

Die Lückenfeststellung ist zwar logischerweise gegenüber der Lückenausfüllung vorrangig, gleichwohl können beide zusammenfallen. Denn die Feststellung erfordert eine Prüfung des Gesetzes am Maßstab seines Normzwecks und des Gebots der Gleichbehandlung ähnlicher Sachverhalte, so daß Feststellung und Ausfüllung auf den gleichen Erwägungen beruhen. Besteht im Gesetz für eine bestimmte Fallgruppe eine Regel, die für eine wertungsmäßig gleich zu erachtende Fallgruppe fehlt, so besteht eine Lücke. Zugleich rechtfertigt diese Feststellung deren entsprechende Ausfüllung. Das Verfahren der Analogie dient somit nicht nur zur Lückenausfüllung, sondern — zumindest in manchen Fällen — bereits zur Feststellung.[166]

So liegt es hier. Wenn die Ähnlichkeitsprüfung zwischen HV und VH in bezug auf die ratio des § 89 b HGB positiv ausfällt, so ergibt sich aus dem Gleichbehandlungsgebot erstens, daß eine gebotene Regelung fehlt, mithin eine Lücke besteht, zweitens, wie sie auszufüllen ist. Lückenfeststellung und Ausfüllung fallen also im vorliegenden Fall zusammen.

3. Weitere Vorfrage: Steht dem VH ein Investitionsersatzanspruch zu und steht dieser einer Analogie zu § 89 b HGB entgegen?

Bevor nun die analoge Anwendung des § 89 b HGB auf VH geprüft wird, ist der Blick noch auf ein anderes bei der Beendigung von VH-Verträgen auftretendes Phänomen zu richten: Der VH erleidet regelmäßig erhebliche Verluste durch die Entwertung der Investitionen, die er unter großem Aufwand auf Veranlassung des Herstellers getätigt hat.

a) Rechtfertigung und Ausgangspunkt der Erörterung

Diese Vermögensnachteile, die der VH erleidet, wurden in der Diskussion um den AA des VH immer wieder hervorgehoben, vorzugs-

[165] So wohl Bechtold NJW 1983, 1393 (1399). Zum Einfluß des Kartellrechts auf VH-Verträge siehe auch Joerges, FS Wassermann, S. 701 ff.

[166] Larenz, Methodenlehre, S. 385.

weise bei der Frage der Schutzbedürftigkeit des VH, die gerade auf die einseitige Kapitalbindung bzw. das hohe Risiko, investierte Mittel nicht in gleicher Weise für andere Zwecke verwenden zu können, gestützt wurde, teilweise auch durch Deutung des AA als Gewährung eines Umstellungsschutzes. Andere sehen gerade hierin — weniger dagegen im AA — das eigentliche Problem.[167]

In Schweden steht — wie dargestellt[168] — dem HV ein Investitionsersatzanspruch zu: Es wird Ersatz des durch fehlende Deckung für solche Investitionen in Bauten, Lagern, Maschinen, Transportmittel und dgl., die zur Durchführung des Vertrags nach Übereinkunft oder im Einvernehmen mit dem Unternehmer getätigt wurden, entstandenen Verlustes gewährt. Begründet wird dies damit, daß solche Investitionen in der Regel darauf gerichtet sind, auf längere Sicht den Absatz der Waren zu fördern. Deshalb soll der Hersteller, der den HV zu derartigen Investitionen anregt, bei Vertragsbeendigung in gewissem Umfang anteilsmäßig an den entstandenen Kosten beteiligt werden. Dieser Anspruch dürfte in Analogie auch dem VH zustehen.[169] In Frankreich hat die Rechtsprechung in bestimmten Fällen dem VH einen Anspruch auf Ersatz solcher Investitionen zugesprochen.[170]

Da sich die Frage des Ersatzes, wenn Investitionen sich noch nicht amortisiert haben und auch kein entsprechender, für andere Zwecke verwendbarer Gegenwert verbleibt, beim VH wesentlich schärfer stellt als beim HV — dieser pflegt i. d. R. weit weniger zu investieren[171] — und da ein solcher Anspruch eine Analogie zu § 89 b HGB ausschließen bzw. Einfluß hierauf haben könnte, ist zu klären, ob diesem ein Ersatzanspruch zusteht.

Erstaunlicherweise ist diese zwar von Ulmer aufgeworfene und auch bejahte Frage weder in der Praxis noch vom Schrifttum aufgegriffen worden. Die einzige Ausnahme bildet — soweit ersichtlich — Ebenroth.[172] Die Diskussion um den AA verdrängte die Frage bisher fast ganz.[173, 174]

---

167 Vgl. Darstellung des Meinungsstandes in der Literatur Teil II: II.

168 Vgl. Teil V: A. 7.

169 Vgl. Teil V: A. 7.

170 Vgl. Teil V: A. 3.

171 Allerdings gibt es heute auch zahlreiche HV, die erhebliches Kapital einsetzen, vgl. BGHZ 68, 340 (346).

172 Ebenroth S. 181 ff.

173 Eine gewisse Ausnahme bildet auch die Rechtsprechung zur Rücknahme des Warenlagers, BGHZ 54, 338, vgl. Teil V: B. III 3. c).

174 Berücksichtigung finden diese Investitionen in letzter Zeit allerdings z. T. im Rahmen des § 26 Abs. 2 GWB, vgl. dazu Teil V: B. III 3. d).

b) Versuch einer Lösung im Wege ergänzender Vertragsauslegung — Vertragslücke, Anforderungen

Ausdrücklich ist ein Investitionsersatzanspruch im deutschen Recht weder für den VH noch für den HV geregelt. Es besteht auch, obwohl es sich beim VH-Vertrag um einen Dienstvertrag mit Geschäftsbesorgungscharakter handelt, kein Aufwendungsersatzanspruch nach §§ 675, 670 BGB. Diese Vorschriften können aufgrund der regelmäßig anzutreffenden abweichenden Vereinbarung im VH-Vertrag, wonach die Investitionen für die Erfüllung der Geschäftsbesorgertätigkeit vom VH selbst zu finanzieren und aus der Handelsspanne beim Weitervertrieb zu decken sind, keine Anwendung finden. Die Tätigkeit auf eigene Rechnung, die Freistellung des Herstellers von den finanziellen Belastungen des Vertriebs sind gerade der Sinn des Vertriebs über VH; sie sprechen gegen einen derartigen Aufwendungsersatz.[175]

Dieselben Gründe schließen auch eine analoge Anwendung des § 87 d HGB aus,[176] der zudem auch dem HV regelmäßig keinen Investitionsersatz gewährt.

Nach den oben festgestellten Grundsätzen[177] ist somit wegen fehlender Regelung im dispositiven Recht[178] nicht im Wege der Analogie, sondern durch ergänzende Vertragsauslegung eine Antwort auf die Frage, ob dem VH ein Anspruch zusteht, wenn er langfristig in Übereinstimmung mit dem Hersteller investiert, dieser aber vor Amortisation kündigt, zu suchen.

Voraussetzung für eine ergänzende Vertragsauslegung ist immer, daß die Frage nicht geregelt ist, eine Vertragslücke besteht. Eine Lücke liegt vor, „wenn die Vertragsparteien über ein bestimmtes Lebensverhältnis eine abschließende Vereinbarung getroffen, aber dabei bestimmte Fragen nicht geregelt haben, sei es, daß sie diese bewußt in der Erwartung offenließen, daß sie darüber schon noch einig würden, sei es, daß sie an einen bestimmten Fall nicht gedacht haben".[179]

---

175 Vgl. auch schon oben Teil III: IV. 2. Fn. 58; Ulmer, VH, S. 269, 416, 458; Evans-v. Krbek S. 113.

176 Evans-v. Krbek S. 114 f.; Nipperdey, FS Hedemann, S. 226; Ulmer, VH, S. 416 Fn. 36 und S. 458 f.; Stumpf, VH-Vertrag, Rn. 87, 78. A. A. Ackermann WiuR 1929, Sp. 36 f.; Renz S. 70. Interessant wäre eine solche sowieso allenfalls für den Gegenschluß, da ein Handelsbrauch für Aufwendungsersatz bei VH nicht besteht (vgl. Ulmer, VH, S. 416 Fn. 36). Dieser ist aber nur bedingt zulässig (vgl. Baumbach / Duden / Hopt § 87 d Anm. 2).

177 Vgl. Teil V: B. II.

178 Der Gesetzgeber hat jedenfalls noch nicht auf den in BGHZ 68, 340 (346) angesprochenen teilweisen Wandel mit einer gesetzlichen Regelung entsprechend schwedischem Vorbild reagiert.

179 BGH LM Nr. 1 zu § 157 (D); h. M., vgl. auch Mayer-Maly, FS Flume, S. 624 f.

In den rechtsüblich anzutreffenden Verträgen wird weder ein Investitionsersatzanspruch zugesprochen noch expressis verbis verneint. Es gibt vier Varianten:

(a) Der Vertrag enthält überhaupt keine die Folgen der Vertragsbeendigung betreffenden Regelungen.

(b) Es ist die Rücknahme des Warenlagers durch den Hersteller vorgesehen, wobei meist nur ein Recht, nicht aber eine Pflicht hierzu vorgesehen ist.

(c) Ein möglicher AA des VH ist ausgeschlossen.

(d) Soweit sich aus dem Vertrag nichts positiv ergibt, sind sämtliche denkbaren Ansprüche bei Vertragsende pauschal ausgeschlossen.

Im Fall (a) liegt mangels Regelung des sich eigentlich aufdrängenden Problems eine Vertragslücke vor, ebenfalls im Fall (b), da hier allenfalls für einen Teil der auf Veranlassung des Herstellers vorgenommenen Investitionen, nämlich die Lagerhaltung, eine Vereinbarung getroffen ist und daraus sich auch nicht zwingend der Gegenschluß auf Verneinung sonstiger Ansprüche ziehen läßt. Dasselbe gilt für Fallgruppe (c): Mangels Anhaltspunkten kann aus dem Ausschluß des AA nicht auf andere Ansprüche geschlossen werden. Auch trifft der Ausschluß des AA — wie noch darzulegen sein wird[180] — nicht den Verlust von Investitionen der beschriebenen Art. Der AA hat eine andere Zielrichtung, ist geprägt vom Gedanken des Vorteilsausgleichs für das zerschnittene Nutzungsverhältnis am Kundenstamm und Billigkeitsgesichtspunkte.[181] Lediglich im Fall (d) besteht eine umfassende Negativregelung, die — sofern wirksam[182] — die Bejahung einer Vertragslücke verbietet. Die lückenhaften Verträge (Fälle (a) - (c)) sind somit ergänzend auszulegen.

Dies geschieht dadurch, daß anhand aller sich aus dem Vertrag ergebenden oder bei dessen Abschluß auftretenden Umstände ermittelt wird, wie die Parteien den offen gebliebenen Punkt, sofern sie ihn bedacht hätten, bei redlichem Verhalten, einer angemessenen Abwägung ihrer Interessen, geregelt hätten.[183] Da es sich um die Ergänzung von Formularverträgen handelt, sind Richtschnur nicht die Individualinteressen der konkreten Parteien, sondern Wille und Interesse der typischerweise an derartigen Geschäften beteiligten Verkehrskreise.[184] Aus-

---

[180] Vgl. Teil V: B. III. 3. e).

[181] Vgl. Teil IV: II. 4.

[182] Vgl. dazu Teil V: B. III. 3. f).

[183] Ständige Rspr., vgl. nur BGHZ 9, 273 (277 ff.); 16, 71 (76); 19, 110 (112 f.); zuletzt BGH NJW 1981, 219 (220); BGHZ 84, 1 (7).

[184] Zum erforderlichen objektiven Maßstab schon Teil V: B. II.; Ulmer in Ulmer / Brandner / Hensen § 6 Rn. 34.

gangspunkt sind der von beiden Seiten anerkannte Vertragszweck, die Interessenlage der Parteien gewertet unter dem Blickwinkel von Treu und Glauben (§ 157 BGB). Nur durch ihn wird erkennbar, was die Parteien redlicherweise bestimmt hätten. Er zwingt die redlich denkende Partei, die Konsequenzen auf sich zu nehmen, die sich aus dem von ihr gebilligten oder anerkannten Vertragszweck ergeben.[185]

Nicht erliegen darf man der naheliegenden Gefahr, sich einseitig an den — meist vorherrschenden — Interessen des Verwenders zu orientieren. Die Wahrung der Interessen des schwächeren Teils, ein gerechter Interessenausgleich ist zu beachten.[186] Hier sind nun aber auch Grenzen zu ziehen. Weder darf ein Widerspruch zum tatsächlichen Parteiwillen entstehen noch eine unzulässige Erweiterung des Vertragsgegenstandes, eine Ersetzung der Wertungsmaßstäbe der Parteien, erfolgen.[187] Stets hat man sich an den aus dem Vertrag oder seinem Abschluß zu entnehmenden Anhaltspunkten, seinen Wertungen, zu orientieren.

c) Präjudiz, Vertragszweck, Interessenanalyse, Folgerungen

Ein Präjudiz ist in BGHZ 54, 338[188] enthalten: In diesem Urteil hat der BGH die Verpflichtung des Herstellers ausgesprochen, bei Beendigung des VH-Vertrages ein vom VH auf sein Verlangen unterhaltenes Depot oder Ausstellungslager zurückzunehmen bzw. den VH in angemessener Weise bei der Verwertung zu unterstützen, sofern die Abnahme bzw. Lagerung durch den VH im Interesse ordnungsgemäßer Vertragserfüllung erfolgte. Der BGH gewinnt dieses Ergebnis durch Auslegung der im VH-Vertrag getroffenen Abreden, aus einer Würdigung von dessen Gesamtinhalt. Zum einen folgert er die Rücksichtnahmepflicht aus der Depotabrede, die — auf Ziele der Kundenwerbung und Marktbeurteilung gerichtet — bei Vertragsende Sinn und Zweck verliere. Zum anderen stellt er ab auf den VH-Vertrag als Dauervertrag, die hieraus sich ergebende Pflicht zur Rücksichtnahme, welche über das Vertragsende hinausreiche, und die Interessenlage der Parteien eines VH-Verhältnisses.

Die konsequente Weiterentwicklung dieser Gedanken führt auch zu einer Lösung des Problems der langfristig ausgelegten Investitionen.

---

185 Larenz NJW 1963, 737 (739); BGH NJW 1984, 1177 (1179).

186 Ulmer in Ulmer / Brandner / Hensen § 6 Rn. 34; Sandrock, Vertragsauslegung, S. 95; Lüderitz AcP 171 (1971), 160 (165); Larenz, Methodenlehre, S. 287 f.; BGHZ 62, 83 (89).

187 Vgl. nur BGHZ 9, 273.

188 Vgl. auch Anmerkungen zu diesem Urteil von Ulmer JZ 1971, 264 und Finger NJW 1971, 555; siehe aber auch OLG Frankfurt BB 1982, 209, das eine Pflicht des Herstellers zum Rückkauf solcher Spezialwerkzeuge, die der VH zum Betrieb seiner Vertragswerkstatt anschaffen mußte, ablehnt.

Vorab ist die Erörterung auf die Fälle ordentlicher (fristgemäßer) Kündigung bzw. Nichtverlängerung befristeter Verträge zu beschränken. Kann der HV wegen eines Verschuldens des Herstellers fristlos kündigen, so steht ihm allgemein ein Schadensersatzanspruch zu.[189] Hat er dagegen selbst einen Grund zur fristlosen Kündigung gesetzt, so kann er vom Hersteller nichts verlangen.[190]

Der VH-Vertrag gehört zur Kategorie der Dauerschuldverhältnisse, welche wegen ihrer Dauerbeziehung eine gesteigerte Pflicht zur gegenseitigen Rücksichtnahme der Parteien beinhalten. Noch weitergehend als bei vielen „normalen" Dauerschuldverhältnissen liegt jedoch eine besonders intensive Interessenverknüpfung vor. Dies zeigen die mannigfachen gegenseitigen, insbesondere aber dem Hersteller gegebenen Einflußmöglichkeiten auf das Verhalten des Vertragspartners, die ausführlich dargestellt wurden.[191] Die Vertragsgestaltung ergibt eine besonders enge Verzahnung der Parteien. Es handelt sich um ein Geschäftsbesorgungsverhältnis, das dem VH die Pflicht zur Wahrnehmung der Interessen des Herstellers auferlegt. Er hat seine eigenen den Unternehmerinteressen weitgehend unterzuordnen. Diese gestrenge Ausrichtung der Fremdinteressen durch den VH muß zwangsläufig jedoch eine Steigerung der Rücksichtnahmepflicht des Herstellers zur Folge haben. Eine solch enge Verbindung erfordert Beachtung der beiderseitigen Belange, basiert auf gegenseitigem Vertrauen. Die mit erheblichem finanziellen Einsatz verbundenen Investitionen des VH, die Ausgestaltung der Bauten, der Lager, der Ausstellungs- und Verkaufsräume, die Spezialwerkzeuge, die Ausbildung des Personals und dgl. sind im besonderen nach der ganzen Vertragsgestaltung langfristig angelegt, darüber hinaus ausschließlich auf das Herstellerunternehmen ausgerichtet und regelmäßig mit diesem abgestimmt. Sie dienen der Erreichung des gemeinsamen Vertragszwecks, der Erfüllung der Absatzförderungspflicht des VH. Dem VH ist es angesichts des Vertragszwecks verwehrt, jeweils nur für die relativ kurzen Kündigungsfristen entsprechenden Zeitabschnitte zu investieren. Er ist sich hierbei bewußt, daß er keinen Aufwendungsersatz dafür erhält, grundsätzlich die Vertriebskosten selbst finanzieren muß. Dafür baut er aber auf die Gewährung der Gewinnchance, die im Verkauf der Herstellerprodukte liegt. Dem Hersteller obliegt zum Ausgleich die Interessenwahrungspflicht, dem jeweiligen VH eine angemessene Rendite als Ertragsquelle zu sichern. Durch die hohen Investitionen, die gestützt sind auf den eigenartigen VH-typischen Zusammenhang zwischen Geschäftsbesorgertätigkeit und Einsatz eigener Mittel, wird daher ein besonderes, noch über das durch die schon ohnehin enge

189 BGHZ 54, 338 (342); Ulmer JZ 1971, 264.
190 BGHZ 54, 338 (346 f.); Ulmer JZ 1971, 264.
191 Vgl. Teil III: I.

Verzahnung bestehende Rücksicht erfordernde Verhältnis hinausreichende Vertrauensverhältnis, eine starke Treuepflicht begründet.

Denn es ist offensichtlich: Der VH geht ein hohes Risiko ein, da die Investitionen bei Vertragsende meist wertlos bzw. erheblich entwertet werden. Durch die einseitige Ausrichtung ist eine Veräußerung meist ebenso ausgeschlossen wie eine eigene Weiterverwertung, weil der Vertrieb ähnlicher Produkte nach der Marktlage i. d. R. nicht übernommen werden kann.

Diese im Gesamtinhalt des VH-Vertrages ihren Ausdruck findende und damit von den Vertragsparteien anerkannte besondere Treuepflicht wird häufig durch Formulierungen in den Präambeln der Verträge, in denen unter Betonung des gemeinsam verfolgten Ziels von vertrauensvoller Zusammenarbeit, gegenseitigem Vertrauen, Rücksichtnahme auf die beiderseitigen Belange und dgl. die Rede ist, unterstrichen.[192]

Völlig zu Recht hat der BGH im angesprochenen Präjudiz betont, daß solche Vertragspflichten auch für das Vertragsende und darüber hinaus Bedeutung behalten.[193] Es fragt sich deshalb, welche Folgerungen aus dieser besonderen Treuepflicht zu ziehen sind. Macht sie im Falle nicht amortisierter Investitionen die Kündigung der Herstellers unwirksam? Läßt sie die Kündigung unberührt, führt dafür aber zu Ersatzansprüchen? Oder hat sie keine Auswirkungen und beläßt das Risiko beim VH?

Zunächst ist festzustellen: Kündigt der Hersteller, obwohl die auf seine Veranlassung bzw. unter seiner Mitwirkung vorgenommenen Investitionen noch nicht amortisiert sind, so bricht er das vom VH ihm entgegengebrachte Vertrauen und erfüllt dessen nach dem Vertrag berechtigte Erwartungen nicht. Eine solche Kündigung verletzt, wenn in keiner Weise auf die Belange des VH Rücksicht genommen wird, die ihm obliegende Treuepflicht.

Bezüglich der Folgen[194] dieser Pflichtverletzung bietet sich ein Vergleich zu § 242 BGB an. Dort ist eine Differenzierung zwischen Begründung und Begrenzung von Ansprüchen anerkannt, nämlich daß in erster Linie eine Vertragsanpassung, nur bei besonders schwerwiegen-

---

192 Zur besonderen Treuepflicht im VH-Vertrag und des Herstellers im besonderen vgl. BGHZ 54, 338 (345 f.); BGH JR 1972, 332 f.; OLG Zweibrücken BB 1983, 1301 (1302); OLG Frankfurt BB 1983, 1435 f.; Ulmer, VH, S. 409 ff., 422 ff., 431 ff., 459 ff.; ders., FS Möhring, S. 298 f., 317; ders. JZ 1971, 264 ff.; ders. in Ulmer / Brandner / Hensen Anh. §§ 9 - 11 Rn. 881; Abraham S. 21 f.; Schneider JR 1972, 333 f.; v. Westphalen NJW 1982, 2465 (2469 ff.); Bunte ZIP 1982, 1166 (1168 f.).

193 BGHZ 55, 338 (345). Ebenso Ulmer, VH, S. 463.

194 Zu den Rechtsfolgen vgl. Ulmer, VH, S. 464 ff. und ders., FS Möhring, S. 295 ff.

den Eingriffen — wegen ihrer höheren Eingriffsintensität — eine Anspruchsbegründung angezeigt ist.[195] Diese Differenzierung kann auf die aus dem Vertrag abgeleitete Treuepflicht übertragen werden. Dies legt vordergründig eine Unwirksamkeit der Kündigung näher als einen Ersatzanspruch.

Hier ist aber eine Besonderheit von Dauerschuldverhältnissen zu beachten: Durch ihren Bestand werden ständig neue Einzelverpflichtungen begründet. Eine unwirksame Kündigung bewirkt die Fortsetzung des Vertrages, somit die Begründung zahlreicher weiterer Ansprüche. Ein Ersatzanspruch stellt hingegen nur eine einmalige Belastung dar. Deshalb sind hier an die Unwirksamkeit der Kündigung die höheren Anforderungen zu stellen, ein einmaliger Ersatzanspruch unter Beendigung des Vertrages bedeutet einen geringeren Eingriff in den Vertrag.[196]

Zudem stellt die Versagung der Wirksamkeit der Kündigung einen Eingriff in die Beendigungsfreiheit dar. Als Ausfluß der Privatautonomie steht den Parteien von Dauerschuldverhältnissen grundsätzlich das Recht zur ordentlichen Kündigung offen, da die Privatautonomie sonst alsbald leerliefe.[197]

Es ist zu beachten, daß der Treuepflichtverstoß nicht die Kündigung als solche, sondern nur die Nichtbeachtung der Folgen der Kündigung betrifft.[198] Die Verletzung der Treuepflicht liegt nicht in der Vertragsbeendigung, sondern in der Nichtberücksichtigung der dadurch eintretenden Entwertung der Investitionen. Diese Interessen des VH können aber durch einen Ersatzanspruch gewahrt werden, bei dem der Hersteller gleichzeitig die Freiheit zur Beendigung behält. Damit bleibt auch die konsequente Linie zur BGH-Entscheidung bezüglich der Rücknahmepflicht gewahrt: Die gegenseitige Interessenlage ergibt, daß eine Kündigung möglich sein muß — hierfür kann es berechtigte Gründe geben —, aber der Hersteller andererseits auf die für den VH entstehenden Nachteile Rücksicht zu nehmen, sie so gering wie möglich zu halten hat. Dem entspricht ein Ersatzanspruch als die für den Hersteller am wenigsten einschneidende Rechtsfolge.

Daß dieser Ansatz der richtige Weg ist, verdeutlichen darüber hinaus die gesetzlich geregelten Fälle mißbräuchlicher Kündigung, die Vor-

---

195 Ulmer, FS Möhring, S. 301 ff. mit zahlreichen Nachweisen.

196 Ulmer, FS Möhring, S. 301 ff.

197 Ulmer, FS Möhring, S. 303 ff. Zu beachten ist jedoch § 26 Abs. 2 GWB.

198 Eine Ausnahme bilden Fälle wie die Kündigung in schädigender Absicht oder sonstige Fälle schweren Rechtsmißbrauchs. Hier wird man die Unwirksamkeit der Kündigung annehmen müssen, da sich der Mißbrauchsvorwurf gegen die einseitige Vertragsbeendigung als solche richtet. Ulmer, FS Möhring, S. 308 ff.; ders., VH, S. 459 f.

schriften über die Kündigung zur Unzeit.[199] Das Gesetz sieht nicht etwa die Unwirksamkeit der Kündigung vor, sondern Schadensersatzansprüche, die die nicht erfolgte Rücksichtnahme auf die Interessen der anderen Partei ausgleichen sollen. Dieser Gedanke trifft das hier erörterte Problem, handelt es sich doch im Grunde ebenfalls um eine Kündigung zur Unzeit.

Hiergegen greifen die Bedenken von Ebenroth gegen einen Ersatzanspruch nicht. Er will aus § 242 BGB — unter Ablehnung eines Schadensersatzanspruches — eine zwar nicht dauernde, aber für die Zeit bis zur Amortisation der Investitionen befristete Kündigungsschranke ableiten.[200] Dies ergebe die Abwägung der jeweiligen Interessen, der Grundsatz des geringstmöglichen Eingriffs sowie der Ausnahmecharakter einer Rechtsbegründung nach § 242 BGB.[201]

Diese Auffassung ist durch obige Argumente bereits hinreichend widerlegt. Nur die Lösung über einen Ersatzanspruch wird wegen der besonderen Sachlage Ebenroths Forderung nach dem geringstmöglichen Eingriff gerecht. Im übrigen führt gerade dieser Weg konsequent im praktischen Ergebnis zu einem „Wahlrecht“ des Herstellers, so daß er selbst entscheiden kann, welcher Eingriff für ihn geringer ist. Es steht ihm frei, ob er kündigt, was den Ersatzanspruch nach sich zieht, oder ob er nicht kündigt und die Kündigung für die Zeit nach dem Ablauf der Amortisationszeit anmeldet.[202] Dann belastet ihn kein Ersatzanspruch, denn weitere, neue Investitionen begründen keinen Vertrauenstatbestand mehr. Durch ein solches „Wahlrecht“ des Herstellers werden die Interessen des VH nicht beeinträchtigt. Wird ihm gekündigt, hat er den Ersatzanspruch, wenn nicht, ist er mangels Treuepflichtverletzung nicht benachteiligt. Darauf, daß keine Kündigung nach Amortisation erfolgt, hat er keinen Anspruch.[203] Hat der Hersteller allerdings gekündigt, ist die Entscheidung gefallen, er hat sein „Wahlrecht“ ausgeübt.

Aus dem von den Vertragsparteien typischerweise zugrunde gelegten Vertragszweck, zuförderst der besonderen Vertrauensbeziehung, ist deshalb der angedeutete Ersatzanspruch herzuleiten. Bei redlichem Verhalten hätten die Parteien einen solchen Anspruch begründet. Nach dem Interesse des Verwenders des Formularvertrags, des Herstellers,

---

199 §§ 627 Abs. 2 S. 2, 671 Abs. 2 S. 2, 723 Abs. 2 S. 2 BGB; vgl. Ulmer, FS Möhring, S. 307.

200 Ebenroth S. 185 ff.; trotzdem will er dann dem Hersteller ein Wahlrecht zur Beseitigung der Treuwidrigkeit gewähren, vgl. Ebenroth S. 192. Für eine Beschränkung im Einzelfall auch Ehinger S. 91 ff.

201 Ebenroth S. 185 ff.

202 Diese zweite Alternative bedeutet also eine „freiwillig“ beachtete Kündigungsschranke.

203 Soweit § 26 Abs. 2 GWB nicht dagegen steht.

ist zwar davon auszugehen, daß er sich bei einer Regelung nicht darauf eingelassen hätte. Durch Anerkennung des Vertragszwecks ist er aber nach Treu und Glauben verpflichtet, diese Konsequenzen zu tragen, der billige Interessenausgleich fordert dies. Nur so wird den Wertungen, die die Parteien in dem VH-Vertrag begründet haben, Rechnung getragen. Die Grenzen ergänzender Vertragsauslegung sind damit nicht überschritten.

Durch einen solchen Investitionsersatzanspruch kann der VH freilich nur den ihm durch die Entwertung der Investitionen entstehenden Verlust ersetzt bekommen.[204] Die von Ebenroth erhobenen Einwendungen gegen diese Begrenzung schlagen nicht durch. Er meint, auch die Gewinnerwartungen bis zur Amortisation müßten als Vertrauensschaden ersetzt werden. Denn die Fremdbestimmung der Investitionen hätte auch die Gewinnerwartung veranlaßt. Die Zerstörung dieses Vertrauens bewirke die zeitlich nach der Investition begangene Treuwidrigkeit, die zu beseitigen sei.[205]

Dies verkennt, daß bei dieser Lösung tatsächlich ein über die Treuwidrigkeit hinausgehender Vorteil entstünde. Nicht der Zeitpunkt der Treuwidrigkeit, sondern der ihr maßgeblich zugrunde liegende Bezugspunkt ist ausschlaggebend. Der Vertrauensbruch bezieht sich gerade nur auf die Investitionen. Denn der VH investiert, weil er vertraut, daß vor Amortisation nicht gekündigt wird, d. h. er vertraut nur darauf, die Investitionen nicht zu verlieren, nutzlos aufgewandt zu haben. Ohne Begründung dieses Vertrauens hätte er nicht investiert, also auch keine weitere Verdienstmöglichkeit gehabt. Er hätte sich diese auf andere Weise suchen müssen. Darauf, daß der Vertrag fortdauert und er in Zukunft Gewinne erhält, hatte er keinen Anspruch. Zu Gewinnen, im Gegensatz zu Investitionen, hat ihn der Unternehmer nicht „veranlaßt". Der Nachteil ausbleibender Gewinnchancen gehört zum allgemeinen Unternehmerrisiko, das er zu tragen hat. Die Treuepflichtverletzung bezieht sich allein auf die mangelnde Rücksichtnahme auf die gemachten Investitionen. Es darf daher nicht über die Wertminderung der Investitionen hinaus die entgangene Verdienstmöglichkeit ersetzt werden. Vor allem würde andernfalls der VH Gewinn ohne eigene Investitionen erhalten, während er bei Vertragsfortdauer diesen nur als Gegenleistung für seine Investitionen erzielt.

Allein die Begrenzung des Ersatzanspruches auf die Entwertung der Investitionen wird somit der Interessenlage gerecht. Dies bedeutet auch, daß auf eine „übliche" Amortisationszeit abzustellen ist, d. h.

---

[204] So zu Recht Ulmer, VH, S. 466 f. und ders., FS Möhring, S. 310 f. Ulmer bezeichnet ihn treffend als Entwertungsschaden. (Vgl. Ulmer, VH, S. 466).

[205] Ebenroth S. 186 f.

wenn bis zur Kündigung die „übliche“ Zeit zur Amortisation abgelaufen ist, diese aber aus anderen Gründen nicht eingetreten ist, ist dies zur Risikosphäre des VH zu rechnen. Dasselbe gilt für Investitionen, die der VH ohne Veranlassung oder Zustimmung des Herstellers über den vom Vertrag geforderten Umfang hinaus zur (vermeintlichen oder tatsächlichen) Vergrößerung seiner Gewinnchancen getätigt hat.[206]

Da der Anspruch in der Treuepflicht begründet ist und auf einer Interessenabwägung der beteiligten Parteien beruht, kann der Anspruch zudem von den Kündigungsgründen beeinflußt werden. Bestehen für den Hersteller gewichtige, die Kündigung trotz der dem VH entstehenden Nachteile rechtfertigende Gründe, resultiert daraus umgekehrt für den VH eine gewisse Rücksichtnahmepflicht, so daß u. U. die Nachteile des VH aus der Kündigung anteilig zu tragen sind oder ausnahmsweise ein Anspruch des VH ganz entfällt. Hier kommt es auf den Einzelfall an.[207]

Ein Anspruch entfällt auch, wenn es dem Hersteller gelingt, den VH in ihm zumutbarer Weise auf andere Art von den Nachteilen zu befreien, sei es etwa durch Vermittlung einer angemessenen Verkaufsmöglichkeit oder durch eigene Übernahme der Investitionen zu einem gerechten Preis. Auch hierdurch kann der Hersteller seiner Treuepflicht genügen. Was zumutbar ist, muß eine Interessenabwägung im Einzelfall ergeben.

Damit ist im Anschluß an Ulmer[208] und in konsequenter Weiterentwicklung von BGHZ 54, 338 im Wege ergänzender Vertragsauslegung ein Investitionsersatzanspruch des VH in den angesprochenen Grenzen zu bejahen.

d) Das Verhältnis zu § 26 Abs. 2 GWB

Einem solchen Anspruch könnte jedoch regelmäßig § 26 Abs. 2 GWB entgegenstehen. Sofern diese Bestimmung eine Kündigungsschranke dahin bildet, daß die Kündigung eines VH ganz oder jedenfalls bei nicht amortisierten, auf Veranlassung des Herstellers vorgenommenen Investitionen ausgeschlossen ist, ist für einen Investitionsersatzanspruch kein Raum; es würde in diesem Fall am Auslösungsfaktor, der wirksamen Kündigung, fehlen.

Akut ist dieses Problem erst seit der durch Einführung des § 26 Abs. 2 Satz 2 GWB erfolgten Erweiterung des Normadressatenkreises auf Un-

---

206 Entsprechend dem Ausschluß der Rücknahmepflicht bei fehldisponierter Ware, BGHZ 54, 338 (346). Vgl. zum Umfang des Anspruchs auch Ulmer, VH, S. 466 f. und ders. JZ 1971, 264 (265 f.).

207 Vgl. hierzu auch Ulmer, VH, S. 467 f.

208 Ulmer, VH, S. 459 ff. und ders. JZ 1971, 264 (265 f.).

ternehmer mit relativer Marktmacht (2. GWB-Novelle 1973).[209] Neu geschützt werden abhängige Unternehmen, d. h. solche, denen ausreichende und zumutbare Ausweichmöglichkeiten auf andere Unternehmen fehlen. Einschlägig ist hier der Fall der unternehmensbedingten Abhängigkeit.[210] Sie besteht, wenn sich ein Unternehmen aufgrund längerer vertraglicher Beziehungen so auf ein anderes Unternehmen festgelegt hat, daß eine Umstellung mit erheblichen Risiken verbunden ist.[211] Dies ist bei VH regelmäßig aufgrund ihrer einseitigen Bindung der Fall.[212]

Teilweise wird allerdings eine unternehmensbedingte Abhängigkeit dann verneint, wenn sich das Unternehmen selbst und freiwillig in die Abhängigkeitslage begeben hat; dann sei ein Ausweichen zumutbar (sog. selbstverschuldete Abhängigkeit).[213] Dies kann aber jedenfalls in den Fällen, in denen die einseitige Ausrichtung ganz üblich ist oder vom Vertragspartner zur Voraussetzung des Vertragsabschlusses gemacht wird, mangels anderer Wahl nicht gelten.[214] Gerade letzterer Fall ist beim VH gegeben.

Die Notwendigkeit zu einer einschränkenden Auslegung an dieser Stelle ergibt sich aus dem Normzweck des § 26 Abs. 2 GWB nicht.[215] Dieser besteht in der Verhinderung bzw. Eingrenzung der von der Marktmacht des Normadressaten ausgehenden Wettbewerbsstörungen. Der Wettbewerb auf diesen Märkten als Institution sowie die dort als tatsächliche oder potentielle Wettbewerber tätigen einzelnen Unternehmen sind Schutzobjekt. Der Individualschutz hat neben dem Institutionsschutz eigenständige Bedeutung; er ist jedoch beschränkt durch den wettbewerbsbezogenen Normzweck.[216] Für weitergehende außerwettbe-

---

[209] Zweites Gesetz zur Änderung des GWB vom 3. 8. 1973, BGBl. I S. 917. Eine Veränderung der Schutzzwecke erfolgte hierdurch nicht; allgemeine Meinung, vgl. nur Möschel Rn. 628.

[210] Es werden unterschieden: Sortiments-, unternehmens-, mangel- und nachfragebedingte Abhängigkeit; vgl. Möschel Rn. 632 ff.

[211] Loewenheim in Westrick / Loewenheim § 26 Rn. 77; I/M-Markert § 26 Rn. 124; Möschel Rn. 636; Emmerich S. 204 jeweils m. w. N.

[212] Vgl. nur Möschel Rn. 636; I/M-Markert § 26 Rn. 125.

[213] Fischötter WuW 1974, 379 (384 f.); Möhring DB 1974, 223 (226); Hefermehl GRUR 1975, 275 (279); Möschel Rn. 631, 636; Langen § 26 Rn. 97, 112; Loewenheim in Westrick / Loewenheim § 26 Rn. 64; Benisch in GK § 26 Abs. 2 und 3 Rn. 34; OLG Düsseldorf WuW/E OLG 2428 „Glas-Grillgeräte". A. A. Ebenroth S. 102 ff.; Ebenroth / Obermann DB 1981, 829 (832); Martens S. 73 ff.; I/M-Markert § 26 Rn. 26 mit zahlreichen Nachweisen: Die Voraussehbarkeit bzw. Mitverursachung ändere bei Fehlen von Ausweichmöglichkeiten nichts an der Abhängigkeit.

[214] Loewenheim in Westrick / Loewenheim § 26 Rn. 64; Langen § 26 Rn. 97; Markert § 26 Rn. 7; Hefermehl GRUR 1979, 275 (279). Für die anderen Fälle kann die Streitfrage hier dahingestellt bleiben.

[215] I/M-Markert § 26 Rn. 95.

[216] I/M-Markert § 26 Rn. 69; Müller / Gießler / Scholz § 26 Rn. 29; Loewenheim in Westrick / Loewenheim § 26 Rn. 35.

werbliche Schutzzwecke, z. B. wirtschaftsstruktur- oder sozialpolitischer Art, ist kein Raum.[217]

Es ist daher allgemeine Meinung, daß bei Auslegung des § 26 Abs. 2 GWB in den Fällen unternehmensbedingter Abhängigkeit die naheliegende Gefahr zu vermeiden ist, einmal bestehende Lieferbeziehungen auf Dauer aufrechtzuerhalten; eine solche Festschreibung würde zu einer Erstarrung der Marktstrukturen führen, dem Ziel der Offenhaltung der Märkte zuwiderlaufen und dem Wesen des Wettbewerbs als dynamischem Prozeß mit dauernden Veränderungen widersprechen. Für möglich wird daher insoweit nur die Gewährung von Übergangsfristen, in denen die Abhängigkeit abgebaut werden kann, angesehen[218], ohne daß im übrigen bisher auf diese spezielle Frage näher eingegangen wurde.

Diesem Normzweck und damit einem zu weiten Behinderungs- und Diskriminierungsverbot kann bei der vorzunehmenden Interessenabwägung ausreichend Rechnung getragen werden.[219]

Zunächst ist differenziert der hier interessierende Fall hervorzuheben. In Frage steht die Behinderung bzw. Diskriminierung durch eine Kündigung, also eine Vertragsauflösung — im Gegensatz zu Diskriminierungen im Rahmen bestehender Verträge, die hier ausgeklammert werden können. Denkbar ist eine Behinderung durch Kündigung sämtlicher VH (etwa zur Umstellung des Vertriebssystems) oder eine Ungleichbehandlung gegenüber anderen VH bei Kündigung einzelner VH.[220]

Ein Verbot ergibt sich nur bei Unbilligkeit bzw. fehlender sachlicher Rechtfertigung der Kündigung. Dies ist durch eine im Einzelfall vorzunehmende Interessenabwägung festzustellen, wobei ausschlaggebend die auf Freiheit des Wettbewerbs auf allen Märkten gerichtete Zielsetzung des GWB zu berücksichtigen ist.[221]

Auf der Seite des Normadressaten, also des Herstellers, sind sämtliche Interessen zu berücksichtigen, die nicht gegen gesetzliche Vorschriften

---

217 Ganz h. M.: I/M-Markert § 26 Rn. 94, 199, 213, 222; Langen § 26 Rn. 5; Müller / Gießler / Scholz § 26 Rn. 62 c; Loewenheim in Westrick / Loewenheim § 26 Rn. 127; Möschel Rn. 636, 652; Ebenroth S. 103 f.; Hefermehl GRUR 1975, 275 (278); Baur BB 1974, 1589 (1592 f.).

218 Möschel Rn. 636; Emmerich S. 205; Hefermehl GRUR 1975, 275 (383); I/M-Markert § 26 Rn. 222; Langen § 26 Rn. 101; Loewenheim in Westrick / Loewenheim § 26 Rn. 79; KG WuW/E OLG 1548 (1550) „SABA" (für sortimentsbedingte Abhängigkeit).

219 I/M-Markert 26 Rn. 95; Baur BB 1974, 1589 (1592 f.).

220 Behinderung und Ungleichbehandlung lassen sich nicht immer klar trennen; vgl. nur Möschel Rn. 646; I/M-Markert § 26 Rn. 182.

221 I/M-Emmerich § 18 Rn. 181; I/M-Markert § 26 Rn. 198 ff.; Langen § 26 Rn. 162.

oder darin enthaltene Wertungen, insbesondere des GWB, verstoßen.[222] Wichtig ist es hier, daß es dem Unternehmen grundsätzlich freisteht, sein Absatzsystem nach eigenem Ermessen in der ihm richtig und sinnvoll erscheinenden Weise zu gestalten.[223] Dies ergibt sich für selektive Vertriebssysteme gerade auch aus der Wertung des § 18 GWB, der nur eine Mißbrauchsaufsicht vorsieht.[224] Dies bedeutet, daß sowohl eine Umstellung durch Kündigung sämtlicher VH im Prinzip möglich ist, als auch die Freiheit besteht, sich die beteiligten Firmen nach eigenem Ermessen auszuwählen, d. h. sich auch von einzelnen Händlern zu trennen, da die einmal getroffene Wahl nicht auf Ewigkeit festlegen kann. Dem Interesse des Herstellers, aus Gründen legitimer Marktpflege Geschäftsverbindungen abzubrechen und die Aufnahme neuer abzulehnen, kommt bei der Abwägung starkes Gewicht zu.[225] Nicht enthebt ihn dies allerdings vom Verbot willkürlichen Handelns, er muß für seine Kündigung jedenfalls personen- oder absatzbezogene Gründe geltend machen.

Aus dem beschriebenen Schutzzweck heraus sind beim VH nur solche Interessen berücksichtigungsfähig, welche im Blick auf die wettbewerbliche Freiheit des VH durch nicht marktgerechtes Verhalten des Herstellers beeinträchtigt werden.[226]

Die hier entscheidende Frage lautet nun, ob der Umstand nicht amortisierter, auf Veranlassung des Herstellers getätigter Investitionen berücksichtigt werden darf. Wäre dies der Fall, so dürfte regelmäßig die Gesamtwürdigung wegen der großen Verluste und des Vertrauensbruchs ein Verbot der Kündigung ergeben, und zwar für eine meist mehrere Jahre umfassende Frist.

Zu bejahen wäre dies, wenn die Nichtberücksichtigung der Investitionen zu einer Härte für den VH, einem großen Verlust, der seine Wettbewerbsfähigkeit beeinträchtigt, führen würde. Dies ist gerade nicht der Fall. Denn als Ausgleich erhält der VH ja den im vorstehenden bejahten Investitionsersatzanspruch. Drohende Nachteile werden also durch diesen anderweitigen Ausgleich verhindert. Eine Kündigung

---

222 I/M-Markert § 26 Rn. 198; Loewenheim in Westrick / Loewenheim § 26 Rn. 125.

223 Ständige Rspr. seit WuW/E BGH 502 (508) „Treuhandbüro“. Weitere Rechtsprechungsnachweise bei Loewenheim in Westrick / Loewenheim § 26 Rn. 125; h. L.: I/M-Markert § 26 Rn. 209, 222; Langen § 26 Rn. 185; Müller / Gießler / Scholz § 26 Rn. 82; Hefermehl GRUR 1975, 275 (287); Ebenroth S. 89, 114, 161 f. Auch die Bundesregierung weist darauf hin, daß der selektive Vertrieb grundsätzlich ein legitimes Absatzmittel sei (Tätigkeitsbericht 1981/82 S. V).

224 Ebenroth S. 89 ff.; I/M-Markert § 26 Rn. 215, 268, 310; Loewenheim in Westrick / Loewenheim § 26 Rn. 214, § 18 Rn. 53 m. w. N.

225 Baur BB 1974, 1589 (1593).

226 I/M-Markert § 26 Rn. 199 ff.

ruft daher in bezug auf nicht amortisierte Investitionen keinerlei Nachteile hervor. Dieser Umstand darf daher — nimmt man den Wettbewerbsbezug ernst — nicht zugunsten des VH in die Abwägung nach § 26 Abs. 2 GWB eingestellt werden, gehört nicht zu den abwägungsfähigen Interessen. Nicht amortisierte Investitionen können deshalb nicht zu einer Kündigungsschranke nach § 26 Abs. 2 GWB führen.[227]

Folglich hat der zivilrechtliche Schutz (Investitionsersatzanspruch) nicht deshalb Vorrang vor dem kartellrechtlichen, weil es Aufgabe des Zivilrechts ist, Härten auszugleichen,[228] sondern weil der zivilrechtliche Anspruch aufgrund seiner Existenz eine Härte gar nicht entstehen läßt; dem Schutz aus § 26 Abs. 2 GWB wird in dieser Hinsicht — mangels Vorliegen einer wettbewerblichen Benachteiligung — der Boden entzogen.[229]

Dieser Lösungsweg schränkt zugleich die Gefahr der Festschreibung bestehender Bindungen, der Ausuferung des § 26 Abs. 2 GWB zu einem dem Normzweck entgegenstehenden Bestands- oder Sozialschutz erheblich ein. Denn gerade in den Fällen nicht amortisierter, aufgrund eines Vertrauenstatbestandes getätigter Investitionen müßte man andernfalls dazu gelangen, Kündigungen nur bei Gewährung langer, häufig viele Jahre umfassender Übergangsfristen für wirksam zu erklären, die ebenso wie ein dauernder Kündigungsausschluß im Widerspruch zur Wettbewerbsfreiheit stünden. Zwar besteht durchaus die Möglichkeit, daß trotzdem aus § 26 Abs. 2 GWB für eine Übergangsfrist die Kündigung aus anderen Gründen, nämlich der die unternehmensbedingte Abhängigkeit begründenden intensiven einseitigen Bindungen und den daraus resultierenden Umstellungsschwierigkeiten, ausgeschlossen ist. Jedoch ist diesbezüglich bei der Abwägung zu beachten, daß zugunsten des VH kein Vertrauenstatbestand besteht. Er hat in einem freiheitlichen Wettbewerbssystem grundsätzlich keinen Anspruch auf unbeschränkte Fortdauer einmal begründeter Vertragsbeziehungen und daraus zu erzielende Gewinnchancen. Ein solcher ist auch nicht aus der einseitigen Ausrichtung ableitbar. Die Vertragsbeendigung gehört prinzipiell zu seinem Geschäftsrisiko. Deshalb wird regelmäßig aufgrund der anderen Ab-

---

227 Im Ergebnis ebenso Ebenroth S. 165; a. A. wohl OLG Stuttgart WuW/E OLG 2103 „Porsche-VH" (allerdings im einstweiligen Verfügungsverfahren).

228 So Ebenroth S. 163, 165, der ausführlich das Verhältnis einer von ihm bejahten Kündigungsschranke aus § 242 BGB zu § 26 Abs. 2 GWB bespricht. Bedenken gegen die Ansicht von Ebenroth äußert Ulmer NJW 1982, 1445 (1446). Einen fließenden Übergang zwischen zivilrechtlichem und kartellrechtlichem Schutz und weitgehende Ebenbürtigkeit sieht Martens S. 98 Fn. 90, vgl. auch S. 48, 49. Zur Konfliktlage zwischen Kartell- und Zivilrecht beim VH-Vertrag vgl. neuerdings auch Joerges, FS Wassermann, S. 701 ff.

229 Die fremdbestimmten, nicht amortisierten Investitionen können daher auch nicht Grundlage der unternehmensbedingten Abhängigkeit sein. Diese folgt jedoch aufgrund der allgemeinen, einseitigen Ausrichtung.

hängigkeitstatsachen aus § 26 Abs. 2 GWB dem VH eine wesentlich kürzere Übergangsfrist zugesprochen werden, als dies bei Einstellung der nicht amortisierten Investitionen in die Abwägung der Fall wäre.

Der Investitionsersatzanspruch des VH hat daher neben § 26 Abs. 2 GWB eigenständige Bedeutung. Er wird nicht nur nicht ausgeschlossen, sondern verhilft zu einer dem Normzweck entsprechenden Beschränkung des § 26 Abs. 2 GWB. Dies führt nicht nur zu weniger intensiven Eingriffen in Rechte des Herstellers — der Investitionsersatzanspruch belastet, wie dargestellt wurde[230], weniger als eine Kündigungsschranke —, sondern auch zu einer Verbesserung des Wettbewerbs auf diesen Märkten.

e) Ausschluß durch etwaigen AA?

Ein etwaiger AA des VH — ob ihm ein solcher zusteht, wird erst im folgenden geklärt werden — kann einem solchen Investitionsersatzanspruch nicht entgegenstehen. Soweit Ulmer dieser Auffassung ist, muß ihm entschieden widersprochen werden. Ulmer verneint für den HV jede treupflichtbedingte Kündigungsschranke, da solche allgemein nur dort in Betracht kämen, wo der Gesetzgeber von unmittelbaren Kündigungsschutzvorschriften abgesehen habe. Dies sei beim HV wegen § 89 b HGB nicht der Fall.[231] Überträgt man dies konsequent auf den VH, so würde ein etwaiger AA den aus der Treuepflicht abgeleiteten Investitionsersatzanspruch ausschließen.

Diese Ansicht Ulmers beruht auf dem bereits widerlegten Ansatzpunkt,[232] daß es sich bei § 89 b HGB um eine Kündigungsschutzvorschrift handele. Geht man dagegen richtigerweise vom eigentlichen Zweck des AA[233] aus, so liegt schon keine gesetzliche Regelung der Kündigungsschranken vor. Zudem wird nach obigen Ausführungen deutlich, daß zwei verschiedene, aus dem Vertragsende sich ergebende Folgen geregelt werden. Der AA betrifft den Verlust der Kundschaft, den Ausgleich für das zerschnittene „doppelte Nutzungsverhältnis", der Investitionsersatzanspruch gleicht unter dem Gesichtspunkt der Treuepflicht Nachteile aus nicht amortisierten Investitionen aus.

Im übrigen hätten die Parteien die Regelung, die sich durch die ergänzende Vertragsauslegung ergibt, bei vollständiger Vertragsgestaltung selbstverständlich ausdrücklich regeln können. Ulmers Ansicht zu Ende gedacht, müßte eine solche Bestimmung dann, sofern ein AA bejaht wird, unwirksam sein. Dies wäre nicht erklärbar. Denn wer will

230 Vgl. Teil V: B. III. 3. c).
231 Ulmer, FS Möhring, S. 316 f.
232 Vgl. Teil IV: II. 3. b) bb).
233 Vgl. Teil IV: II. 4.

den Hersteller hindern, dem VH „Gutes“ zu tun? Die Alternative, nämlich die Bejahung der Wirksamkeit trotz eines AA, wäre inkonsequent.

f) Wirksamkeit anspruchsausschließender Vertragsklauseln?

Abschließend ist zurückzukommen auf die mangels Vertragslücke — wegen Ausschlusses von Abfindungs- bzw. Ersatzansprüchen bei Vertragsende — einer ergänzenden Vertragsauslegung für unzugänglich erklärten VH-Verträge.[234] Geknüpft war diese Feststellung an die Wirksamkeit des vertraglichen Anspruchausschlusses, welche abhängig ist von einer Rechtskontrolle anhand von § 9 AGB-Gesetz.

Bei den VH-Verträgen handelt es sich um Formularverträge, die der Händler seinen Vertragspartnern vorlegt.[235] Es liegen somit vorformulierte Vertragsbedingungen i. S. v. § 1 Abs. 1 Satz 1 AGB-Gesetz vor, woran auch die Heranziehung von Händlerorganisationen zur Ausarbeitung bzw. Stellungnahme regelmäßig nichts ändert.[236] Da VH Kaufleute sind (§ 1 Abs. 2 Nr. 1 HGB) und der Abschluß des VH-Vertrages zum Betrieb ihres Handelsgewerbes gehört (§§ 343 Abs. 1, 344 Abs. 1 HGB), ist die Inhaltskontrolle gemäß § 24 Abs. 1 Nr. 1 AGB-Gesetz nach § 9 AGB-Gesetz vorzunehmen.

Es fragt sich daher, ob die VH durch die Klausel, die sämtliche Ansprüche im Fall der Vertragsbeendigung ausschließt, entgegen den Geboten von Treu und Glauben unangemessen benachteiligt werden (§ 9 Abs. 1 AGB-Gesetz). Dies ist im Zweifel anzunehmen, wenn sie mit wesentlichen Grundgedanken der dispositiven Regelung nicht vereinbar ist (§ 9 Abs. 2 Nr. 1 AGB-Gesetz) oder wesentliche Rechte oder Pflichten, die sich aus der Natur des Vertrages ergeben, durch sie so eingeschränkt werden, daß die Erreichung des Vertragszwecks gefährdet ist (§ 9 Abs. 2 Nr. 2 AGB-Gesetz).

Maßgebend ist somit, ob die Klausel von dem Ordnungs- und Leitbild des VH-Vertrages, von dem wesentlichen Grundgedanken dieses Vertragsbildes abweicht. Es hat eine Abwägung der beiderseitigen Rechte und Pflichten, eine Prüfung, ob nach dem gesamten Vertragsinhalt ein angemessener Interessenausgleich besteht, zu erfolgen.[237] Die festgelegten Rechte und Pflichten müssen sich in den Grenzen zumutbarer Belastungen halten.[238]

---

[234] Vgl. Teil V: B. III. 3. b).

[235] Vgl. Teil V: B. II., Teil III: I.

[236] Ebenroth S. 44, 47; v. Westphalen NJW 1982, 2465 (2470); Ulmer in Ulmer / Brandner / Hensen Anh. §§ 9 - 11 Rn. 880; Bunte ZIP 1982, 1166 (1167); Wolf in Wolf / /Horn / Lindacher § 9 Rn. V 22.

[237] Bunte ZIP 1982, 1166 (1167 f.); Brandner in Ulmer / Brandner / Hensen § 9 Rn. 66, 68, 70; BGH NJW 1982, 644.

[238] Wolf in Wolf / Horn / Lindacher § 9 Rn. 79.

Nicht entscheidend ist hierbei, ob eine Klausel typischerweise vorkommt. Denn es kann sich um ein nur einseitiges Verhalten des Verwenders handeln, die Üblichkeit der Verwendung spricht noch nicht für ihren Gerechtigkeitsgehalt; vielmehr finden auch solche Bestimmungen ihre Grenze am Grundsatz von Treu und Glauben.[239]

Auszugehen ist von der gesetzlichen Regelung, die der VH-Vertrag als Geschäftsbesorgungsvertrag mit Dienstvertragscharakter in den §§ 675, 611 BGB gefunden hat. Über diese Regelung hinaus hat sich — da eine Einzelheiten beinhaltende Gesetzesregelung fehlt — ein besonderes Leitbild entwickelt, in dem der Interessenwahrungscharakter und die besonderen Treuepflichten der Vertragspartner prägend wirken.

Einen Anhaltspunkt für die zutreffende Entscheidung könnte ein Urteil des OLG Frankfurt geben.[240] In diesem wurde eine entsprechende Klausel[241] mit der Begründung für unwirksam erklärt, daß damit auch ein möglicher AA des VH nach § 89 b HGB ausgeschlossen werde. Bestehe ein derartiger, könne er nach § 89 b Abs. 4 Satz 1 HGB im voraus nicht abbedungen werden.

Diese Begründung überzeugt nicht. Denn ohne jede Prüfung wird davon ausgegangen, daß dann, wenn ein AA besteht, dieser auch unabdingbar ist. Die analoge Anwendung von § 89 b Abs. 4 Satz 1 HGB bedarf jedoch einer besonderen Untersuchung.[242] Nur wenn die Anwendbarkeit bejaht wird, könnte von der Teil- auf die Gesamtnichtigkeit der Klausel geschlossen werden.

Einer Entscheidung dieser Frage bedarf es hier jedoch nicht. Die Unwirksamkeit der Klausel ergibt sich schon aus der vorzunehmenden Interessenabwägung.

Wie dargestellt[243], besteht aufgrund des Geschäftsbesorgungsverhältnisses, des damit verbundenen Interessenwahrungscharakters und der in Erfüllung der Vertriebsförderungspflicht auf Veranlassung des Herstellers vorgenommenen Investitionen des VH eine besonders intensive Treuepflicht der Parteien. Daraus wurde aufgrund einer umfassenden Interessenabwägung die Pflicht des Herstellers abgeleitet, aus Gründen der Rücksichtnahme auf die Belange des Vertragspartners bei einer

---

[239] Brandner in Ulmer / Brandner / Hensen § 9 Rn. 86; v. Westphalen NJW 1982, 2465 (2470).

[240] OLG Frankfurt BB 1983, 1435 (1438) (nicht rechtskräftig); ebenso LG Frankfurt ZIP 1982, 1224 (1225, 1229). Folgend Wolf in Wolf / Horn / Lindacher § 9 Rn. V 34. Vgl. hierzu jetzt auch die Revisionsentscheidung BGH NJW 1985, 623 (630).

[241] Keine Abfindung oder Entschädigung, wenn der Vertrag nach den darin enthaltenen Bestimmungen beendet wird.

[242] Teil IV: II. 3. b) und Teil V: B. III. 5. a).

[243] Vgl. Teil V: B. III. 3.

Kündigung vor Amortisation der Investitionen den diesem entstehenden Entwertungsschaden (unter Berücksichtigung des Kündigungsgrundes, eventuell anteilig) zu ersetzen.

Dieser Anspruch des VH ist Ausfluß des den Vertrag prägenden Treueverhältnisses, ist damit Bestandteil des Leitbildes und der spezifischen Grundgedanken des VH-Vertrages.[244] Der Ausschluß würde eine einseitige Risikoverlagerung bedeuten, welche in typischen VH-Verträgen auch nicht durch Vorteile anderer Art kompensiert wird.[245] Die Klausel ist daher mit den sich aus dem Vertrag ergebenden wesentlichen Pflichten unvereinbar, beeinträchtigt den Vertragszweck. Sie ist wegen einer nach Treu und Glauben unangemessenen Benachteiligung zu mißbilligen, nach § 9 AGB-Gesetz unwirksam.[246]

Wegen der Nichtigkeit liegt auch bei diesen Verträgen eine Vertragslücke vor. Daß es sich um den Wegfall einer unwirksamen Vereinbarung statt um eine Unvollständigkeit im Willen oder in der Erklärung handelt, steht nicht entgegen.[247]

Die Lücke ist nach § 6 Abs. 2 AGB-Gesetz durch ergänzende Vertragsauslegung zu schließen.[248] Zwar verweist diese Bestimmung zur Lückenfüllung — ohne ausdrückliche Erwähnung der ergänzenden Vertragsauslegung — nur auf die gesetzlichen Vorschriften. Hierzu gehören jedoch auch die §§ 157, 133 BGB, auf denen die ergänzende Vertragsauslegung beruht.[249] Hierfür spricht auch die Entstehungsgeschichte.[250]

Immer dann, wenn es kein spezielles dispositives Recht gibt, und wenn die ersatzlose Streichung der unwirksamen Klausel keine angemessene, die typischen Interessen beider Parteien tragende Lösung bewirkt, ist die ergänzende Vertragsauslegung geboten.[251] Beides ist hier der Fall. Einschlägige gesetzliche Regeln existieren nicht. Der Wegfall der Klausel beseitigt nur den Ausschluß von Ansprüchen als solchen, so auch nicht den für beide Seiten interessengerechten Investitions-

---

244 Gerade im Wege der ergänzenden Vertragsauslegung lassen sich die wesentlichen Rechte und Pflichten bei gesetzlich nicht geregelten Verträgen gewinnen. Vgl. Wolf in Wolf / Horn / Lindacher § 9 Rn. 80.

245 Eine solche Kompensation stünde einer Unwirksamkeit entgegen, BGHZ 82, 238 (240 f.); BGH NJW 1984, 1182 (1183 f.); Ebenroth S. 52.

246 A. A. wohl Ulmer in Ulmer / Brandner / Hensen Anh. §§ 9 - 11 Rn. 887.

247 Ulmer NJW 1981, 2025 (2030); BGH NJW 1984, 1177 (1178).

248 BGH NJW 1984, 1177 (1178) m. w. N.; Lindacher in Wolf / Horn / Lindacher § 6 Rn. 7.

249 BGH NJW 1984, 1177 (1178) m. w. N.; Bunte NJW 1984, 1145 (1147); a. A. Ulmer in Ulmer / Brandner / Hensen § 6 Rn. 35 (aber im Ergebnis gleich durch erweiternde Auslegung des § 6 Abs. 2 AGB-Gesetz).

250 BGH NJW 1984, 1177 (1178) m. w. N.; Bunte NJW 1984, 1145 (1147).

251 BGH NJW 1984, 1177 (1178); Bunte NJW 1984, 1145 (1147).

ersatzanspruch. Ohne Lückenfüllung bleibt also die unangemessene Benachteiligung des VH bestehen.

Durch die Zulassung der ergänzenden Vertragsauslegung entsteht kein Wertungswiderspruch zum Verbot geltungserhaltender Reduktion; die ergänzende Auslegung orientiert sich nicht am noch angemessenen Inhalt der übermäßigen Klausel, sondern an der beiden Seiten gerecht werdenden, Treu und Glauben berücksichtigenden Lösung.[252]

Da für die ergänzende Vertragsauslegung hier exakt dieselben Gesichtspunkte maßgebend sind, ergibt sich auch hier ein Investitionsersatzanspruch. Der tatsächliche Wille als Grenze der ergänzenden Vertragsauslegung steht nicht entgegen. Denn aus dem rechtlich unwirksam Gewollten darf nicht ein inhaltsgleicher tatsächlicher Wille entnommen werden.[253]

g) Ergebnis

Damit steht fest: Dem VH steht grundsätzlich ein in Formularverträgen unabdingbarer Investitionsersatzanspruch zu, d. h. ein Anspruch auf angemessenen Ausgleich des Nachteils, der dem VH durch die Entwertung bis zur Vertragsbeendigung nicht amortisierter, zur Durchführung des Vertrages nach Übereinkunft oder im Einvernehmen mit dem Unternehmer getätigter Investitionen in Bauten, Ausstellungs- und Verkaufsräume, Lager, Werkzeuge, Personal und dgl. entsteht.

Der Anspruch besteht nicht bei Kündigung des Herstellers wegen Pflichtverletzung des VH sowie dann, wenn der Hersteller in anderer, dem VH zumutbarer Weise die Entstehung diesem drohender Nachteile vermeidet. Bestehen für den Hersteller gewichtige Gründe zur Kündigung, so kann die erforderliche, am Vertragszweck orientierte Interessenabwägung im Einzelfall u. U. einen nur anteilmäßigen oder ausnahmsweise auch keinen Ersatz ergeben.

h) Folgen für die Diskussion um den AA des VH

Nach der Bejahung eines solchen Investitionsersatzanspruchs erübrigt sich die Frage nach einem AA keineswegs. Die gegenteilige Ansicht[254] verkennt, daß es sich um zwei verschiedene Tatbestände handelt, den Verlust der Kundschaft einerseits, die aus den Investitionen eintretenden Vermögensnachteile andererseits, die jeweils auch verschiedene

---

252 Ulmer in Ulmer / Brandner / Hensen § 6 Rn. 36, 19 ff. mit zahlreichen Nachweisen; Bunte NJW 1984, 1145 (1148); BGH NJW 1984, 1177 (1179).

253 BGH NJW 1984, 1177 (1178).

254 Ulmer, VH, S. 449 ff.; ders., FS Möhring, S. 317; ders. JZ 1971, 264 (265 f.); Evans-v. Krbek S. 105 ff.

Rechtsfolgen auslösen können. Dies wurde bereits erläutert.[255] Darin spiegeln sich die im Unterschied zum HV umfassenderen Aufgaben und Pflichten des VH und die doppelte Betroffenheit des VH durch die Vertragsbeendigung wider. Zu Investitionen der dargelegten Art ist der HV regelmäßig nicht angehalten; sie sind Ausdruck der Vertriebstätigkeit des VH auf eigene Rechnung. Unabhängig davon ist die Frage, ob beim VH auch solche beim HV den AA rechtfertigende Umstände vorliegen. Der Beantwortung dieses Problems bedarf es im folgenden.

Ohne Einfluß ist die Bejahung des Investitionsersatzanspruchs allerdings nicht: Die Nachteile des VH, die durch den Investitionsersatzanspruch ausgeglichen werden, sind aus der Diskussion um den AA auszuklammern. Diese erforderliche scharfe Trennung ist bisher nicht beachtet worden. Allenfalls solche Nachteile, für die kein Ersatz gewährt wird oder solche Abhängigkeiten, die trotz Amortisation infolge der Bindung der Mittel eintreten, können u. U. bei der Frage nach der Schutzbedürftigkeit des VH — sofern es hierauf überhaupt ankommt — berücksichtigt werden.

4. Die Ähnlichkeitsprüfung: Vergleich der Interessenlage von HV und VH, gemessen am Grundgedanken des § 89 b Abs. 1 bis 3 HGB

a) Die Ausgangslage

Damit kann die zur Feststellung der Berechtigung einer analogen Anwendung des § 89 b HGB erforderliche Ähnlichkeitsprüfung erfolgen.

Die zwischen dem HV und dem VH bestehenden Unterschiede treten deutlich hervor: Rechtlich liegen sie darin, daß der HV in fremdem Namen und auf fremde Rechnung handelt, mithin nicht Vertragspartner Dritter wird, der VH dagegen im eigenen Namen und auf eigene Rechnung auftritt, also in unmittelbare rechtliche Beziehungen mit Dritten tritt, und in den sich daraus ergebenden rechtlichen Konsequenzen. Auch in bezug auf die wirtschaftlichen Funktionen und Risiken bestehen solche: Der HV übernimmt für den Hersteller von den Handelsfunktionen die Markterschließungs- und Marktbeobachtungsfunktion, außerdem hat er, sofern es sich um einen Mehrfirmenvertreter handelt, die Sortiments- und Kundenberatungsfunktion inne. Die anderen selbständigen Händlern obliegenden Vertriebsaufgaben liegen beim Hersteller. So ist er insbesondere befaßt mit Warenumschlagsaufgaben (Lagerhaltung, Vorausdisposition, Transport, Finanzierung, Verteilung). Jedoch gibt es auch HV mit Lagerhaltung und solche mit Kundendienst-

---

255 Vgl. Teil V: B. III. 3. e), Teil V: B. III. 3. b).

und Reparaturwerkstatt.[256] Der VH hat dagegen wesentlich weiterreichende Aufgaben: Neben den auch von ihm — wenn auch mit Unterstützung des Herstellers[257] — ausgeübten Abstimmungsaufgaben der Markterschließung und Marktbeobachtung übt er mit gleichem Rang auch die angeführten Umschlagsaufgaben aus. Andererseits ist ihm die Sortiments- und Qualitätsfunktion entzogen, wohingegen er wiederum bei der Preisabstimmung (in gewissem Rahmen) selbst bestimmen kann.[258]

Das Risiko des HV beschränkt sich auf die Gefahr des Provisionsverlustes, wobei er, sofern er Mehrfirmenvertreter ist, über die Sortimentsfunktion einen gewissen Risikoausgleich hat. Die weiteren mit dem Vertrieb zusammenhängenden Risiken trägt der Hersteller.[259] Im Vergleich dazu ist der VH mit wesentlich größeren Risiken belastet: Die mit dem Vertrieb zusammenhängenden Risiken bleiben trotz der teilweisen Ausübung der Handelsfunktionen durch den Hersteller beim VH, insbesondere trägt er das Absatz- und Kreditrisiko. Zusätzlich ist er mit Risiken belastet, die eigentlich nicht in die Händler-, sondern in die Herstellersphäre fallen (Kapazitätsauslastung, Vorratshaltung, Absatzrisiko durch Verpflichtung zur Mindestabnahme, Vorausdisposition, Lagerhaltung, Bezug des gesamten Sortiments[260]).

Die aufgezeigten Unterschiede müssen die für die Analogie erforderliche Ähnlichkeit nicht von vornherein ausschließen. Denn es geht — wie festgestellt[261] — nicht um einen allgemeinen Vergleich zwischen HV und VH, sondern entscheidend ist, ob gerade für § 89 b HGB wesentliche Übereinstimmungen bestehen und ob diese Unterschiede und die sich daraus ergebenden Folgen für § 89 b HGB nicht unwesentlich sind.[262] Orientiert am Grundgedanken des § 89 b Abs. 1 bis 3 HGB ist daher zu klären: Bestehen beim VH vergleichbare rechtliche Beziehungen, die wie beim HV ein „doppeltes Nutzungsverhältnis" am Kundenstamm entstehen lassen, das bei Vertragsbeendigung zerschnitten wird und das aufgrund der Eigenart des Verhältnisses zwischen den Unternehmern, einem Geschäftsbesorgungsverhältnis mit Erfolgsvergütung, entstanden ist, so daß auch hier der Gedanke des Vorteilsausgleichs vorliegt? Gibt es auch hier entsprechende Billigkeitserwägungen, die einen Anspruch aus Gründen der Billigkeit gebieten? Liegt diesbezüglich die gleiche Interessenlage vor oder stehen die vorhande-

---

256 Vgl. zum Ganzen Ulmer, VH, S. 214 ff., 225 f.

257 Vgl. Teil III: III.

258 Vgl. ausführlicher Teil III: III.

259 Ulmer, VH, S. 226 f.

260 Vgl. ausführlicher Teil III: III.

261 Vgl. Teil V: B. III. 1.

262 Vgl. Teil V: B. III. 1.

nen rechtlichen und wirtschaftlichen Unterschiede diesem Gedanken wesentlich entgegen?[263, 264]

b) Das Verhältnis von HV und VH zum Hersteller

Zunächst soll die Ähnlichkeit der Beziehungen zwischen Hersteller und HV bzw. VH beleuchtet werden. Auch hier ist Bezugspunkt § 89 b HGB, der von einem Geschäftsbesorgungsverhältnis zwischen zwei selbständigen Unternehmern ausgeht, das zu einer besonderen Sachlage bezüglich des Kundenstamms führt. Gerade auf die Beziehungen hinsichtlich der Gewinnung eines Kundenstamms ist somit abzustellen.

aa) Geschäftsbesorgung

Übereinstimmung besteht insoweit, als daß sowohl der HV als auch der VH dem Hersteller als selbständige Unternehmer gegenübertreten. Auch bezüglich der Einordnung in rechtlicher Sicht besteht Identität: Sowohl der HV-Vertrag als auch der VH-Vertrag sind als Geschäftsbesorgungsverträge zu qualifizieren.[265] Es handelt sich in beiden Fällen um auf Dauerhaftigkeit angelegte Vertragsbeziehungen, die den Charakter von Interessenwahrnehmungsverhältnissen tragen.

bb) Eingliederung in die Vertriebsorganisation

Sowohl der HV als auch der VH sind aufgrund ihrer vertraglichen Beziehungen in die Vertriebsorganisation des Herstellers eingegliedert.

Beim HV folgt dies aus der ständigen Übernahme der zur Vertriebstätigkeit gehörenden Kundenwerbung, der Interessenwahrungspflicht und umfangreichen (gesetzlich geregelten) Informationspflichten sowie auch aus der Abhängigkeit von der Vertriebspolitik des Herstellers und dem Auftreten in dessen Namen, Umständen, die ihn als Teil des Vertriebsnetzes erscheinen lassen.

Beim VH ist dies — in Abgrenzung zum selbständigen Händler — schon definitionsgemäß der Fall.[266] Auch er ist durch seine Interessenwahrnehmungs- und Absatzförderungspflicht, die Erfüllung von Ver-

---

263 Vgl. schon Teil V: B. III. 1.

264 Zur Frage des Bestehens einer vergleichbaren Interessenlage zwischen HV und VH vgl. etwa einerseits (bejahend) Buchwald, GmbH-Rundschau 1957, 102 (103); Schröder BB 1958, 252 (253 f.); ders. BB 1961, 809 (812); ders. DB 1966, 449 (453); Budczies S. 62 ff.; v. Gierke / Sandrock § 28 C IV 2, S. 496; Klein S. 64 ff.; andererseits (verneinend) Nipperdey, FS Hedemann, S. 216 ff.; Glaser DB 1957, 1173; Mücke MDR 1956, 641 (643); Schuler NJW 1959, 649 (651); ders. NJW 1961, 758 (759); Kochs S. 98, 100 f.; Renz S. 27 ff.; Kunz S. 58 ff.; Winkel S. 47; Evans-v. Krbek S. 96 ff.; Heymann / Kötter § 84 Anm. 1.

265 Für den VH-Vertrag vgl. Teil III: IV. 2.; für den HV-Vertrag vgl. Teil V: B. III. 2. b) und Baumbach / Duden / Hopt § 84 Anm. 6 B, § 86 Anm. 1.

266 Vgl. Teil III: IV. 1.

triebsaufgaben und Ausrichtung seines Geschäfts auf den Hersteller Teil der Vertriebsorganisation. Trotz der umfassenden Aufgaben des VH behält der Hersteller beim Vertrieb den maßgebenden Einfluß, VH und Hersteller erscheinen beim Vertrieb als Einheit. Daran ändert auch das Auftreten des VH im eigenen Namen nichts. Handelt es sich also überhaupt um einen VH, was nur im Einzelfall festgestellt werden kann[267], so liegt auch das Merkmal der Eingliederung vor, unabhängig von der Ausgestaltung der Rechte und Pflichten im Einzelfall.

Trotz dieser Feststellungen bleibt die Frage, ob die Eingliederung von HV und VH gleich geartet ist, ob sie bewirkt, daß beide wirtschaftlich vergleichbare Aufgaben und auf wirtschaftlich ähnliche Weise erfüllen. Unterschiede könnten hier vor allem hinsichtlich der Entscheidungsfreiheit beim Abschluß des Einzelgeschäfts, der Preisbestimmung und der organisationsinternen Wettbewerbssituation (Alleinvertrieb) bestehen.[268]

Wirtschaftlich übt der VH auch die Aufgaben aus, die der HV wahrnimmt. Dies sind die Markterschließung und Marktbeobachtung, die Bearbeitung des Marktes zur Kundengewinnung. Daß er dabei durch die Markenwerbung des Herstellers unterstützt wird, schmälert — wie dargestellt[269] — diese Aufgaben nicht. Gerade der VH ist es, der die persönlichen Kontakte herstellt, die Kunden betreut und durch besondere Fähigkeiten, Beziehungen oder Marktkenntnisse das Produkt letztlich verkauft. Im übrigen wird auch — wenn auch mit unterschiedlicher Intensität — der HV vom Hersteller unterstützt, zumindest hat dieser Werbematerialien zur Verfügung zu stellen (§ 86 a Abs. 1 HGB).[270] Auch die Tatsache, daß der VH darüber hinaus weitere Funktionen erfüllt, bedeutet nicht, daß er diese Aufgabe weniger intensiv als der HV ausübt.[271] Sie ist Kern der Absatzförderungspflicht, der VH hat die organisatorischen Voraussetzungen für eine intensive Aufgaben-

---

267 Vgl. Teil III: IV. 1.

268 Diese Punkte bedürfen einer exakten Prüfung. Entgegen v. Westphalen DB 1984 Beilage Nr. 24 S. 6 kann den beim VH bestehenden, aus kartellrechtlichen Bestimmungen resultierenden Abweichungen nicht von vornherein die Relevanz abgesprochen werden, weil das Handeln im eigenen Namen keinen, gemessen an § 89 b HGB, wesentlichen Unterschied begründet. Vgl. auch Teil V: B. III. 2. b).

269 Vgl. Teil III: III.

270 Eine Unterstützung des HV durch gezielte, umfassende Werbung entspricht durchaus kaufmännischen Gepflogenheiten. „Diese in die Sphäre des Unternehmers fallende Anstrengung, seinen Artikel zu vertreiben, ist ebenso üblich wie wettbewerblich geboten. Sie geschieht nicht mit dem Ziel und Zweck, dem HV einen Teil seiner ihm obliegenden Arbeit abzunehmen, sondern ist umgekehrt Voraussetzung für einen nachhaltigen Erfolg der Tätigkeit des HV.“ (OLG Köln VersR 1968, 966 (968)).

271 So aber Ulmer, VH, S. 225 f., 143 ff.

wahrung zu schaffen. Im Blick des § 89 b HGB, der eine Regelung betreffend die Nachwirkungen der vertragsgemäß durchgeführten Kundenwerbung bei Vertragsende enthält, ist gerade die wesentliche Übereinstimmung dieser Aufgaben maßgebend. Daß der VH im Unterschied zum HV darüber hinaus noch tätig wird, spielt für diesen speziellen Sachverhalt gerade keine Rolle.[272] Bezüglich dieser wirtschaftlichen Funktionen sind daher HV und VH funktionell austauschbar.[273]

Allerdings obliegt dem VH, da er im eigenen Namen und auf eigene Rechnung handelt, bezüglich jeden Einzelgeschäfts die Entscheidungsfreiheit, ob er abschließen will oder nicht. Jedoch ist zu bedenken, daß der VH aus dem VH-Vertrag verpflichtet ist, soviel Geschäfte wie möglich abzuschließen. Die „Entscheidungsfreiheit" ist lediglich die Konsequenz daraus, daß er das Risiko aus dem jeweiligen Geschäft trägt. Ihn trifft die Gefahr der mangelnden Zahlungsfähigkeit des Dritten, daher muß er nicht nur dessen Kreditwürdigkeit — wie dies auch der HV zu tun hat[274] — sorgfältig prüfen, sondern letztlich auch entscheiden, ob er das Risiko eingeht.[275]

Zu beachten ist zudem, daß es neben dem Vermittlungs-HV auch den Abschlußvertreter gibt. Dieser schließt zwar in fremdem Namen ab, entscheidet aber doch über den einzelnen Abschluß selbst. Da aber § 89 b HGB gleichermaßen für den bloßen Vermittlungsvertreter wie auch den Abschlußvertreter gilt[276], kann die Entscheidungsfreiheit des VH über das Einzelgeschäft im Hinblick auf eine mögliche Analogie keinen wesentlichen Unterschied begründen. Dieser Gesichtspunkt führt somit nicht zu entscheidenden Abweichungen in der Art der Eingliederung.

Im Gegensatz zum HV kann der VH beim Abschluß mit Dritten den Preis selbst bestimmen. Während der Hersteller den HV hier binden kann, da er selbst Vertragspartner wird, ist dies beim VH rechtlich nicht mehr möglich, seit die früher gerade auch im VH-Vertrieb übliche Preisbindung gesetzlich untersagt ist (§§ 15, 16 GWB). An die Stelle der Preisbindung ist jedoch regelmäßig die unverbindliche Preisempfehlung getreten, die — obwohl das Kartellrecht Regeln zur Durchsetzung ihrer Unverbindlichkeit enthält (§§ 37 a, 38, 38 a GWB) — in der Praxis

---

272 Näheres hierzu vgl. noch Teil V: B. III. 4. g).

273 So auch v. Westphalen DB 1981 Beilage Nr. 12 S. 17; Ulmer, VH, S. 233 ff.

274 Baumbach / Duden / Hopt § 86 Anm. 2 E.

275 Entsprechend sieht das Gesetz in § 86 b HGB für den HV bei Übernahme des Delkredere regelmäßig Einzelentscheidung, jedenfalls keine solche allgemeiner Art vor (nur für „bestimmtes Geschäft" oder für „Geschäfte mit bestimmten Dritten").

276 Ob dabei der Vermittlungs- oder der Abschlußvertreter in der Praxis verbreiteter bzw. der Regelfall ist, ist unerheblich, solange der Gesetzgeber beide der gleichen Regelung unterwirft. Vgl. Teil V: B. III. 2.

zumindest starke Richtlinienfunktion hat. Es gibt zudem Indizien, die daran zweifeln lassen, ob tatsächlich völlige Preisbildungsfreiheit besteht. Jedenfalls kommt es praktisch nicht vor, daß die empfohlenen Preise überschritten werden.[277] Einen Verzicht des VH auf einen Teil seiner Handelsspanne findet man hingegen eher. Diese größere Freiheit des VH ist aber nicht nur wegen ihrer Beschränktheit nicht geeignet, Art und Maß der Eingliederung im Hinblick auf die Kundenwerbung im Vergleich zum HV in einem wesentlich anderen Licht erscheinen zu lassen. Er hat zwar in geringem Maße durch die Preisunterbietung ein zusätzliches Mittel zur Kundengewinnung, jedoch wird auch der HV auf entsprechend umkämpften Märkten hiermit arbeiten: Daß er lediglich die Genehmigung des Herstellers braucht, liegt nur daran, daß dieser Vertragspartner wird und daher sein Gewinn durch Nachlässe des HV unmittelbar ebenfalls betroffen wird.

Ein wesentlicher Unterschied in der Art der Eingliederung liegt jedoch vor, wenn der VH durch die nach der Vertragsgestaltung gegebene Wettbewerbssituation anders, d. h. freier als der HV gestellt ist, und dies für § 89 b HGB erheblich ist.

Dieser Gesichtspunkt ist erst in jüngerer Zeit in den Vordergrund gerückt. Im Gegensatz zu früher findet man heute in VH-Verträgen nämlich nur noch selten einen Alleinvertrieb mit absolutem Gebietsschutz. Dies ist Folge des geltenden Kartellrechts. Zwar unterliegen nach deutschem Kartellrecht Ausschließlichkeits- und Vertriebsbindungen nur der Mißbrauchsaufsicht (§ 18 Abs. 1 Nr. 2 GWB), das EWG-Kartellrecht sieht aber ein Verbot vor (Art. 85 Abs. 1 EWGV). Letzteres findet Anwendung bei Eignung der Bindungen zu spürbaren Beeinträchtigungen des Handels zwischen Mitgliedsstaaten, so daß insbesondere auch sämtliche nationalen Automobil-VH-Verträge betroffen sind. Allerdings sieht das EWG-Recht Befreiungen für einige vertikale Beschränkungen vor.[278] Danach ist die Vereinbarung einer Bezugsausschließlichkeit zu Lasten des Händlers und die Zuweisung eines bestimmten Vertragsgebiets zulässig, sofern kein Verbot zum Verkauf außerhalb des Gebiets

---

277 A. A. Bechtold NJW 1983, 1393 (1384).

278 VO 67/67 (Abl. 1967 S. 849), verlängert durch VO 2591/72 (ABl. 1972 L 276 S. 15) und VO 3577/82 (ABl. 1982 L 373 S. 58). Seit 1. 7. 1983 abgelöst durch VO über Alleinvertriebsvereinbarungen, VO 1983/83 (ABl. 1983 L 173 S. 1) und VO über Alleinbezugsvereinbarungen, VO 1984/83 (ABl. 1983 L 173 S. 5). Neu in Kraft getreten ist jetzt eine spezielle Gruppenfreistellungs-VO für Vertriebs- und Kundendienstvereinbarungen über Kraftfahrzeuge, ABl. 1985 L 15 S. 16. Vgl. hierzu auch den Entwurf derselben in ABl. 1983 C 165 S. 2 sowie die kritische Stellungnahme des Wirtschafts- und Sozialausschusses dazu, ABl. 1983 C 341 S. 18.

Ferner ist eine Einzelfreistellung nach Art. 85 Abs. 3 EWG-V möglich. Vgl. hierzu Gleiss / Hirsch Art. 85 (1) EWG-V Rn. 231 ff.; 241 ff. Zu Art. 85 EWG-V vgl. auch Joerges GRUR Int. 1984, 222 ff., 279 ff.

besteht. Untersagt wird jedoch die aktive Akquisition außerhalb des Vertragsgebiets. Durch diese differenzierte Freistellung soll den einzelnen Händlern die Möglichkeit eingeräumt werden, wettbewerblich aktiv nicht nur gegen Konkurrenzfabrikate zu werden, sondern auch gegenüber den Händlerkollegen der eigenen Organisation.[279] Die dem Gemeinschaftsrecht unterfallenden Verträge sind diesen Verordnungen angepaßt.

Dieser, durch die Vertragsgestaltung ermöglichte, organisationsinterne Wettbewerb wird z. T. als wesentlicher Unterschied gegenüber dem HV angesehen und deshalb ein Alleinvertriebsrecht mit ausschließlichem Gebietsschutz als Voraussetzung einer Analogie zu § 89 b HGB gefordert. Nur dann bestehe die erforderliche Ähnlichkeit.[280]

Diese Ansicht überzeugt nicht. Es ist kein Grund ersichtlich, der das Erfordernis eines solchen Alleinvertriebsrechts zur Bejahung einer Ähnlichkeit rechtfertigen könnte. Ein Vergleich zum HV zeigt, daß auch dort der Alleinvertrieb keine Voraussetzung des AA ist. Neben den Bezirksvertretern (§ 87 Abs. 2 HGB) gibt es auch HV ohne Vertragsgebiet.[281] Folglich gibt es — sofern nicht der Fall des Bezirksvertreters vorliegt[282] — auch hier Wettbewerb zwischen den HV derselben Vertriebsorganisation, ohne daß dies Auswirkungen auf die Gewährung des AA hat. Einzuräumen ist zwar, daß dieser Wettbewerb sich nicht auf den Preis bezieht. Dies ist aber letztlich unerheblich, da andererseits der organisationsinterne Wettbewerb zwischen den HV freier als bei den VH ist, da erstere keinen Beschränkungen hinsichtlich der Akquisition unterliegen. Gerade hierdurch wird der organisationsinterne Wettbewerb der VH erheblich eingeschränkt.

Ist aber das Bestehen eines Alleinvertriebsrechts für den AA des HV nicht entscheidend, so kann es auch für den VH kein notwendiges Erfordernis sein. Letztlich dürfte die abweichende Auffassung auf der Verwendung der ungenauen Denkform des Typus beruhen, ausgehend

---

279 Siehe nur WuW/E EV 559 ff.; Bechtold NJW 1983, 1393 (1395).

280 So neuerdings Bechtold NJW 1983, 1393 (1395 ff.). Ebenfalls für die Notwendigkeit des Alleinvertriebsrechts als Analogievoraussetzung (allerdings im vermeintlichen Anschluß an die Rechtsprechung des BGH): Zahlreiche Instanzgerichte vgl. Teil II: I. 2. Fn. 87; Haumann in Bandasch § 89 b Rn. 28; v. Gamm NJW 1979, 2489; Küstner Rn. 47; v. Brunn, FS 150 J. Carl Heymanns Verlag, S. 339; Semler in Münchener Vertragshandbuch S. 25 f.; Samwer, ArchPR 1983, 355. A. A. BGH NJW 1982, 2819 f.; BGH WM 1983, 1102 (1103); BGH WM 1984, 167 (168 f.); KG NJW 1981, 2823; v. Westphalen DB 1981 Beilage Nr. 12 S. 5 ff., 18 ff.; ders., DB 1984 Beilage Nr. 24 S. 6 f.; Sandrock, FS Fischer, S. 676; Lang BB 1982, 2068 (2069).

281 So zu Recht der BGH NJW 1982, 2819 f.; zustimmend Lang BB 1982, 2068 (2069).

282 Ob dessen Vorkommen in der Praxis überwiegt, ist unerheblich. So auch BGH NJW 1982, 2819 (2820).

davon, daß die Vereinbarung eines Bezirksvertreterverhältnisses beim Vertrieb von Markenartikeln die Regel ist.[283]

Ein weiterer Gesichtspunkt tritt hinzu: Der Vergleich zwischen HV und VH hat unter Bezug auf § 89 b HGB zu erfolgen. Voraussetzung des AA ist der Erwerb neuer Kunden für den Hersteller. Ein solcher kann immer nur gegenüber Konkurrenten außerhalb der Vertriebsorganisation erfolgen, nicht erfaßt ist die Abwerbung von Kunden anderer HV, die bereits Kunden des Herstellers sind. § 89 b HGB ist mithin auf die Kundengewinnung im externen Wettbewerb ausgerichtet, bezieht sich nicht auf den internen. Folglich können die geringfügigen Unterschiede beim internen Wettbewerb nicht ausschlaggebend sein.[284]

Das Fehlen eines Alleinvertriebsrechts mit ausschließlichem Gebietsschutz steht somit einer Ähnlichkeit der Eingliederung von HV und VH nicht entgegen. Die Übertragung des Alleinvertriebs hat nur zusätzliche Indizwirkung[285]; ausschlaggebend ist aber die Gesamtheit der Regelungen.[286]

Damit steht fest, daß weder die Entscheidungsfreiheit bezüglich des Einzelgeschäfts, noch die der Preisbestimmung, noch ein eventuell fehlendes Alleinvertriebsrecht mit absolutem Gebietsschutz der festgestellten Ähnlichkeit der Eingliederung von HV und VH in die Vertriebsorganisation des Herstellers entgegenstehen; diese Unterschiede sind gemessen an § 89 b HGB unwesentlich.

Das Verhältnis von HV und VH zum Hersteller ist deshalb nach alledem im wesentlichen gleich.

c) Das „doppelte Nutzungsverhältnis“ am Kundenstamm

Ein wichtiges Element des Grundgedankens des AA des HV ist der Gedanke des Vorteilsausgleichs für das zerschnittene „doppelte Nutzungsverhältnis“ am Kundenstamm, das aufgrund der Eigenart des Verhältnisses zwischen dem HV und Unternehmer, einem Geschäftsbesorgungsverhältnis mit Erfolgsvergütung, entstanden ist.

---

283 Lang BB 1982, 2068 (2069).

284 Im übrigen liegt auch nach der Vertragsgestaltung das Schwergewicht der Tätigkeit des VH im Konkurrenzkampf im externen Bereich: Denn die Verkaufsleistung eines VH wird vom Hersteller regelmäßig daran gemessen, wie erfolgreich er innerhalb seines Vertragsgebiets war (vgl. auch v. Westphalen DB 1981 Beilage Nr. 12 S. 5). Dies bedeutet, daß diese Tätigkeit zur Vertragserfüllung wesentlich wichtiger ist. Sie ist deshalb auch für die Art der Eingliederung bestimmend.

285 So auch BGH NJW 1982, 2819; BGH WM 1983, 1102 (1103); BGH WM 1984, 167 (168 f.); Lang BB 1982, 2068 (2069); v. Westphalen DB 1984 Beilage Nr. 24 S. 7.

286 Vgl. Teil III: IV. 1.

aa) Geschäftsbesorgungsverhältnis mit Erfolgsvergütung

Zwischen Hersteller und VH liegt ebenfalls ein Geschäftsbesorgungsverhältnis vor.[287] Auch wird der VH erfolgsbezogen vergütet. Ebenso wie der HV, dessen Provisionsanspruch erst mit Abschluß des auf seine Tätigkeit zurückzuführenden Geschäfts, also mit Erfolgseintritt, entsteht, erhält auch der VH keine Bezahlung für bloße, eventuell erfolglos bleibende Bemühungen. Erst der Abschluß der Verträge bringt ihm den Verdienst, der sich aus dem Unterschied zwischen Einkaufspreis und Wiederverkaufspreis ergibt. Weiteres Entgelt für seine Tätigkeit bekommt er nur, wenn sich in weiteren Abschlüssen deren höherer Wert niederschlägt.[288]

bb) Situation während der Vertragsdauer

Die damit verbleibende Prüfung, ob beim VH-Vertrieb eine dem beim HV bestehenden „doppelten Nutzungsverhältnis" am Kundenstamm vergleichbare Situation vorliegt,[289] führt jedenfalls für die Lage während des Bestehens des Vertragsverhältnisses zu einem positiven Ergebnis.

Zwar zeigt sich beim Abstellen auf bestehende rechtliche Bindungen insoweit ein Unterschied, als daß beim HV-Vertrieb rechtlich der Unternehmer verpflichtet wird, so daß man vom Kundenstamm des Unternehmers sprechen könnte, beim VH-Vertrieb dagegen der VH, so daß man den Kundenstamm als eigenen des VH bezeichnen könnte.[290] Doch bei wirtschaftlicher Betrachtung zeigt sich, daß auch beim VH — so wie dies beim HV auf Seiten des Unternehmers nicht möglich war — der Kundenstamm nicht eindeutig der einen oder der anderen Seite zugerechnet werden kann, sondern es besteht eine Doppelbeziehung, es ist der gemeinsame Kundenstamm beider Unternehmer: Der VH tritt mit den Kunden in Kontakt, unterhält die persönlichen Kundenverbindungen, wie dies auch der HV tut. Aber, obwohl eine rechtliche Beziehung nicht begründet wird, findet sich eine enge Verbundenheit der Kunden zum Hersteller. Durch die Verpflichtung des HV zur Werbung mit der Marke, zum Auftreten mit dem Herstellerzeichen, zur vollständigen Ausrichtung der Einrichtungen auf den Herstellerbetrieb, zur völligen Interessenausrichtung erscheint der VH als Verkaufsstelle, als verlängerter Arm des Herstellers.[291] Kurz gesagt, die Eingliederung des VH

---

287 Vgl. Teil III: IV. 2.

288 Zur Vergleichbarkeit der Vergütung von HV und VH vgl. näher Teil V: B. III. 4. d).

289 Zur Situation beim HV vgl. Teil IV: II. 2.

290 Freilich hat er kein Eigentum am Kundenstamm, vgl. Teil IV: II. 2. b) Fn. 37.

291 Vgl. Teil III: III.; Ebenroth S. 33; Ulmer, VH, S. 33.

in das Vertriebssystem ersetzt faktisch die rechtlichen Beziehungen.[292] Wirtschaftlich liegt die gleiche Lage vor wie beim HV: Beide — Hersteller und VH — ziehen die Vorteile aus dem vom VH im Interesse beider (Geschäftsbesorgungsverhältnis!) gewonnenen Kundenstamm. Beider Gewinn wird durch die Folgegeschäfte erhöht. Anders ausgedrückt: Die Lage des Herstellers bezüglich der Nutzungsmöglichkeit des Kundenstamms ist die gleiche, wie wenn er einen HV zum Vertrieb eingesetzt hätte.

cc) Situation nach Vertragsbeendigung

aaa) Übergang des Kundenstamms

Für das Vertragsende geht § 89 b HGB beim HV davon aus, daß der Kundenstamm — legt man die rechtlichen Bindungen zugrunde — regelmäßig beim Unternehmer verbleibt bzw. — legt man die wirtschaftliche Lage zugrunde — auf diesen allein übergeht; es wird die nunmehr einseitige Nutzung durch den Unternehmer vermutet.

Wirtschaftlich betrachtet spricht beim VH die Wahrscheinlichkeit ebenso wie beim HV für den Übergang des Kundenstamms auf den Hersteller. Wie gezeigt, bestehen während der Vertragsdauer, insbesondere auch aus der Kundensicht, keine erheblichen Unterschiede. Wenn aber die persönlichen Kontakte beim HV nicht ausreichen, den Kundenstamm auf seine Seite zu ziehen, so können sie dies auch beim VH nicht. Schon beim HV-Vertrieb wird vermutet, daß die Beziehungen zum Produkt den Vorrang haben, so daß dies beim VH-Vertrieb, bei dem gerade das Image des Herstellerprodukts in den Vordergrund gerückt wird, erst recht gilt.

bbb) Vertragspflicht zur Überlassung des Kundenstamms

Es bleibt die einzige Frage, ob nicht § 89 b HGB gerade entscheidend auf die Fortsetzung der rechtlichen Bindungen ausgerichtet ist. Hieraus entwickelte sich die Diskussion, ob eine wesentliche Ähnlichkeit nur besteht, wenn eine rechtliche Verpflichtung zur Überlassung des Kundenstamms besteht, ob eine solche für die Gleichstellung notwendig ist, oder ob eine wesentliche Ähnlichkeit schon unabhängig davon besteht.

Erstere Auffassung vertritt der BGH in ständiger Rechtsprechung:[293] Der VH muß „dem Hersteller gegenüber vertraglich verpflichtet sein, diesem beim Ausscheiden aus der Absatzorganisation seinen Kunden-

---

[292] Am Rande sei vermerkt, daß häufig durch die vom Hersteller gewährte Garantie unmittelbare rechtliche Beziehungen zwischen Kunde und Hersteller in Form eines Garantievertrages zustande kommen.

[293] Mit der Verpflichtung zur Überlassung des Kundenstamms befassen sich insbesondere folgende BGH-Entscheidungen: BGHZ 29, 83 (89 f.); BGHZ 34, 282 (286); BGH NJW 1964, 1952 (1953); BGH LM HGB § 89 b Nr. 57; BGH NJW 1982, 2819 (2820).

stamm zu überlassen, so daß der Hersteller sich den Kundenstamm sofort und ohne weiteres nutzbar machen kann, wobei es nicht darauf ankommt, ob die Verpflichtung zur Überlassung des Kundenstamms erst im Zeitpunkt der Vertragsbeendigung oder schon während der Vertragszeit durch laufende Unterrichtung des Herstellers über Geschäftsabschlüsse und Kundenbeziehungen zu erfüllen ist, vorausgesetzt nur, daß der Hersteller hierdurch tatsächlich in die Lage versetzt wird, den Kundenstamm nach Beendigung des Vertragsverhältnisses weiter zu nutzen."[294] Anzeichen für eine Wende liegen jedoch u. U. in einem der neueren Urteile des BGH[295], in dem der BGH es erstmals offen läßt, ob an dem bisherigen Erfordernis auch für den Bereich der Kfz-Branche angesichts der bei ihr bestehenden Besonderheiten festzuhalten ist, oder ob die auf anderen Gründen beruhende tatsächliche Möglichkeit, den Kundenstamm zu nutzen, ausreicht.

Im Schrifttum sind schon seit längerer Zeit mit überzeugenden Argumenten Einwände gegen diese vom BGH aufgestellte Analogievoraussetzung und deren Begründung erhoben worden.[296]

In der Tat sind besondere vertragliche Verpflichtungen zur Übertragung des Kundenstamms — in welcher Form auch immer — zur Analogiebegründung nicht erforderlich. Es genügt die rein tatsächliche, auf die Gewinnung und Pflege des VH rückführbare Möglichkeit zur (nunmehr einseitigen) Nutzung des Kundenstamms durch den Hersteller.

294 So die Zusammenfassung des BGH in BGHZ 68, 340 (343). Zur Entwicklung dieser Analogievoraussetzung in der Rechtsprechung vgl. auch die Darstellung der Rechtsprechung S. 6 ff. Vgl. ferner die Rechtsprechungsanalyse bei v. Westphalen, DB 1981 Beilage Nr. 12 S. 11 ff. Die Deutung des BGH-Urteils vom 5. 10. 1979 (BGH LM HGB § 89 b Nr. 57) durch v. Westphalen dahin, daß der BGH auf das Erfordernis der Vertragspflicht zur Übertragung des Kundenstamms verzichtet habe, ist unrichtig. Der BGH hält ausdrücklich daran fest. Siehe auch Bechtold NJW 1983, 1393 (1397 Fn. 37). Jüngst spricht auch v. Westphalen wieder davon, daß nach dem BGH eine Vertragspflicht erforderlich ist, DB 1984 Beilage Nr. 24 S. 3.

295 BGH NJW 1982, 2819 (2820).

296 Schröder BB 1961, 809 (810) (jedoch nicht ganz eindeutig, deshalb wohl vom BGH in BGH LM HGB § 89 b Nr. 34 a mißinterpretiert; vgl. schon Kreifels / Lang NJW 1970, 1769 (1774 Fn. 50); Schmidt DB 1979, 2357 (2359 Fn. 45); v. Westphalen DB 1981 Beilage Nr. 12 S. 13). Klein S. 72 ff.; Ulmer, VH, S. 455 Fn. 77; Kreifels / Lang NJW 1970, 1769 (1774); Sandrock, FS Fischer, S. 676; Schmidt DB 1979, 2357 (2359 f.); ders., Handelsrecht, § 27 III b, S. 573; v. Westphalen DB 1981 Beilage Nr. 12 S. 10 ff.; Lang BB 1982, 2068 (2070); Ebenroth S. 206; Werner / Machunsky BB 1983, 338 (340); Baumbach / Duden / Hopt § 84 Anm. 2 A.; siehe auch Veltins NJW 1984, 2063 (2067). Teilweise wird aber wohl, obwohl von tatsächlichem Übergang als Kriterium gesprochen wird, trotzdem ein aktives Handeln des VH verlangt. Vgl. aber jüngst dem BGH beitretend Bechtold NJW 1983, 1393 (1397 f.) und Bamberger NJW 1985, 33 ff.; wohl auch v. Westphalen DB 1984 Beilage Nr. 24 S. 9. Für die Notwendigkeit des Kriteriums sind ferner eingetreten: Nies MDR 1961, 556 (557) (ohne Begründung); v. Brunn, FS 150 J. Heymanns Verlag, S. 339; Schuler NJW 1959, 649 (650); Renz S. 42 ff.; Bohnenberg § 89 b Anm. I d.

Der Ansatz des BGH ist verfehlt. Er argumentiert, daß, da der Kundenstamm beim HV dem Unternehmer von Anfang an zugänglich sei, weil die Kunden Vertragspartner des Unternehmers seien, es schon im Wesen des HV liege und zu seinen Pflichten gehöre, den Kundenstamm dem Unternehmer zu verschaffen; es liege also kein nur rein tatsächliches Geschehen vor. Beim HV, der ja im eigenen Namen handele, müsse dagegen eine Überlassung des Kundenstamms aufgrund besonderer Vereinbarungen erfolgen, damit eine Entsprechung zur systemimmanenten Situation beim HV gegeben sei, die rechtliche Gleichstellung erzielt werde.[297]

Verfehlt ist der Ansatz deshalb, weil zum einen schon die tatsächliche Lage beim HV verkannt, zum anderen nicht maßgeblich — wie bei der Analogiefrage erforderlich — auf den Grundgedanken des § 89 b HGB abgestellt wird.

Der Gedankengang des BGH ist formalistisch, bewegt sich fälschlicherweise in den Kategorien der Vertragsübernahme, anstatt auf die wirtschaftliche Zuordnung des Kundenstamms abzustellen.[298] Es ist unrichtig, beim HV vorneweg von einem Kundenstamm des Unternehmers zu sprechen.[299] Es liegt in Wahrheit ein gemeinsamer Kundenstamm vor. Beachtenswert erscheint in diesem Zusammenhang der Umstand, daß beim HV keineswegs von einer Verpflichtung zur Überlassung des Kundenstamms gesprochen werden kann. Dies ergibt sich schon daraus, daß der AA unabhängig davon besteht, ob der HV einem Konkurrenzverbot (§ 90 a HGB) unterliegt oder nicht. Der HV darf sich, ohne den AA dem Grunde nach zu gefährden, um die Erhaltung der Kunden für sein Handelsgeschäft bemühen.[300] Von einem Recht des Unternehmers auf den Kundenstamm kann somit nicht ausgegangen werden.

Beim VH findet in ganz ähnlicher Weise ein Übergang des Kundenstamms statt. Allerdings nicht, wie der BGH meint, vom VH auf den Hersteller, sondern, da auch hier ein gemeinsamer Kundenstamm besteht — der VH handelt bei Gewinnung und Erhaltung neuer Kunden gerade nicht nur im eigenen, sondern auch im Fremdinteresse[301] — vom „doppelten Nutzungsverhältnis“ zum „einfachen Nutzungsverhältnis“, vom gemeinsamen zum einseitigen Kundenstamm.

---

[297] Vgl. die in Fn. 293 genannten BGH-Entscheidungen und Bechtold NJW 1983, 1393 (1397 f.) sowie Bamberger NJW 1985, 33 (34 f.).

[298] Schmidt DB 1979, 2357 (2359).

[299] So spricht z. B. auch die Amtl. Begr. in bezug auf den HV vom „Verlust seines Kundenstamms“ (Amtl. Begr. S. 35).

[300] So auch Schröder BB 1961, 809 (810) und Kreifels / Lang NJW 1970, 1769 (1774).

[301] Dies scheint BGH VersR 1961, 401 (402) zu verkennen.

Die Heranziehung des Grundgedankens des AA macht es deutlich: Da ein Vorteilsausgleich für die Verwandlung des „doppelten Nutzungsverhältnisses“ in ein „einfaches Nutzungsverhältnis“ bezweckt wird, muß es genügen, daß dem Hersteller rein tatsächlich ein solcher ausgleichsbedürftiger Vorteil entsteht. Es geht nicht um die Fortsetzung rechtlicher Bindungen, entscheidend ist, ob der Hersteller Nutzen aus dem vom VH aufgebauten und betreuten, also auf dessen Leistung rückführbaren Kundenstamm zieht. Wichtig ist also die Fortdauer der Nutzungsmöglichkeit, die Stetigkeit, die Beständigkeit des Kundenstamms, oder, wie es Schmidt treffend formulierte, die „Kontinuität des Kundenstamms“.[302]

Diese ist freilich auch bei einem rein tatsächlichen Übergang gewahrt. Ob der Hersteller Kenntnis hat vom Kundenstamm durch die Erfüllung laufender Mitteilungspflichten, durch die Ausübung der Kontroll- und Einsichtrechte, durch Übernahme von Mitarbeitern des VH, aus sonstigen Quellen oder gar dadurch, daß die Kunden nunmehr selbst an ihn herantreten, ist unerheblich.[303] Allerdings kommt der rechtlichen Absicherung des Übergangs Indizwirkung zu.[304] Ist die Verpflichtung zur Überlassung des Kundenstamms vertraglich — in den meisten VH-Verträgen ist dies durch entsprechende Mitteilungs- und Berichtspflichten der Fall — geregelt, so ist die Kontinuität abgesichert.

Als Unterfall des tatsächlichen Übergangs gehört die Prüfung, ob entsprechende rechtliche Verpflichtungen vorliegen, ebenso wie die Prüfung, ob bei deren Fehlen ein tatsächlicher Übergang vorliegt, nicht zur grundsätzlichen Frage einer Analogiemöglichkeit. Der tatsächliche Übergang des Kundenstamms ist keine gesonderte Analogievorausset-

---

302 Schmidt DB 1979, 2357 (2360).

303 Vgl. hierzu auch die nachfolgenden näheren Ausführungen. Es gibt vielfältige Möglichkeiten zur Beschaffung der Namen und Anschriften der Kunden. In der Kfz-Branche sind dies z. B.:
- Erteilung von Massenauskünften durch das Kraftfahrt-Bundesamt an den Hersteller über die Halteranschrift von Fahrzeugen seines Fabrikats, an denen nach der Zulassung die Verkehrssicherheit gefährdende Defekte festgestellt worden sind, für Rückrufaktionen zur Behebung der Mängel.
- Abfrage der Anschriften bei autorisierten Autoadressen-Verlagen von solchen Fahrzeughaltern, die schriftlich ihre Zustimmung zur verlegerischen Auswertung ihrer Fahrzeug- und Halterdaten gegeben haben.
- Nutzung von nach den Vorstellungen des Herstellers aufgegliederten Fahrzeugstatistiken, deren Aufgliederungstiefe jedoch durch § 11 StatG begrenzt wird.

Auskünfte des Kraftfahrt-Bundesamtes aus dem zentralen Fahrzeugregister an Privatpersonen, zu denen auch die Hersteller gehören, werden nur bei Glaubhaftmachung eines berechtigten Interesses an der Kenntnis der zu übermittelnden Daten erteilt. Ein solches liegt bei Anfragen nur für Verkaufsinteressen nicht vor.

304 Schmidt DB 1979, 2357 (2360).

zung, sondern ist der Prüfung der Tatbestandsmerkmale im Einzelfall, nämlich des § 89 b Abs. 1 HGB (Vorteilserlangung) zuzurechnen.[305]

ccc) „Sogwirkung der Marke"

In engem Zusammenhang mit der soeben erörterten Frage steht die von Beginn der Analogiediskussion an in Rechtsprechung und Literatur viel erwähnte „Sogwirkung der Marke", die unter bestimmten Voraussetzungen einem AA des VH entgegenstehen soll.

Die „Sogwirkung der Marke" taucht bereits in der ersten Grundsatzentscheidung des BGH auf und hält sich seitdem hartnäckig.[306] Eine Analyse der Rechtsprechung ergibt[307], daß sie vom BGH als negative Analogievoraussetzung verstanden wurde, als „Gegenstück" zur vertraglichen Verpflichtung zur Überlassung des Kundenstamms, als Beispiel für einen tatsächlichen Übergang.[308] Letztlich entscheidungserheblich war dieses Kriterium jedoch in keiner der bekanntgewordenen BGH-Entscheidungen, da in den klageabweisenden Urteilen der AA an der geforderten, aber fehlenden Vertragspflicht oder an anderen vom BGH aufgestellten Analogievoraussetzungen scheiterte. Die Literatur übernahm in diesem Punkt die Rechtsprechung lange kritiklos.[309] Erst relativ spät wurde die „Sogwirkung der Marke" kritischer Betrachtung unterworfen, ihr die Rolle eines Analogiehindernisses abgesprochen und ihr Bedeutung nur im Rahmen der Billigkeitserwägungen nach § 89 b Abs. 1 Satz 1 Nr. 3 HGB zugewiesen.[310] Diesen Weg beschreitet jetzt auch der BGH in seinen neueren Urteilen[311], betonend, daß die „Sogwirkung der Marke" nicht bewirken könne, daß Vorteile des Unternehmers durch die Tätigkeit des VH gar nicht erst entstünden. Der BGH stellt damit also auf den Erwerb des Kundenstamms ab, während zuvor die „Sogwirkung der Marke" mit der Kundenstammübertragung in Verbindung gebracht wurde.[312]

Dieser Entwicklung in Rechtsprechung und Literatur ist zuzustimmen. Dem Einwand der „Sogwirkung der Marke" kommt nach Wortlaut und

---

305 So auch Kreifels / Lang NJW 1970, 1769 (1774).

306 BGHZ 29, 83 (90).

307 Vgl. auch die Rechtsprechungsanalyse bei Schmidt DB 1979, 2357 (2359) und v. Westphalen DB 1981 Beilage Nr. 12 S. 14 f.

308 Vgl. etwa BGHZ 29, 83 (90); BGH VersR 1960, 653 (655); BGHZ 34, 282 (286).

309 Vgl. nur Schröder BB 1961, 809 (810); Schuler NJW 1959, 649 (650); Klein S. 72; Baumbach / Duden 20. A. § 84 Anm. 3 G; Sandrock, FS Fischer, S. 676.

310 Kreifels / Lang NJW 1970, 1769 (1774 f.); Schmidt DB 1979, 2357 (2362); Ebenroth S. 207; Werner / Machunsky BB 1983, 338 (340 f.); Baumbach / Duden / Hopt § 84 Anm. 2 A.; Veltins NJW 1984, 2063 (2067); v. Westphalen DB 1984 Beilage Nr. 24 S. 7 f., 16.

311 BGH NJW 1982, 2819 (2820) und BGH WM 1983, 1102 (1103).

312 So tendenziell der BGH auch schon einmal in BGH VersR 1961, 401.

Grundgedanken des § 89 b HGB keine die analoge Anwendung auf den VH negierende Funktion zu; er hat allenfalls bei den Billigkeitserwägungen in § 89 b Abs. 1 Satz 1 Nr. 3 HGB Raum.

In erster Linie beweist dies der Vergleich zum HV. Dem HV steht der AA unabhängig davon zu, ob er Markenwaren vertreibt, bei denen eine „Sogwirkung der Marke" u. U. auftreten könnte, oder nicht. § 89 b HGB fragt weder danach, ob — den Kundenerwerb betreffend — die neuen Kunden auch ohne die Tätigkeit des HV hätten gewonnen werden können[313], noch danach, warum — den Kundenübergang betreffend — diese nach Vertragsende auf den Unternehmer übergehen.[314] Es steht daher außer Diskussion, daß die „Sogwirkung der Marke" beim HV nur bei den Billigkeitserwägungen in § 89 b Abs. 1 Satz 1 Nr. 3 HGB berücksichtigt werden kann.[315] Eine abweichende Beurteilung beim VH ist nicht gerechtfertigt. Es wurde schon mehrfach betont, daß die analoge Anwendung nicht von Voraussetzungen abhängig gemacht werden darf, die bei der unmittelbaren Anwendung keine Rolle spielen, es sei denn, sie würden gerade erst die wesentliche Ähnlichkeit begründen. Ein solcher Fall liegt hier nicht vor.

Des weiteren unterstreicht dies ein Vergleich zur Situation bei Fortsetzung des VH-Verhältnisses. In diesem Fall hätte der VH aus dem geworbenen Kundenstamm weitere Gewinne gezogen, wobei eine Ausnutzung der „Sogwirkung der Marke" gänzlich unerheblich wäre. Der AA will aber ja nun gerade einen Ausgleich für diese entgangenen Gewinne gewähren, in denen sich der höhere Wert der VH-Tätigkeit dokumentiert, aus dem aber nun nur noch der Unternehmer Vorteile zieht. Spielt indessen die „Sogwirkung der Marke" für die Vergütung während des Bestehens der Vertragsverhältnisse keine Rolle, so kann dies nach Beendigung nicht anders sein.[316]

Darüber hinaus reduziert sich bei genauer Untersuchung des Einwands der „Sogwirkung der Marke" in bezug auf § 89 b HGB dessen Bedeutungsgehalt entscheidend. Hierbei ist zwischen dem Erwerb des Kundenstamms und dessen Übergang nach Vertragsende zu unterscheiden.

Hinsichtlich des Erwerbs des Kundenstamms könnte der Einwand nur dann relevant sein, wenn er die Ursächlichkeit der VH-Tätigkeit beseitigen und somit bewirken würde, daß dem Unternehmer gar keine,

---

313 Schmidt DB 1979, 2357 (2361).

314 Ebenroth S. 207.

315 Vgl. nur Küstner Rn. 186; Werner / Machunsky BB 1983, 338 (340); v. Westphalen DB 1981 Beilage Nr. 12 S. 15; ders. DB 1984 Beilage Nr. 24 S. 7 f.; BGHZ 56, 242 (245); BGH BB 1979, 288 (289); OLG Karlsruhe BB 1960, 381; OLG Nürnberg BB 1963, 1313.

316 So auch Werner / Machunsky BB 1983, 338 (341).

auf VH rückführbare, Vorteile entstehen könnten. Damit wäre der AA hinfällig.

Dies ist nicht der Fall. Zumindest Mitursächlichkeit der Tätigkeit des VH ist immer gegeben. Zwar ist der gute Ruf der Marke ebenso wie die zentrale Werbung wichtig, aber der VH ist es, der letztlich den Markt erschließt; er knüpft aufgrund seiner Bemühungen, Kenntnisse, Beziehungen oder auch Überredungskunst die persönlichen Geschäftsverbindungen. Auch eine berühmte Marke verkauft sich keineswegs von selbst, steht in Konkurrenz zu anderen Produkten.[317] Wirbt der VH einen neuen Kunden, so zeigt dies, daß die „Sogwirkung der Marke" bisher nicht ausgereicht hatte, ihn zum Kunden zu machen. Naheliegend scheint es zudem, daß häufig erst dann, wenn ein Kunde zum ersten Mal ein Produkt erworben hat, eine Bindung an dessen Marke — sei es aus Zufriedenheit, sei es aus Trägheit — eintritt.

Die Bedeutung der Tätigkeit des VH bei der Neugewinnung von Kunden wird schon durch die Vertragsgestaltungen unterstrichen. In den VH-Verträgen zeigt sich, welchen großen Wert die Hersteller (ausnahmslos) auf intensive Absatzförderung durch den VH, auf dessen optimales Auftreten am Markt legen. Würden sich die Produkte allein durch die „Sogwirkung der Marke" verkaufen, wäre die Betonung dieser Regelungen überflüssig und unverständlich.

Ferner trägt der VH mit seiner Tätigkeit und seiner Werbung unter dem Herstellerzeichen wesentlich zum Imageaufbau, zum Ruf der Marke bei.[318] Die Qualität des Vertriebes und des Kundendienstes spielen hier eine maßgebliche Rolle, Funktionen, die zu erfüllen dem VH obliegen. Leistet der VH jedoch selbst wesentliche Beiträge zum Ruf der Marke, so kann dies nicht gegen ihn gewendet werden.[319]

Es wird deutlich, daß der Begriff der „Sogwirkung der Marke" irreführend ist. Er suggeriert eine Zwangsläufigkeit, eine unwiderstehliche Zugkraft, die der Marke und damit dem Hersteller zugerechnet wird. Nach obigen Ausführungen ist dies nicht gerechtfertigt. Besser wäre daher, der Begriff würde aus der Diskussion verschwinden.[320]

---

[317] BGH NJW 1982, 2819 (2820); BGH WM 1983, 1102 (1103); Lang BB 1982, 2068 (2069). Eine Ausnahme könnte nur bei einer Monopolstellung vorliegen. Soweit ersichtlich, gibt es gegenwärtig eine solche im Bereich des VH-Vertriebs nicht.

[318] Kreifels / Lang NJW 1970, 1769 (1774); Lang BB 1982, 2068 (2069).

[319] Vgl. zu diesem Problem bezüglich der Situation in der Kfz-Branche auch noch Teil VI: 6.

[320] Gegen den Begriff auch Schmidt DB 1979, 2357 (2362); Lang BB 1982, 2068 (2070). Vgl. auch das von Lang genannte Beispiel: Er berichtet von einem Fall, in dem das Instanzgericht einer Automobilmarke eine Sogwirkung zugesprochen hatte, die einen Marktanteil von nur circa 2 % hatte und kurz darauf vom Markt verschwand!

Hinsichtlich der Übertragung des Kundenstamms hat der Einwand der „Sogwirkung der Marke“ mit Verneinung der Notwendigkeit einer Vertragspflicht zur Überlassung des Kundenstamms vorab seine Gewichtigkeit verloren. Er ist nicht geeignet, die Kontinuität zu durchbrechen. Ausreichend ist der tatsächliche Übergang; auf welche Weise dies geschieht, ist gleichgültig. Selbst wenn vom VH neugeworbene Kunden von selbst an den Hersteller herantreten, wird nur deutlich, daß die Kontinuität gewahrt ist, daß der VH so erfolgreich für das Produkt des Herstellers tätig war, daß dieser weitere Vorteile zieht. Gerade die „Sogwirkung der Marke“ kann Mittler der Kontinuität sein. Anders liegt der Fall nur, wenn aus anderen Gründen die Kontinuität unterbrochen war, deshalb ein Neuaufbau des Kundenstamms notwendig ist und hierbei die „Sogwirkung der Marke“ förderlich ist.[321]

Nicht bestritten werden soll jedoch, daß das gute Image einer Marke die Neuwerbung von Kunden erleichtern kann. Dies kann aber allein über die Billigkeitserwägungen nach § 89 b Abs. 1 Satz 1 Nr. 3 HGB Einfluß auf die Höhe des AA haben.[322] Allerdings ist auch hier Vorsicht geboten.[323] Hierauf wird an späterer Stelle noch einzugehen sein.

ddd) Ausschluß wegen Unmöglichkeit des Vorteilserwerbs des Herstellers?

Die Analogie scheitert auch nicht daran, daß dem Hersteller grundsätzlich keine Vorteile — wie Bechtold behauptet— entstehen können, da die Kunden nicht auf ihn, sondern auf andere, Nachfolge- oder benachbarte Händler übergehen würden.[324] Schon tatsächlich ist dies nicht richtig. Es ist den Herstellern nach Beendigung des Vertragsverhältnisses zum VH keineswegs verwehrt, durch Direktverkäufe, insbesondere über eine werkseigene Niederlassung, unmittelbar Vorteile aus dem Kundenstamm zu ziehen. Darüber hinaus kommt es nicht auf unmittelbare Vorteile an. Denn es ist dem AA des HV nicht hinderlich, wenn er nur mittelbare Vorteile zieht, weil er die Verkäufe über einen neuen HV (oder auch einen nun eingesetzten VH) tätigt. Dasselbe muß für den VH gelten. Wenn auch der Nachfolge-VH Vorteile aus dem vom früheren VH geworbenen und gepflegten Kundenstamm zieht, ist es Sache des Herstellers, dies in den vertraglichen Abmachungen mit dem Nachfolge-VH zu berücksichtigen, etwa durch einen geringeren Mengenrabatt für den neuen VH in einer Übergangszeit.

---

321 So auch Schmidt DB 1979, 2357 (2362).
322 Siehe Fn. 310 und 311.
323 Lang BB 1982, 2068 (2070).
324 Bechtold NJW 1983, 1393 (1397).

dd) Zusammenfassung

Als Zwischenergebnis ist festzuhalten: Wie beim HV entsteht auch beim VH aufgrund des bestehenden Geschäftsbesorgungsverhältnisses mit Erfolgsvergütung ein „doppeltes Nutzungsverhältnis“ am Kundenstamm, das mit Vertragsende zerschnitten wird und zum „einseitigen Nutzungsverhältnis“ des Herstellers wird. Es besteht insoweit wesentliche Ähnlichkeit, ohne daß es weiterer Voraussetzungen zur Gleichstellung bedürfte. Die bestehenden Unterschiede haben sich, gemessen an § 89 b HGB, als unwesentlich erwiesen.

d) Die Vergütung: Vergleichbarkeit von Provision und Handelsspanne

Auf den ersten Blick scheinen erhebliche Unterschiede bei der Vergütung von HV und VH zu bestehen. Der HV erhält Provision vom Unternehmer, gegen den er auch den AA hat. Der VH dagegen bezieht das Entgelt für seine Tätigkeit von Dritten, seinen Kunden. Hierin wurde verschiedentlich eine erheblich abweichende Interessenlage gesehen. Denn Folge sei, daß, da ein etwaiger AA sich gegen den Unternehmer richte, „Grundvergütung“ und „Zusatzvergütung“ aus verschiedenen Quellen bezahlt würden.[325] Die nähere Betrachtung zeigt jedoch, daß auch hier bezüglich § 89 b HGB nur unwesentliche Abweichungen bestehen.

Zunächst verwundert nicht, daß der AA des HV auf dessen Provision abstellt. Denn es handelt sich, da Anknüpfungspunkt der Regelung der HV ist und dessen Tätigkeit mittels Provisionen vergütet wird, nur um die folgerichtige Einpassung der Regelung ins vorgegebene System.

Sodann läßt sich sowohl das Entgelt des HV als auch das des VH wirtschaftlich als Zahlung des Unternehmers verstehen.[326] Für die erfolgreiche — Erfolgsbezogenheit! — Erfüllung von Vertriebsaufgaben, die er ohne Einschaltung von Absatzmittlern auf eigene Kosten durchführen müßte, zahlt er dem HV die Provision (direkte Zahlung), während er dem VH das Verkaufsrecht mit entsprechend günstigem Einkaufspreis einräumt (indirekte Zahlung).

Dies wurde früher besonders deutlich, als der Unternehmer die Handelsspanne des VH in ihrer Höhe exakt bestimmte: Regelmäßig wurde der Einkaufspreis durch Abzug eines bestimmten Rabatts von den ver-

---

[325] Bechtold NJW 1983, 1393 (1396); v. Brunn DB 1961, 429 (430). Zur Vergleichbarkeit von Provision des HV und Gewinn des VH vgl. ferner einerseits — einen Unterschied betonend — Nipperdey, FS Hedemann, S. 222, 230 f.; Glaser DB 1957, 1173; Kochs S. 98; andererseits — einen wesentlichen Unterschied verneinend — Schröder BB 1958, 252 (254); Budczies S. 65 f.; Renz S. 46 f.; Klein S. 67 ff.; Kunz S. 63 ff.; Brüggemann in Staub-Großkommentar 4. A., vor § 84 Rn. 31.

[326] Klein S. 68.

bindlichen Listenpreisen zum Weiterverkauf festgelegt. Die Differenz war die Handelsspanne des VH, die — wegen des Handelns im eigenen Namen und auf eigene Rechnung — er selbst von den Kunden holte. Die Vergütung des VH bestimmte also der Hersteller, dieser verdiente sie sich — ebenso wie der HV — jeweils mit der erfolgreichen Durchführung eines Vertragsabschlusses.[327]

Die Aufhebung der Preisbindung durch Änderung des GWB rechtfertigt — entgegen der Ansicht Bechtolds[328] — keine andere Beurteilung. Er meint, es sei nunmehr Sache des VH, durch entsprechende Kalkulation seiner Verkaufspreise am Markt eine volle Vergütung aller seiner Leistungen zu erzielen. Ob der VH ausreichend vergütet werde, liege nicht mehr in der Hand des Herstellers.[329]

Rein tatsächlich hat sich in der Berechnungsart der Einkaufspreise im Grundlegenden nichts geändert. Sie werden nunmehr durch Abzug eines Rabatts von den (unverbindlich) empfohlenen Listenpreisen zum Weiterverkauf berechnet.[330]

Zwei praktische Bedenken gibt es gegen Bechtolds Argumentation:

Vor dem Wegfall der Preisbindung hat die Handelsspanne — davon scheint auch Bechtold auszugehen — den Teil der Leistungen, die sich auf Gewinnung neuer Kunden und Pflege des Kundenstamms beziehen, nicht abgedeckt, sondern dieser wird erst durch weitere Abschlüsse bei Vertragsfortdauer bzw. den AA bei Vertragsbeendigung vergütet. Eine von vornherein „volle Vergütung" — wie Bechtold will — kann sich der VH aber nicht holen.[331] Dies zeigt sich schon darin, daß nach Wegfall der Preisbindung die Spannen sich nicht erhöht haben, ja — wegen Abweichungen der Preise nach unten — eher geringer geworden sind. Durch die starke Richtlinienfunktion der unverbindlichen Preisempfehlungen ist die Höchstgrenze der Handelsspanne nach wie vor vom Hersteller festgelegt.

Dies unterstreicht folgende Überlegung: Hieße es nicht, daß, wenn der VH die besondere Leistung der Gewinnung neuer Kunden für sich und den Unternehmer („Doppelnutzungsverhältnis") durch einen entsprechenden Verkaufspreis vergüten lassen will, er — wegen der Gefahr, daß das VH-Verhältnis endet und er so nicht mehr zu weiterer Erfolgsvergütung kommt, welche diese Leistungen bei Vertragsfortdauer regelmäßig abdeckt — bei Neukunden einen besonders hohen

---

[327] A. A. Nipperdey, FS Hedemann, S. 222 ff.

[328] Bechtold NJW 1983, 1393 (1396 f.). Gegen Bechtold auch v. Westphalen DB 1984 Beilage Nr. 24 S. 6 f.

[329] Bechtold NJW 1983, 1393 (1397).

[330] Vgl. Teil III: I. 3. b).

[331] So auch Langer AWD BB 1974, 450 (451).

Preis verlangen müßte, um die Vergütung für die Erstgewinnung, den Wert, den er durch die Vergrößerung des Kundenstamms als solchem schafft, gleich miteinzunehmen? Dies geht an der Praxis vorbei.

Auch ist die Sicht des AA als „Zusatzvergütung" nicht ganz zutreffend. Zwar liegt dem AA der Vergütungsgedanke zugrunde, aber es handelt sich weder um eine nachträgliche Vergütung für abgewickelte Tätigkeiten noch um den Ausgleich für eine ungenügende Vergütung. Vielmehr entsteht der Anspruch erst zu dem Zeitpunkt, in dem aus dem „doppelten Nutzungsverhältnis" ein „einseitiges Nutzungsverhältnis" wird; der sich aus dem Kundenstamm als solchem ergebende Wert wird, da er nur noch dem Unternehmer Vorteile bringt, ausgeglichen.[332]

Entscheidend ist bezüglich § 89 b HGB, daß sowohl der HV als auch der VH während des Bestehens des VH-Verhältnisses ihren Nutzen aus dem Kundenstamm ziehen. Der HV sichert sich diese Vorteile aus dem Kundenstamm in Form der Provision, der VH dagegen in Gestalt der Handelsspanne. Insofern sind Provision und Handelsspanne gleichbedeutend. Der Unterschied der Art und Weise der Nutzungsziehung ist wiederum nur Reflex des für den AA wesensbestimmenden Auftretens im eigenen Namen und auf eigene Rechnung; dies begründet aber — wie dargestellt[333] — keine für § 89 b HGB wesentliche Abweichung.

Nach Vertragsbeendigung liegt dagegen nur noch eine einseitige Nutzung vor. Vorteile aus dem durch Leistungen des HV geschaffenen Wert zieht nunmehr allein der Unternehmer. Den gebotenen Vorteilsausgleich vornehmen kann nur er, da er den Vorteil daraus zieht. Die Lage ist damit die gleiche wie im Verhältnis Unternehmer zum HV.

Einen weiteren Einwand gegen die Vergleichbarkeit von Provision des HV und Handelsspanne des VH erhebt Brüggemann.[334] Nach seiner Ansicht ist der VH für seinen werbenden und kundenbetreuenden Einsatz schon während der Vertragsdauer voll entschädigt, indem ihm die Möglichkeit eines gesicherten Verdienstes durch Teilhabe an Ruf und good will der Marke unter Einräumung einer Vorzugsstellung im Wege der Absatzbindung oder des Alleinvertriebs eröffnet werde.

Diese Argumentation kann schon deswegen keinen Unterschied im Vergleich zum HV begründen, weil auch der HV, der Markenartikel vertreibt, ebenso von Ruf und good will profitiert, ohne daß deshalb der AA entfiele. Ebensowenig wie der HV ist der VH voll abgegolten. Für den im neugewonnenen Kundenstamm als solchem liegenden Wert kann auch der VH erst durch Folgegeschäfte, die mit meist geringerem

---

[332] Vgl. Teil IV: II. 2.

[333] Vgl. Teil V: B. III. 4. b).

[334] Brüggemann in Staub-Großkommentar 4. A., vor § 84 Rn. 31.

Tätigkeitsaufwand abgeschlossen werden können, entschädigt werden. Vorher erfolgt dies wegen der Erfolgsbezogenheit der Vergütung nicht.

Festzuhalten bleibt somit: Provision des HV und Handelsspanne sind bezüglich des von § 89 b HGB betroffenen Sachverhalts im wesentlichen ähnlich. Es handelt sich lediglich um verschiedene Modalitäten der Vergütungsgewährung. Die bestehenden Abweichungen sind gemessen am Grundgedanken des § 89 b HGB untergeordneter Natur.

e) Die Schutzbedürftigkeit von HV und VH

Die Frage nach einer dem HV vergleichbaren Schutzbedürftigkeit des VH ist bei der Diskussion um die analoge Anwendung des § 89 b HGB immer wieder in den Vordergrund gerückt, ja als „vorgeordnete Kardinalfrage" bezeichnet worden.[335] Aus den bereits gewonnenen Ergebnissen ergibt sich, daß es auf die Schutzbedürftigkeit des VH an dieser Stelle nicht ankommt:

Es ist eine Unterscheidung zwischen dem AA als solchem (§ 89 b Abs. 1 bis 3 HGB) und seiner Unabdingbarkeit (§ 89 b Abs. 4 Satz 1 HGB) vorzunehmen.[336]

Diese Trennung gilt auch für die Prüfung der Analogie. Da hierbei entscheidend auf den Grundgedanken der Norm abzustellen ist[337] und bei § 89 b Abs. 1 bis 3 HGB die Schutzbedürftigkeit des HV nicht zur ratio gehört[338], kann sie auch für die Frage eines AA des VH keine Rolle spielen.

Anders sieht es bei der Frage nach der Unabdingbarkeit aus. Bei der Erörterung der analogen Anwendung des § 89 b Abs. 4 Satz 1 HGB wird zur Beachtung seines Grundgedankens auf die Schutzbedürftigkeit des VH zurückzukommen sein.[339] Nur diese differenzierte Vorgehensweise wird den festgestellten Anforderungen an eine Analogie gerecht.

f) Billigkeitsgesichtspunkte

Billigkeitserwägungen sind neben dem Gedanken des Vorteilsausgleichs maßgebliche Grundlage des AA des HV.[340] Es bleibt daher die Frage, ob auch beim VH entsprechende Billigkeitsgesichtspunkte vorliegen, die einen AA aus Gründen der Billigkeit gebieten.

Auch beim VH ist der Kundenstamm Grundlage seiner Gewinne. Die Vertragskündigung bewirkt regelmäßig den Verlust des Kundenstamms,

---

[335] Sandrock, FS Fischer, S. 661; vgl. im übrigen Teil II: II.
[336] Vgl. Teil IV: II. 3. b) aa).
[337] Vgl. Teil V: B. III. 1.
[338] Vgl. Teil IV: II. 3. b) bb).
[339] Vgl. Teil IV: II. 3. b) bb).
[340] Vgl. Teil IV: II. 2. c).

da zum einen meist die Möglichkeit fehlt, kurzfristig Waren gleicher Art zu beziehen und sie den Kunden anzubieten, zum anderen der Übergang auf den Hersteller näher liegt. Die Folge ist die Gefährdung der Existenzgrundlage des VH bzw. die Erforderlichkeit des Neuaufbaus der Existenz. Der VH ist mithin zumindest ebenso betroffen wie der HV, ja der HV als Mehrfirmenvertreter, dem auch ein AA zusteht, ist eher weniger in seiner Existenz bedroht.

Zwar steht dem VH ein Investitionsersatzanspruch zu. Dieser beseitigt jedoch diese Betroffenheit nicht. Er trifft nur Verluste aus nicht amortisierten Investitionen. Beim VH liegt nämlich eine doppelte Betroffenheit vor. Der Investitionsersatzanspruch deckt nur die eine Seite ab — Verlust durch nicht amortisierte Investitionen —, die andere — Verlust des Kundenstamms und die Folgen hieraus — dagegen der AA. Es erscheint unzumutbar, dem VH allein die Risiken der Vertragsbeendigung aufzubürden, insbesondere dann, wenn — und dies trifft gerade den Fall des AA — der Unternehmer zugleich voll vom Kundenstamm profitieren kann. Die Lage ist die gleiche wie beim HV. Der Abbau unbilliger Härten, das Gebot der Gerechtigkeit fordern daher, dem VH ebenfalls den AA zuzusprechen.

g) Die Bedeutung der weitergehenden Aufgaben und Risiken des VH

Eingangs der Ähnlichkeitsprüfung wurden die im Vergleich zum HV wesentlich umfangreicheren Aufgaben und Risiken des VH herausgestellt.[341] In diesem größeren Tätigkeitsfeld bilden Markterschließung und Marktbetreuung, die Kundenwerbung des VH nur einen — wenn auch nicht unwesentlichen — Ausschnitt. Gerade dieser Bereich ist jedoch der für § 89 b HGB maßgebende. In diesem Bereich besteht nach obigen Untersuchungen bei HV und VH im wesentlichen die gleiche Interessenlage. Die zusätzlichen Aufgaben und Risiken des VH dagegen betreffen andere, weitere Tätigkeitsfelder des VH. Sie betreffen den von § 89 b HGB erfaßten Bereich nicht und können daher auch keine für die Analogiefrage wesentlichen Unterschiede begründen. Ihnen vermag allenfalls bei einem allgemeinen Vergleich HV — VH Gewicht zukommen; dies ist jedoch unerheblich, da für die Analogie zu § 89 b HGB allein auf dessen Grundgedanken und damit auf dessen Regelungsbereich abzustellen ist.

h) Rechtspolitische und rechtsvergleichende Erwägungen

Auch rechtspolitische[342] und rechtsvergleichende Erwägungen sprechen nicht gegen eine analoge Anwendung.

---

341 Vgl. Teil V: B. III. 4. a).

342 Nicht eingegangen werden kann und soll an dieser Stelle auf die durch-

Insbesondere früher wurden rechtspolitische Bedenken geltend gemacht: So wurde befürchtet, daß eine Ausdehnung ins Uferlose führe.[343] Dieses Bedenken ist nicht haltbar. Denn § 89 b HGB enthält gerade keinen allgemeinen Grundsatz, nach dem jeder, der seine vertraglichen Verpflichtungen erfüllt, nach Vertragsbeendigung einen zusätzlichen Anspruch hat, wenn seine Leistungen dem Vertragspartner einen fortwirkenden wirtschaftlichen Vorteil erbringen, er selbst daraus aber keinen Nutzen mehr ziehen kann. Vielmehr ist nur dann eine Analogie möglich, wenn, gemessen am speziellen Grundgedanken des § 89 b HGB, eine wesentliche Ähnlichkeit besteht. In solchen Fällen ist eine Analogie dann aber auch gerechtfertigt.[344]

Ferner werden die durch den Zuspruch eines AA an den VH entstehenden wirtschaftlichen Belastungen als für die Wirtschaft folgenschwer und untragbar herausgestellt.[345] Auch dieser Einwand ist letztlich nicht von Gewicht. Bei Einführung des AA des HV bestanden ebenfalls solche Bedenken, die sich jedoch dann in der Praxis als grundlos erwiesen haben. Hohe AA des VH entstehen nur dann, wenn der VH durch herausragende Leistungen dem Hersteller entsprechende Vorteile verschafft hat. Es ist Sache des Herstellers, den möglichen AA in seine Kalkulationen einzubeziehen. Zudem besteht die Möglichkeit — so wie dies bei HV durchaus nicht unüblich ist — den Nachfolger des VH durch entsprechende Vertragsgestaltung mitzubelasten. Denn wenn er an der Arbeit des Vorgängers verdient, dann kann er auch dafür bezahlen.[346]

Vielmehr sprechen rechtspolitische Erwägungen eher für als gegen einen AA des VH: Neben dem bereits hervorgehobenen Gebot der Gerechtigkeit ist dies bei Ablehnung eines AA des VH der bestehende Anreiz zur Umgehung der zwingenden HV-Vorschriften — und hier insbesondere des § 89 b HGB — durch Ausweichen auf den VH-Vertrieb. Gerade nach der Verschärfung des HV-Rechts nahm die Verbreitung der VH erheblich zu. Die Zulässigkeit des Schlusses von der Gleichzeitig-

---

aus diskussionswürdige rechtspolitische Frage, ob § 89 b HGB konsequenter- und sinnvollerweise nicht anders ausgestaltet werden sollte, etwa indem die Erhaltung des bereits vorhandenen Kundenstamms durch Pflege und Betreuung als gleiche Leistung wie die Neuwerbung angesehen wird und deshalb anspruchsbegründend wirken sollte, oder daß bei der Berechnung der Höhe vom Wert auszugehen ist, den der Kundenzuwachs für den Hersteller repräsentiert (so Huber S. 261).

343 Nipperdey, FS Hedemann, S. 232; Glaser DB 1957, 1173; Schuler NJW 1959, 649 (652); ders. NJW 1961, 758 (759 f.).

344 So auch Schröder BB 1958, 252 (253); Klein S. 78 f.

345 Mücke MDR 1956, 641; v. Brunn DB 1961, 429; Brüggemann in Staub-Großkommentar 3. A., § 89 b Anm. 6.

346 So auch Klein S. 80 f.

keit auf die Ursächlichkeit erscheint in diesem Fall keineswegs fernliegend.[347]

Der Vergleich zu anderen Ländern hat gezeigt,[348] daß das Problem auch dort aktuell ist. Zwar ist in keinem der Länder, die einen AA des HV kennen, die analoge Anwendung auf den VH von der Rechtsprechung anerkannt. Jedoch wird in der Literatur — auch sofern sie mit der Rechtsprechung einen AA ablehnt — überwiegend ein solcher AA auch für den VH als gerecht und angebracht angesehen. Das Bedürfnis wird darüber hinaus dadurch unterstrichen, daß in anderen Ländern (Belgien, USA) sogar ausdrücklich Ansprüche des VH normiert sind. Zum Teil (Italien, Frankreich) wird auf anderem Wege als über die Analogie versucht, den Kundschaftsverlust zu entschädigen, zum Teil (Schweiz, Österreich) ist die Lage eher als offen zu bezeichnen, wobei bisher noch überwiegend die Analogie „nur" wegen dogmatischer Bedenken abgelehnt wird. Dies bedeutet aber, daß dann, wenn im deutschen Recht auf dogmatisch einwandfreie Weise eine Analogie bejaht werden kann, der ablehnenden Haltung im ausländischen Recht kein maßgebliches Gewicht zukommt. Argumente gegen einen AA, die auch im deutschen Recht einschlägig und die nicht in obigen Ausführungen widerlegt worden sind, tauchen nicht auf. In der Gesamtschau spricht der Meinungsstand im ausländischen Recht deshalb eher für als gegen die Gewährung eines AA an den VH. Ob der Weg der Analogie gangbar ist, kann sich einzig nach deutschem Recht richten.

i) Ergebnis

Damit steht fest: Dem VH ist in Analogie zu § 89 b Abs. 1 bis 3 HGB ein AA zu gewähren. Die für eine Analogie erforderliche Ähnlichkeit der Sachverhalte liegt vor. Der Grundgedanke der gesetzlichen Regelung trifft auch den VH. Es bestehen vergleichbare Beziehungen, die ein „doppeltes Nutzungsverhältnis" am Kundenstamm entstehen lassen, das bei Vertragsbeendigung zerschnitten wird und das aufgrund der Eigenart des Verhältnisses mit Erfolgsvergütung entstanden ist, so daß auch hier der Gedanke des Vorteilsausgleichs begründet ist. Ebenso rechtfertigen die gleichen Billigkeitsgesichtspunkte wie beim HV den Anspruch. Die bestehenden Unterschiede zwischen HV und VH haben sich, gemessen an der gesetzlichen Wertung, als unwesentlich herausgestellt.

Es zeigt sich somit, daß die neuere Rechtsprechung sich im Ergebnis mit der grundsätzlichen Bejahung des AA des VH entgegen mancher Kritik auf der richtigen Spur befindet. Allerdings bedarf es der von der

---

[347] Im Ergebnis ebenso Klein S. 80.

[348] Vgl. Teil V: A.

Rechtsprechung für die Analogie noch immer aufgestellten Voraussetzungen nicht. Einzig erforderlich, aber auch ausreichend ist, daß es sich um einen VH im Sinne der hier gegebenen Definition handelt. Immer wenn dies der Fall ist, ist eine analoge Anwendung des § 89 b Abs. 1 bis 3 HGB möglich. Es stellt sich dann nur noch die Frage, ob die Anspruchsvoraussetzungen im Einzelfall erfüllt sind.

5. Unabdingbarkeit des AA?

Als Zwischenergebnis steht bisher fest, daß dem VH in Analogie zu § 89 b Abs. 1 bis 3 HGB ein AA jedenfalls dispositiv zusteht. Die Frage, ob er auch unabdingbar, also insbesondere, ob § 89 b Abs. 4 Satz 1 HGB ebenfalls analog anzuwenden ist, ist aufgrund der hier für erforderlich gehaltenen und daher vorgenommenen Trennung zwischen dem AA als solchem und seiner Unabdingbarkeit in gesonderter Prüfung zu klären.

Die Frage ist von großer Bedeutung für die Praxis. Denn in zunehmender Zahl finden sich in den VH-Verträgen Klauseln, die ausdrücklich den AA oder allgemein Ansprüche des VH bei Vertragsende — und damit auch den AA — ausschließen.[349]

a) Analoge Anwendung des § 89 b Abs. 4 Satz 1 HGB?

Eine Analogie ist möglich bei überwiegender Ähnlichkeit von geregeltem und nicht geregeltem Sachverhalt, wenn im wesentlichen Übereinstimmung besteht, die Abweichungen unwesentlich sind. Entscheidend abzustellen ist hierbei auf den Grundgedanken der Norm.[350]

Grundgedanke der Vorschrift über die Unabdingbarkeit des AA ist die Schutzbedürftigkeit des HV.[351] Entscheidend ist daher, ob der VH in gleicher Weise schutzbedürftig ist.

Eine Schutzbedürftigkeit des VH wurde in der Vergangenheit in der Rechtsprechung und z. T. auch in der Literatur bei zwei Fallgestaltungen, die praktisch bei allen VH vorliegen, — und deshalb grundsätzlich — verneint: Ursprünglich dann, wenn es wegen Unterwerfung unter

349 Vgl. Teil III: I. 4.

350 Vgl. ausführlich Teil V: B. III. 1.

351 Vgl. Teil IV: II. 3. b) bb). Deshalb lehnen Stumpf / Zimmermann eine analoge Anwendung des § 89 b Abs. 4 Satz 1 HGB auf VH ab; dieser sei nicht schutzbedürftig (BB 1978, 429 (431 f.)); ebenso Stumpf, VH-Vertrag, Rn. 124; wohl auch Küstner Rn. 46, 447 Fn. 9. Für nicht abdingbar halten den AA des VH Schuler NJW 1959, 649 (652); Wyniger S. 24; indirekt auch OLG Frankfurt BB 1983, 1435 (1438). Im übrigen wurde die Frage der Abdingbarkeit im Fall des Zuspruchs des AA bisher nicht diskutiert. Leiss, Kundschaftsentschädigung, S. 67, bezeichnet die Frage als „sehr delikat", ohne auf sie — von seiner ablehnenden Haltung her folgerichtig — einzugehen. Die Frage offengelassen hat BGH NJW 1985, 623 (630).

einen Formularvertrag an einer freien Aushandlung gefehlt hat[352], später dann, wenn der VH im Gegensatz zum typischen HV sein Geschäft mit wesentlichem eigenen Kapitaleinsatz geführt hat.[353]

Beide Kriterien sind zur Feststellung der Schutzbedürftigkeit des VH ungeeignet.

Ersteres hat der BGH selbst alsbald mit überzeugenden Gründen aufgegeben.[354] Zu Recht wurde festgestellt, daß ein Schutzbedürfnis nicht schon immer dann zu bejahen ist, wenn sich der VH einem Formularvertrag hat unterwerfen müssen. Die Unterwerfung einer Partei unter Formularverträge ist eine im Wirtschaftsverkehr ganz und gar übliche Erscheinung. Sie kann, muß aber nicht, für wirtschaftliche Unterlegenheit sprechen.[355]

Der Streit, ob der Einsatz wesentlichen Eigenkapitals seitens des VH ein Indiz für mangelnde Schutzbedürftigkeit ist, bildete lange den Kern der Schutzbedürftigkeitsdiskussion. Teils wurde dies bejaht, teils gerade dies umgekehrt als Grund für eine gesteigerte Schutzbedürftigkeit gesehen, weil dadurch neben dem Kundschaftsverlust auch die Entwertung des eingesetzten Kapitals drohe.[356] Mit der Bejahung des Investitionsersatzanspruchs und der damit verbundenen Erkenntnis, daß der AA nichts mit diesen nicht amortisierten Investitionen und dem Kapitaleinsatz zu tun hat, ist dieser Streit obsolet geworden; dies gilt zumindest soweit, wie der Investitionsersatzanspruch den VH schützt. Das Indiz des Einsatzes von wesentlichem Eigenkapital geht am Kern der Sache vorbei: Die Schutzbedürftigkeit hinsichtlich § 89 b HGB darf nicht auf den Kapitaleinsatz bezogen werden.

Die dem § 89 b Abs. 4 Satz 1 HGB als Grundgedanke zugrunde liegende Schutzbedürftigkeit ist differenziert zu betrachten: Der Gesetzgeber nahm eine solche beim HV im Hinblick auf § 89 b HGB an, weil er die Regelung als wesentlich ansah und er befürchtete, ein Vertragsteil könne die Regelung, frei ausgehandelt, regelmäßig nicht durch-

---

352 BGHZ 29, 83 (88 f.).

353 BGHZ 34, 282 (291 f.); vgl. auch Teil II.

354 BGHZ 34, 282 (289 f.).

355 BGHZ 34, 282 (289 f.).

356 Vgl. zur Schutzbedürftigkeitsdiskussion die Nachweise Teil IV: II. 3. b) Fn. 47 und die Darstellung der Entwicklung des Schrifttums Teil II: II. Speziell zur Indizwirkung des Eigenkapitals: Als wichtiges Unterscheidungsmerkmal sehen dies v. Brunn DB 1961, 429 (431) an; ders., FS 150 J. Carl Heymanns Verlag, S. 341; Renz S. 52; BGHZ 24, 282 (291 ff.) und die nachfolgende Rechtsprechung bis zur Wende in BGHZ 68, 340. Für schutzbedürftiger halten den VH deshalb: Buchwald, GmbH-Rundschau 1957, 102 (103); Schröder BB 1961, 809 (812); Budczies S. 67; v. Gierke / Sandrock § 28 C IV 2, S. 496; v. Westphalen DB 1981 Beilage Nr. 12 S. 5. Für ungeeignet bzw. unerheblich halten das Merkmal Schröder BB 1961, 809 (812); ders., Kommentar, § 89 b Rn. 3 c; Ebenroth S. 204; Baumbach / Duden / Hopt § 84 Anm. 2 A.

setzen.[357] Letzteres wird dadurch unterstrichen, daß nur eine Abbedingung im voraus ausgeschlossen ist. Nach Vertragsende ist dagegen ein Verzicht auf den AA möglich; dies zeigt, daß gerade das wirtschaftliche Ungleichgewicht bzw. während der Vertragsdauer bestehende Abhängigkeiten für die Anordnung der Unabdingbarkeit wesentlich sind.[358]

In gleicher Weise wie beim HV ist der AA beim VH als wesentliche Regelung anzusehen. Dies ergibt sich schon aus der festgestellten wesentlichen Ähnlichkeit der Tatbestände, aufgrund derer die Analogie zu § 89 b Abs. 1 bis 3 HGB zu bejahen ist.[359]

Ebenso besteht beim VH wie beim HV die Befürchtung, daß er in freier Aushandlung regelmäßig diese wesentliche Bestimmung nicht wird durchsetzen können. Ein deutliches Indiz hierfür bietet die Praxis: Nirgends findet sich die Vereinbarung eines solchen AA[360], obwohl wesentliche Gerechtigkeits- und Billigkeitsgründe dies für einen angemessenen Interessenausgleich erfordern würden. Hinzu kommt: Regelmäßig hat der VH aufgrund der wirtschaftlichen Machtverhältnisse keinerlei Einfluß auf die Vertragsgestaltung, die Durchsetzung seiner berechtigten Interessen ist ihm nicht möglich. Ist der Vertrag erst geschlossen, so gilt dies während der Vertragsdauer erst recht: Durch die starke Bindung an einen oder wenige Hersteller tritt für den VH — eher noch stärker als beim HV — in hohem Maße eine Beeinträchtigung der wirtschaftlichen Selbständigkeit und eine wirtschaftliche Abhängigkeit vom Hersteller ein. Insbesondere belastet ihn auch für den Fall der Vertragsbeendigung das Risiko des Kundenstammverlustes erheblich, so daß eine mögliche Kündigungsdrohung diese „Unterworfenheit" durchaus verstärken kann.[361]

Damit steht fest: Der VH ist regelmäßig ebenso schutzbedürftig wie der HV. Diese wesentliche Ähnlichkeit gestattet die analoge Anwendung von § 89 b Abs. 4 Satz 1 HGB. Es liegen dieselben, die Durchbrechung der Privatautonomie rechtfertigenden Gründe vor.[362]

Bedenken bestehen nur noch insofern, als daß es im Einzelfall auch nicht schutzbedürftige VH geben mag, so wie es auch solche HV gibt. Für die HV hat der Gesetzgeber nun aber die Entscheidung, daß der

---

357 Vgl. Teil IV: II. 4.

358 Vgl. schon Teil IV: II. 3. bb) Fn. 53.

359 Vgl. Teil V: B. III. 4.

360 Vgl. Teil III: I. 4.

361 Vgl. auch Sandrock, FS Fischer, S. 672. Das Argument des Umstellungsrisikos trifft nur, soweit es sich auf den Kundschaftsverlust bezieht, nicht dagegen, soweit es den Kapitaleinsatz betrifft, denn hier schützt der Investitionsersatzanspruch.

362 Im Ergebnis ebenso neuerdings v. Westphalen DB 1984 Beilage Nr. 24 S. 9.

AA unabdingbar ist, generell getroffen und aus Gründen der Rechtssicherheit und Rechtseinheitlichkeit auf das Abstellen auf den Einzelfall verzichtet.

Obwohl für die Analogieprüfung jeweils auf den konkreten Einzelfall abzustellen ist[363], ist es möglich, diese generelle Entscheidung für den HV auch für den VH zu übernehmen. Denn deren Grundgedanke, das Streben nach Rechtssicherheit und Rechtseinheitlichkeit, trifft auch die Sachlage beim VH. Nur so wird die bestehende Regelungslücke konsequent und vollständig in Fortbildung der bestehenden gesetzlichen Regelung ausgefüllt. Daher ist eine analoge Anwendung des § 89 b Abs. 4 Satz 1 HGB auf den VH ohne Prüfung der Schutzbedürftigkeit im Einzelfall zu bejahen.[364]

b) *Wirksamkeit anspruchsausschließender Vertragsklauseln?*

aa) Bei analoger Anwendung des § 89 b Abs. 4 Satz 1 HGB

Aufgrund der gebotenen Analogie zu § 89 b Abs. 4 Satz 1 HGB ist der AA des VH zwingender Natur. Der Verstoß einer Formularklausel gegen eine zwingende Rechtsvorschrift hat deren Nichtigkeit zur Folge.[365] Die einen AA ausschließenden Klauseln sind daher unwirksam.[366]

bb) Bei Ablehnung der analogen Anwendung des § 89 b Abs. 4 Satz 1 HGB

Trotz des soeben gewonnenen eindeutigen Ergebnisses soll noch der Frage nachgegangen werden, ob der AA überhaupt — unabhängig von der Anwendbarkeit des § 89 b Abs. 4 Satz 1 HGB auf den VH — in VH-Verträgen wirksam ausgeschlossen werden kann oder ob solche Klauseln an der Inhaltskontrolle nach dem AGB-Gesetz scheitern. Interessant erscheint diese Alternativüberlegung deshalb, weil bei der Prüfung der Analogie des § 89 b Abs. 1 Satz 4 HGB die seit Jahren geführte Diskussion um die Schutzbedürftigkeit des VH unvermeidbar ist, so

---

[363] Vgl. Teil V: B. III. 1.

[364] A. A. dürfte der BGH sein, da er in den Entscheidungen, in denen er für die (noch nicht zwischen AA und Unabdingbarkeit differenzierende) Analogieprüfung noch auf die Schutzbedürftigkeit des VH abstellte, immer die Notwendigkeit der Schutzbedürftigkeit im konkreten Einzelfall betonte, vgl. Teil II: I.

[365] Vgl. nur Brandner in Ulmer / Brandner / Hensen § 9 Rn. 41.

[366] Damit liegt die (nicht rechtskräftige) Entscheidung des OLG Frankfurt BB 1983, 1435 (1438) (ebenso die Vorinstanz, LG Frankfurt ZIP 1982, 1224 (1229) im Ergebnis richtig. Die Begründung beider Urteile überzeugt jedoch nicht, da sie es unterlassen haben, die analoge Anwendung von § 89 b Abs. 4 Satz 1 HGB auch nur zu problematisieren. Dasselbe gilt für Wolf in Wolf / Horn / Lindacher § 9 Rn. V 34. Hinsichtlich des Ergebnisses bestätigt wurden die beiden genannten Entscheidungen in diesem Punkt jetzt durch die Revisionsentscheidung BGH NJW 1985, 623 (630).

daß befürchtet werden muß, daß in dieser Frage wegen „erstarrter Fronten“, wegen „Stilisierung zur Anschauungsfrage“ ein breiter Konsens im Ergebnis nicht erreicht werden kann. Gelangt man aber zum Ergebnis, daß die den AA ausschließenden Klauseln der Inhaltskontrolle nach dem AGB-Gesetz nicht standhalten, so verliert dieser Streitpunkt erheblich an Schärfe, da er dann nur noch für Individualvereinbarungen interessant ist.

Die für eine Vielzahl von Fällen vom Hersteller vorformulierten VH-Verträge unterliegen der Inhaltskontrolle nach § 9 AGB-Gesetz (§ 24 Satz 1 Nr. 1 AGB-Gesetz).[367]

Nach der Generalklausel des § 9 Abs. 1 AGB-Gesetz sind Bestimmungen unwirksam, wenn sie den Vertragspartner des Verwenders entgegen den Geboten von Treu und Glauben unangemessen benachteiligen. Bezweckt wird hiermit, der bei Formularverträgen typischerweise bestehenden Gefährdung des Vertragsgleichgewichts entgegenzuwirken, eine angemessene Risikoverteilung zwischen den Parteien, Vertragsgerechtigkeit zu erreichen.[368] Es hat eine Abwägung der beiderseitigen Rechte und Pflichten zu erfolgen, wobei maßgeblich ist, ob in der nach Treu und Glauben gebotenen Weise auf die berechtigten Belange des Vertragspartners angemessene Rücksicht genommen wird. Unangemessen ist eine „Formularklausel, in der der die Vertragsgestaltung einseitig für sich in Anspruch nehmende Verwender mißbräuchlich eigene Interessen auf Kosten des Vertragspartners durchzusetzen versucht, ohne von vornherein die Interessen seines Partners hinreichend zu berücksichtigen und ihm einen angemessenen Ausgleich zuzugestehen“.[369] Dabei ist wie bei der Auslegung nicht auf die konkreten Umstände des Einzelfalls abzustellen, sondern auf die typische Interessenlage der beteiligten Kreise; die Klauseln sind über das individuelle Verhältnis hinaus in generalisierender Weise zu betrachten.[370]

Konkretisiert wird § 9 Abs. 1 AGB-Gesetz durch § 9 Abs. 2 AGB-Gesetz. Danach wird eine unangemessene Benachteiligung indiziert, wenn von der gesetzlichen Regelung in mit deren wesentlichen Grundgedanken unvereinbarer Weise abgewichen wird (§ 9 Abs. 2 Nr. 1 AGB-Gesetz) oder sich aus der Natur des Vertrages ergebende wesentliche

---

367 Nähere Begründung vgl. Teil V: B. III. 3. f). Zur Unvereinbarkeit der Bestimmungen in VH-Verträgen mit dem AGB-Gesetz vgl. auch Bunte ZIP 1982, 1166; Ulmer in Ulmer / Brandner / Hensen Anh. §§ 9 - 11 Rn. 880 ff.; v. Westphalen NJW 1982, 2465; Wolf in Wolf / Horn / Lindacher § 9 Rn. V 21 ff. Siehe hierzu jüngst auch BGH NJW 1985, 623 (630) und Bunte NJW 1985, 600 ff.; ferner Joerges, FS Wassermann, S. 697 ff.

368 Brandner in Ulmer / Brandner / Hensen § 9 Rn. 1, 55.

369 So auch BGH BB 1984, 233 (234) (ständige Rspr.).

370 Brandner in Ulmer / Brandner / Hensen § 9 Rn. 70; MK-Kötz § 9 AGB-Gesetz Rn. 6.

Rechte und Pflichten ausgehöhlt werden (§ 9 Abs. 2 Nr. 2 AGB-Gesetz). § 9 Abs. 2 Nr. 2 AGB-Gesetz ist subsidiär zu § 9 Abs. 2 Nr. 1 AGB-Gesetz[371]; denn wenn dispositives Recht besteht, ist dies der maßgebende Maßstab für die Klauselüberprüfung.[372] Dies gilt auch, wenn es nur für Teilfragen einschlägig ist.[373] Die „gesetzliche Regelung" trifft dabei alle Rechtsvorschriften, die durch Auslegung, Analogie oder Rechtsfortbildung aus den dispositiven Vorschriften sich ableiten.[374] Dies folgt aus dem Normzweck, wonach der Wertung des dispositiven Rechts Vorrang zukommt. Die analoge Anwendung wahrt gerade die wesentlichen Grundgedanken der gesetzlichen Regelung und kommt ihr daher am nächsten.[375]

In Anwendung dieser Grundsätze steht fest: Prüfungsmaßstab für die den AA ausschließenden Formularklauseln ist § 9 Abs. 2 Nr. 1 AGB-Gesetz. Denn es gibt zwar keine (dispositive) Gesamtregelung des VH-Vertrags, aber für den Teilbereich des AA liegt mit dem analog anzuwendenden § 89 b Abs. 1 bes 3 HGB eine dispositive Regelung als Prüfungsmaßstab vor.

Mit dem Abstellen auf die wesentlichen Grundgedanken der gesetzlichen Regelung knüpft das Gesetz an den von der Rechtsprechung entwickelten Grundsatz vom unterschiedlichen Gerechtigkeits- und Zweckmäßigkeitsgehalt der gesetzlichen Normen an. Mit der Leitbildfunktion des dispositiven Rechts soll dessen Gerechtigkeitsgebot zum Erfolg geführt werden, während mehr von der Zweckmäßigkeit getragene Normen eher eine Abweichung gestatten. Je größer der Gerechtigkeitsgehalt der verdrängten Norm, desto strenger ist der Maßstab, um so gewichtiger müssen die Gründe einer Abweichung sein.[376] Vor- und Nachteile der Klausel, die Interessen des Verwenders an der Aufrechterhaltung und des Vertragspartners am Wegfall müssen gegenübergestellt und abgewogen werden.[377]

---

371 Graba in Schlosser / Coester-Waltjen / Graba § 9 Rn. 30; Schlosser in Staudinger § 9 AGB-Gesetz Rn. 27; a. A. Wolf in Wolf / Horn / Lindacher § 9 Rn. 76.

372 Graba in Schlosser / Coester-Waltjen / Graba § 9 Rn. 30.

373 Graba in Schlosser / Coester-Waltjen / Graba § 9 Rn. 30.

374 Brandner in Ulmer / Brandner / Hensen § 9 Rn. 99; Graba in Schlosser / Coester-Waltjen / Graba § 9 Rn. 24; Schmidt-Salzer NJW 1977, 129 (139); Löwe / v. Westphalen / Trinkner § 9 Rn. 22, 27; Wolf in Wolf / Horn / Lindacher § 9 Rn. 63; BGH BB 1982, 461 (462); a. A. Schlosser in Staudinger § 9 AGB-Gesetz Rn. 20.

375 Graba in Schlosser / Coester-Waltjen / Graba § 9 Rn. 30.

376 Ständige Rspr.: BGH NJW 1984, 1182; BGHZ 41, 151 (154); BGHZ 54, 106 (107 f.); BGHZ 60, 243 (245); BGHZ 63, 238 (239). Brander in Ulmer / Brandner / Hensen § 9 Rn. 96; MK-Kötz § 9 AGB-Gesetz Rn. 12; Graba in Schlosser / Coester-Waltjen / Graba § 9 Rn. 25, 47; a. A. Wolf in Wolf / Horn / Lindacher § 9 Rn. 65.

377 MK-Kötz § 9 AGB-Gesetz Rn. 4.

Beim AA nach § 89 b Abs. 1 bis 3 HGB handelt es sich nicht um eine Zweckmäßigkeitsvorschrift; die Grundgedanken der Vorschrift sind in hohem Maße von Gerechtigkeit und Billigkeit geprägt.[378] Der Ausgleich erfolgt dafür, daß der Hersteller nunmehr allein Vorteile aus dem bis dahin gemeinsamen Kundenstamm zieht. Durch die zur Prüfung anstehenden Formularklauseln wird der AA nicht nur in veränderter Weise gewährt, sondern er wird völlig ausgeschlossen, es handelt sich also um die graduell denkbar stärkste Abweichung. Durch den Ausschluß des AA erleidet der VH erhebliche Nachteile, einen wesentlichen Rechtsverlust. Der mit dem AA angestrebte Interessenausgleich bezüglich des gemeinsamen Kundenstamms und das damit beabsichtigte gerechte Ergebnis werden verhindert. Einseitig wird das Risiko der Vertragsbeendigung dem VH auferlegt. Es tritt u. U. die Existenzgefährdung ein, welche durch den AA gerade auch verhindert werden soll. Der Vorteil des Herstellers bei der Wirksamkeit der Formularklauseln liegt darin, daß er nicht mit dem AA belastet wird. Dieser Vorteil ist nicht gerechtfertigt, da der AA aus Gerechtigkeitsgründen für einen Vorteilsausgleich sorgen will. Auch hat die Unwirksamkeit der anspruchsausschließenden Klauseln keine untragbaren Konsequenzen für den Verwender. Der AA führt nicht zu einer untragbaren wirtschaftlichen Belastung, zumal Anspruchsvoraussetzung ist, daß der Hersteller noch erhebliche Vorteile aus der früheren Geschäftsverbindung zieht. Auch kann er die Belastungen u. U. teilweise auf Nachfolge-VH abwälzen. Hinzu kommt, daß das VH-Verhältnis von sich auch auf die die Vertragsbeendigung erstreckenden, besonderen Treuepflichten der Parteien geprägt ist. Diese verbieten eine krasse Abweichung von den Gerechtigkeitsvorstellungen des Gesetzes erst recht.

Die notwendige Abwägung ergibt daher, daß ein Ausschluß des AA mit wesentlichen Grundgedanken der gesetzlichen Regelung unvereinbar ist.

Eine unangemessene Benachteiligung könnte danach allenfalls noch dann zu verneinen sein, wenn eine Kompensation der Nachteile durch Vergünstigungen an anderer Stelle vorliegen würde. Voraussetzung hierfür ist, daß andere Klauseln für einen angemessenen Ausgleich sorgen, so daß die schädlichen Klauseln wieder beseitigt werden müssen. Die Regelungsgehalte müssen jedoch tatsächlich vergleichbar sein.[379]

---

378 Vgl. Teil IV: II.

379 Vgl. BGH BB 1982, 461 mit dem bisher einzigen aus der Rechtsprechung bekannten Beispiel: Einerseits Übertragung des Dispositionsrechts, andererseits angemessener wirtschaftlicher Ausgleich in Gestalt der Einräumung des Remissionsrechts. Siehe auch BGH NJW 1984, 1182 (1183 f.); Brandner in Ulmer / Brandner / Hensen § 9 Rn. 76; Schlosser in Staudinger § 9 AGB-Gesetz Rn. 32.

Schon an letzter Voraussetzung fehlt es an der einzig für eine Kompensation eventuell noch in Betracht zu ziehenden, in manchen Verträgen vorkommenden Klausel, wonach bei Vertragsende eine Verpflichtung zur Übernahme des Warenlagers besteht. Darüber hinaus handelt es sich auch hierbei um eine — unabhängig von der ausdrücklichen Gewährung — aus der besonderen Treue- und Rücksichtnahmepflicht abgeleitete und im Wege der ergänzenden Vertragsauslegung zu begründende Vertragspflicht.[380] Ein angemessener Ausgleich für die Abbedingung des AA ist in den VH-Verträgen nirgends erkennbar.

Die Üblichkeit einer Klausel steht einem Verstoß gegen Treu und Glauben nicht entgegen.[381] Auf die Häufigkeit des Vorkommens von den AA ausschließenden Klauseln kommt es deshalb nicht an.

Damit steht fest: Die in VH-Verträgen vorkommenden Klauseln, wonach der AA ausgeschlossen ist, und damit auch solche, die sämtliche Ansprüche bei Vertragsende einschließlich AA ausschließen, weichen in mit wesentlichen Grundgedanken der gesetzlichen Regelung unvereinbarer Weise ab und benachteiligen den VH entgegen den Geboten von Treu und Glauben unangemessen.[382]

Der AA des VH kann mithin nicht durch Formularklauseln ausgeschlossen werden. Dies gilt unabhängig von dem Meinungsstreit, ob § 89 b Abs. 4 Satz 1 HGB analog anwendbar ist oder nicht. Die Bedeutung des Streits um die Schutzbedürftigkeit minimiert sich damit auf extreme Ausnahmefälle. Er spielt eine Rolle nur noch bei einem Ausschluß des AA in Individualvereinbarungen, was in der Praxis so gut wie nicht vorkommt.

c) Ergebnis

Der AA steht dem VH in analoger Anwendung von § 89 b Abs. 4 Satz 1 HGB zwingend zu. Selbst bei Ablehnung dieser Auffassung ist aber jedenfalls ein formularmäßiger Ausschluß wegen Verstoßes gegen § 9 AGB-Gesetz nicht möglich.

---

380 BGHZ 54, 338.

381 BGH BB 1982, 461 (462); vgl. etwa auch v. Westphalen NJW 1982, 2465 (2470).

382 Zu diesem Ergebnis gelangt jetzt auch BGH NJW 1985, 623 (630) — allerdings an § 9 Abs. 2 Nr. 2 AGB-Gesetz anknüpfend und ohne (nähere) Ausführungen — in der „Hilfsbegründung" für die Unwirksamkeit eines formularmäßigen Ausschlusses des AA. Diese Begründung des BGH ist bedeutungsvoller als sein Hauptargument, die Unwirksamkeit der Klausel ergebe sich (im zu entscheidenden Fall) schon daraus, daß sie den AA auch für den Fall ausschließe, daß die Schutzbedürftigkeit des VH bejaht werden muß. (In diesem Fall bezweifelt der BGH offenbar die analoge Anwendung des § 89 b Abs. 4 HGB nicht.) Denn dem könnte durch entsprechende Vertragsformulierung begegnet werden.

Teil VI

Weitere Fragen zum Ausgleichsanspruch des Vertragshändlers

I. Vorbemerkungen

Mit der Bejahung der analogen Anwendbarkeit des § 89 b HGB auf den VH ist eine wesentliche und zugleich die im Mittelpunkt dieser Arbeit stehende Entscheidung getroffen. Für die Praxis sind die Probleme um den AA des VH damit jedoch noch nicht zu Ende. Der zweite Schritt, nämlich die Feststellung, ob die in § 89 b HGB geforderten Voraussetzungen im konkreten Fall gegeben sind und in welcher Höhe der AA zuzusprechen ist, ist — das zeigt schon die kaum mehr übersehbare Zahl der zum AA des HV ausgetragenen Rechtsstreitigkeiten — ebenso problematisch.

Eine auch nur abrißartige Erörterung der bei der Subsumtion unter die Voraussetzungen des § 89 b HGB sowie der Berechnung der Höhe des AA auftretenden Schwierigkeiten würde den Rahmen dieser Arbeit sprengen und erscheint vor allem auch wenig sinnvoll. Dies aus zweierlei Gründen: Zum einen handelt es sich vielfach um Fragen, die nur einzelfallbezogen, also bei Kenntnis der tatsächlichen Umstände des Einzelfalls, beantwortet werden können und die deshalb nur wenig verallgemeinerungsfähig sind. Zum anderen — letztlich ausschlaggebend — existiert für diese Rechtsfragen den HV betreffend eine Fülle von Literatur und Rechtsprechung. Nachdem aber der AA des HV in Analogie zu § 89 b HGB zu gewähren ist, besteht kein Grund, die für den HV gewonnenen Erkenntnisse nicht entsprechend auch bei der Feststellung des AA des VH anzuwenden. Auf die umfangreiche Literatur und Rechtsprechung zu den Voraussetzungen und zur Berechnung der Höhe des AA des HV kann deshalb verwiesen werden.[1]

Nur solche Probleme, bei denen beim VH an eine abweichende Beurteilung gegenüber der beim HV gedacht werden könnte, welche besonders beachtet werden müssen oder welche von besonderer Bedeutung sind, sollen im folgenden noch kurz angesprochen werden.

---

[1] Vgl. nur Küstner Rn. 70 ff., 430 ff.; Brüggemann in Staub-Großkommentar 4. A., § 89 b Rn. 10 ff., 79 ff.; Schröder, Kommentar, § 89 b Rn. 2 ff., 23 f.; Haumann in Bandasch § 89 b Rn. 4 ff., Baumbach / Duden / Hopt § 89 b Anm. 2, 3 jeweils m. w. N.

II. Ausschluß des Anspruchs: Analoge Anwendung des § 89 b Abs. 3 HGB?

Der AA besteht nicht,

„wenn der HV das Vertragsverhältnis gekündigt hat, es sei denn, daß ein Verhalten des Unternehmers hierzu begründeten Anlaß gegeben hat oder dem HV eine Fortsetzung seiner Tätigkeit wegen seines Alters oder wegen Krankheit nicht zugemutet werden kann“

oder

„wenn der Unternehmer das Vertragsverhältnis gekündigt hat und für die Kündigung ein wichtiger Grund wegen schuldhaften Verhaltens des HV vorlag.“

Bei den bisherigen Erörterungen[2] wurde § 89 b Abs. 3 HGB stillschweigend ohne gesonderte Problematisierung in die analoge Anwendung des § 89 b HGB einbezogen. Ob dies gerechtfertigt war und tatsächlich auch § 89 b Abs. 3 HGB auf den VH analog anzuwenden ist, ist nun, da diese Frage nicht den AA im Grundsatz, sondern im Einzelfall betrifft, an dieser Stelle zu klären.

Gegen eine entsprechende Anwendung des § 89 b Abs. 3 HGB haben sich — soweit ersichtlich als einzige[3] — Werner / Machunsky ausgesprochen.[4] Kündigungsgründe ließen sich nur schwerlich mit dem Vergütungscharakter des AA in Beziehung setzen und der Verbleib und der Zuwachs erheblicher wirtschaftlicher Vorteile beim Hersteller sei nicht davon abhängig, welcher der Vertragspartner aus welchen Gründen gekündigt hat.

Dieser Argumentation kann nicht gefolgt werden. Es handelt sich um — durchaus bemerkenswerte — rechtspolitische Erwägungen, deren

---

[2] Vgl. Teil V: B. III. 4.

[3] Die analoge Anwendung auch des § 89 b Abs. 3 HGB wird — soweit überhaupt erwähnt — als Selbstverständlichkeit betrachtet und deshalb regelmäßig ohne Begründung bejaht: So Schröder BB 1961, 809 (812); Finger DB 1970, 141 (145); Wyinger S. 26; Klein S. 109 ff.; BGH VersR 1960, 113 (114); OLG Düsseldorf, Urteil vom 22. 5. 1981, 16 U 214/80 (nicht veröffentlicht; aufgehoben durch BGH WM 1984, 38, jedoch bezüglich der analogen Anwendbarkeit des § 89 b Abs. 3 HGB auf VH im Ergebnis bestätigt).

[4] Werner / Machunsky BB 1983, 338 (339 f.). Zum selben Ergebnis führt konsequenterweise die Ansicht Meyers, S. 253 ff., der § 89 b Abs. 3 HGB wegen Verstoßes gegen Art. 12 GG für verfassungswidrig hält. Er betrachtet § 89 b Abs. 3 HGB als Disziplinierungsmittel, das den HV an den Unternehmer binden soll. Meyers Auffassung ist nicht vereinbar mit dem Billigkeitscharakter, welcher den AA neben dem Vorteilsausgleich als Grundgedanken wesentlich prägt. Zudem ist der Ausschluß des aus Anlaß der Vertragsbeendigung entstehenden AA nicht ohne weiteres — wie dies Meyer durch Vergleich mit BAGE 13, 168 tut — der Begründung einer Pflicht zur Rückzahlung des bereits erhaltenen Gehalts gleichzustellen. Vgl. zum Problem des Kündigungsrechts unter dem Gesichtspunkt des Art. 12 GG Scholz in Maunz / Dürig / Herzog / Scholz Art. 12 Rn. 50, 72, 428 m. w. N.

Verwirklichung allein dem Gesetzgeber obliegt. Sie treffen den AA des HV ebenso wie den des VH. Ihrer Berücksichtigung beim HV steht die eindeutige gesetzliche Regelung entgegen. Dem kommt auch für die analoge Anwendung entscheidende Bedeutung zu; für eine Differenzierung zwischen HV und VH ist kein Raum.

Zudem — und dies leitet zugleich zur positiven Begründung der Analogie über — charakterisiert der Vergütungsgedanke den AA nicht allein.[5] Daneben treten als Grundgedanken insbesondere Billigkeitserwägungen, die gerade auch aus § 89 b Abs. 3 HGB abgeleitet werden.[6] Denn diese Vorschrift ist eine besondere Ausprägung des den AA beherrschenden Billigkeitsgrundsatzes.[7] Diese Billigkeitserwägungen treffen den VH in gleicher Weise.[8] Auch § 89 b Abs. 3 HGB ist deshalb auf den VH analog anzuwenden.[9] Sofern die Voraussetzungen des § 89 b Abs. 3 HGB vorliegen[10], ist folglich der AA des VH im Einzelfall ausgeschlossen.

III. Voraussetzungen des Anspruchs: § 89 b Abs. 1 HGB

1. Die gesetzlichen Voraussetzungen

Wenn ein solcher Ausschluß des AA nach § 89 b Abs. 3 HGB im Einzelfall nicht vorliegt, ist zu prüfen, ob der Anspruch dem Grunde nach besteht. Hierfür nennt das Gesetz vier Voraussetzungen:

1. Die Beendigung des Vertragsverhältnisses.
2. Erhebliche Vorteile des Unternehmers nach Vertragsbeendigung aus Geschäftsverbindungen mit neu geworbenen Kunden (§ 89 b Abs. 1 Satz 1 Nr. 1 HGB). Dabei steht die wirtschaftlich der Werbung eines neuen Kunden entsprechende wesentliche Erweiterung einer bereits bestehenden Geschäftsverbindung der Neuwerbung gleich (§ 89 b Abs. 1 Satz 2 HGB).
3. Provisionsverluste des HV infolge der Vertragsbeendigung (§ 89 b Abs. 1 Satz 1 Nr. 2 HGB).
4. Die Zahlung des Ausgleichs muß unter Berücksichtigung aller Umstände billig erscheinen (§ 89 b Abs. 1 Satz 1 Nr. 3 HGB).

---

5 Der „Vergütungsgedanke" ist richtiger als Gedanke des Vorteilsausgleichs für die Zerschneidung des „doppelten Nutzungsverhältnisses" am Kundenstamm zuungunsten des HV zu sehen, vgl. Teil IV: II. 2. b).

6 Darüber hinaus ergeben sich diese aus §§ 89 b Abs. 1 Satz 1 Nr. 3, 89 b Abs. 2, 92 b HGB. Vgl. Teil IV: II. 2. c) und 3).

7 Vgl. Teil IV: II. 3. a) sowie die dort in Fn. 44 angeführten Nachweise.

8 Vgl. Teil V: B. III. 4. f).

9 So jetzt mit derselben Begründung BGH WM 1984, 38.

10 Vgl. hierzu insbesondere Küstner Rn. 380 ff.; Brüggemann in Staub-Großkommentar 4. A., § 89 b Rn. 93 ff.; Schröder, Kommentar, § 89 b Rn. 25 ff.; Baumbach / Duden / Hopt § 89 b Anm. 4 jeweils mit zahlreichen Nachweisen.

Gerade für die Prüfung dieser Voraussetzungen gilt im besonderen der obige Verweis auf Rechtsprechung und Literatur zum HV.[11]

2. Besonderheiten beim VH

a) Bezüglich den Vorteilen des Unternehmers

Bei der Feststellung der Vorteile des Unternehmers ist eine Prognose über die voraussichtliche Entwicklung anzustellen, wobei der Fortbestand der vom VH angeknüpften Geschäftsbeziehungen ebenso wie beim HV — widerlegbar — zu vermuten ist.[12] Jedoch ist gerade in diesem Punkt beim VH mit besonderer Sorgfalt vorzugehen. Denn hier ist die richtige Stelle, an der der tatsächliche Übergang des Kundenstamms geprüft, an der festgestellt werden muß, ob die Kontinuität des Kundenstamms gewahrt oder unterbrochen ist.[13] Nach der Ablehnung der Verpflichtung zur Überlassung des Kundenstamms als Analogieerfordernis kommt dem besondere Bedeutung zu.

b) Bezüglich dem „Provisionsverlust“

Nicht auf den Verlust von Provisionen wie beim HV — solche erhält der VH nicht —, sondern in entsprechender Weise auf den Verlust der Einnahmen von Handelsspannen ist beim VH abzustellen. Entscheidend ist, daß der VH die (erfolgsbezogene) Vergütung aus Geschäften, die ohne die Vertragsbeendigung von ihm abgeschlossen worden wären, nicht mehr erhält.[14]

c) Bezüglich der Billigkeit

Gleichrangige Voraussetzung ist die Billigkeit. Denkbar ist, daß dann, wenn die Zuerkennung schlechthin unbillig ist, der AA ganz ausgeschlossen ist. Im Regelfall ist jedoch die Billigkeit durch das Vorliegen der Voraussetzungen des § 89 b Abs. 1 Satz 1 Nr. 1 und 2 HGB indiziert.[15]

Die „Sogwirkung der Marke“ ist hier nicht zu erörtern. Denn einen völligen Ausschluß des AA kann sie nicht bewirken. Erst bei der Prü-

---

[11] Vgl. Teil VI: I. und dort Fn. 1.

[12] Für den HV Brüggemann in Staub-Großkommentar 4. A., § 89 b Rn. 39; Küstner Rn. 511; Baumbach / Duden / Hopt § 89 b Anm. 2 B.

[13] Vgl. Teil V: B. III. 4. c) cc) bbb).

[14] Zur wesentlichen Ähnlichkeit von Provision und Handelsspanne vgl. Teil V: B. III. 4. d). Zu trennen hiervon und nur für die Bestimmung der Höhe des AA entscheidend ist die Frage, ob die ganze Händlergewinnspanne der Provision gleichgesetzt werden kann. Vgl. hierzu Teil VI: IV. 2.

[15] Brüggemann in Staub-Großkommentar 4. A., § 89 b Rn. 65.

fung der Billigkeit in ihrer Funktion als die Höhe des AA bestimmendes Merkmal ist die „Sogwirkung der Marke" in die Erwägungen einzubeziehen.[16]

IV. Höhe des Anspruchs

1. Die die Höhe des AA bestimmenden Kriterien

Die Höhe des AA wird ebenfalls durch die drei ihn begründenden Voraussetzungen bestimmt, nämlich Vorteile des Unternehmers, Vergütungsverluste des VH und die Billigkeit (§ 89 b Abs. 1 Satz 1 Nr. 1 bis 3 HGB). § 89 b Abs. 2 HGB setzt dagegen in korrigierender Weise lediglich das Höchstmaß fest.[17]

2. Berechnung nach imaginärer HV-Provision oder nach Händlergewinnspanne?

Problematischer ist, ob bei Berechnung der Höhe des AA des VH die verlorengegangenen Händlergewinnspannen in voller Höhe der Provision des HV gleichzustellen oder ob hier Abschläge vorzunehmen sind.

Nach Ansicht des BGH nimmt die Händlergewinnspanne nur z. T. die Stelle einer Provision ein, wie sie dem HV gewährt wird. Für die Berechnung der Höhe des AA dürfe daher nur der Teil, der für Leistungen gewährt werde, wie sie üblicherweise vom HV erbracht werden, angesetzt werden. Denn Gegenleistungen, die sich in der abweichenden Stellung des VH begründen, dürften nicht berücksichtigt werden.[18]

Gegen eine solche „Umstellung" des Vergütungsanspruchs des VH auf den Provisionsanspruch des HV wenden sich Werner / Machunsky. Angebracht und billig sei als Grundlage der tatsächlich entgangene Durchschnittsgewinn. Sinn der Regelung sei nämlich der Ersatz der wirtschaftlichen Nachteile, welche der VH erleidet. Diese lägen jedoch nicht im Verlust einer HV-Provision, sondern im „Nettogewinnverlust", den der VH hinzunehmen hat.[19]

[16] Vgl. Teil V: B. III. 4. c) cc) ccc) und dort die Nachweise in Fn. 310, 311.

[17] Zur Höhe des AA beim VH vgl. BGHZ 29, 83 (91 ff.); BGHZ 68, 340 (348); Stumpf, VH-Vertrag, Rn. 125; Werner / Machunsky BB 1983, 338 (341); Finger DB 1970, 141 (145); Ehinger S. 108. Ferner LG Köln, ArchPR 1983, 353 (354 f.) mit zustimmender Anmerkung von Samwer ArchPR 1983, 355. Vgl. im übrigen die umfangreiche Rspr. und Literatur zur Höhe und Berechnung des AA des HV, siehe Teil VI: I. Fn. 1.

[18] Grundlegend BGHZ 29, 83 (91); ständige Rspr., vgl. nur BGHZ 68, 340 (348). Ebenso Klein S. 101 f. Vgl. hierzu jetzt auch v. Westphalen DB 1984 Beilage Nr. 24 S. 14 f.

[19] Werner / Machunsky BB 1983, 338 (341).

Richtig ist die Meinung des BGH. Werner / Machunsky verkennen, daß es nicht im Sinn des AA ist, den VH allgemein für Nachteile im Zusammenhang mit der Vertragsbeendigung zu entschädigen. Darauf liefe ihre Auffassung jedoch hinaus.

Der spezifische Zweck des AA, einen Vorteilsausgleich für das zerschnittene „doppelte Nutzungsverhältnis" am neugeworbenen Kundenstamm zu gewähren, zielt gerade auf die Tätigkeit der Kundenneuwerbung (bzw. wesentliche Erweiterung einer Geschäftsverbindung), also die Markterschließung und -betreuung ab. Dies allein ist der für § 89 b HGB maßgebende Bereich. Dieser umfaßt jedoch nur einen Teil der gegenüber dem HV weiterreichenden Aufgaben des VH.[20] Wegen der von ihm zu erfüllenden umfangreicheren Aufgaben und umfangreicheren zu tragenden Risiken ist seine Vergütung — in Form der Handelsspanne — umfassender. Nur ein Teil dieser umfassenderen Vergütung entfällt mithin auf den vom AA erfaßten und durch ihn auszugleichenden Tätigkeitsbereich. Es ist deshalb im Wege der analogen Anwendung — mit dem BGH — allein konsequent, für die Feststellung der Verluste des VH nur auf den Teil der Händlergewinnspanne abzustellen, der der Provision beim HV entspricht.

3. Die „Sogwirkung der Marke" als Kriterium der Billigkeitserwägungen

Bei der Prüfung der Billigkeit des AA[21] kann neben zahlreichen anderen Gesichtspunkten auch die bereits mehrfach erwähnte „Sogwirkung der Marke" Bedeutung erlangen.[22] Das gute Image einer Marke kann die Neuwerbung von Kunden erleichtern, indem eine geringere Intensität der Bemühungen für den Erfolg der Tätigkeit erforderlich ist. Jedoch ist auch hier Zurückhaltung geboten. Es muß sorgfältig geprüft werden, ob eine „Sogwirkung der Marke" tatsächlich vorhanden ist.[23] Darüber hinaus ist stets zu prüfen, ob einer wirklich bestehenden „Sogwirkung" nicht schon auf andere Weise Rechnung getragen ist, etwa ob mit Rücksicht hierauf nicht bereits die Händlergewinnspannen entsprechend geringer kalkuliert sind. In einem solchen Fall kann zur Vermeidung eines nicht zu rechtfertigenden doppelten Ansatzes die „Sogwirkung" nicht auch noch bei den Billigkeitserwägungen einbezogen werden. Letztlich ist dies nur im Einzelfall zu entscheiden.[24]

---

[20] Vgl. Teil V: B. III. 4. g).

[21] Vgl. hierzu Küstner Rn. 291 ff.; Brüggemann in Staub-Großkommentar 4. A., § 89 b Rn. 63 ff.; Baumbach / Duden / Hopt § 89 b Anm. 2 D jeweils m. w. N.

[22] Vgl. Teil VI: IV. 2 und dort Fn. 16.

[23] Vgl. hierzu den von Lang BB 1982, 2068 (2070) genannten Fall aus der Praxis (vgl. Teil V: B. III. 4. c) cc) ccc) Fn. 320).

[24] Vgl. auch (für den HV) Küstner Rn. 329. Dasselbe gilt für die meist er-

V. Geltendmachung und Verjährung des AA

1. Geltendmachung (§ 89 b Abs. 4 Satz 2 HGB analog?)

§ 89 b Abs. 4 Satz 2 HGB setzt für die Geltendmachung des AA eine Ausschlußfrist von drei Monaten nach Vertragsende. Für die Anmeldung des Anspruchs bis zum Ablauf von drei Monaten nach Vertragsbeendigung ist weder eine besondere Form noch eine Bezifferung notwendig, sie muß jedoch das Verlangen hinreichend deutlich und unmißverständlich zum Ausdruck bringen.[25] Die Bestimmung bezweckt, dem Unternehmer möglichst schnell nach der Beendigung des Vertrages Kenntnis zu geben, ob der ausgeschiedene HV den Ausgleich beansprucht oder nicht. Denn es kann sich beim AA um bedeutende Beträge handeln, so daß eine längere Ungewißheit erhebliche Nachteile bewirken kann.[26]

Dieser Zweck trifft in gleicher Weise den AA des VH. Deshalb ist die entsprechende Anwendung der Ausschlußfrist mit denselben Anforderungen wie beim HV geboten. Es sind keine Gründe ersichtlich, die einer solchen entsprechenden Anwendung entgegenstehen bzw. eine Abweichung davon begründen könnten.[27]

2. Verjährung (§ 88 HGB analog?)

Ist die Ausschlußpflicht ordnungsgemäß eingehalten, so gilt für den AA des HV die vierjährige Verjährungsfrist des § 88 HGB, da es sich beim AA um einen Anspruch aus dem Vertragsverhältnis handelt.[28]

Nachdem der Gesetzgeber für den AA des HV die kurze, vierjährige Verjährungsfrist für angemessen betrachtet hat und nachdem nach den vorstehenden Untersuchungen der AA des VH in analoger Anwendung zu § 89 b HGB zu gewähren ist, ist es konsequent, auch die Verjährungsfrist nach § 88 HGB zu bestimmen und damit auf die gesamte den AA betreffende HV-rechtliche Regelung zurückzugreifen; dies zumal auch — wie soeben festgestellt — § 89 b Abs. 4 Satz 2 HGB analog angewendet wird und aus dessen Begründung heraus ebenfalls eine kurze

---

hebliche Werbetätigkeit des Unternehmers beim VH-Vertrieb. Diese ist regelmäßig bereits berücksichtigt.

25 Küstner Rn. 456 ff.; Brüggemann in Staub-Großkommentar 4. A., § 89 b Rn. 108 ff.; Schröder, Kommentar, § 89 b Rn. 35 ff.; Baumbach / Duden / Hopt § 89 b Anm. 5 B jeweils m. w. N.

26 Küstner Rn. 456; BGH NJW 1968, 1419.

27 So im Ergebnis auch Klein S. 118 f. (ohne Begründung).

28 Unstreitig, vgl. nur Amtl. Begr. S. 35.

Verjährung interessengerecht erscheint. Deshalb bestimmt sich die Verjährungsfrist des AA des VH nach § 88 HGB analog.[29]

VI. Gesonderte Beurteilung in der Kfz-Branche?

Zum Abschluß ist noch kurz auf den AA des VH in der Kfz-Branche einzugehen, da er besondere praktische Relevanz besitzt und gerade für die Automobilbranche in der Diskussion immer wieder auf (vermeintliche) Besonderheiten hingewiesen wird.[30] Die sich aufdrängende Frage, warum diese häufiger betonten Besonderheiten in vorliegender Untersuchung zu keiner gesonderten Beurteilung des AA des VH der Kfz-Branche geführt haben, beantwortet sich nach den bisherigen Erörterungen von selbst: Es ist eine einheitliche Entscheidung für alle VH möglich.

Ausgangspunkt der Untersuchung war die Definition des VH. Diese umfaßt auch den VH der Kfz-Branche. Für alle Händler, die die Voraussetzungen des VH-Begriffs erfüllen, sind die analoge Anwendung des § 89 b HGB und eventuell dafür erforderliche Voraussetzungen geprüft worden. Eine Differenzierung, die Erfüllung bestimmter Voraussetzungen zusätzlich zur Erfüllung der VH-Definition und damit eine Einschränkung auf bestimmte, durch besondere Merkmale gekennzeichnete VH, hat sich als überflüssig erwiesen. Dort, wo eventuell Unterschiede bestehen, so z. B. kein absoluter Gebietsschutz, „Sogwirkung der Marke“, Vertragspflicht zur Überlassung des Kundenstamms, sind diese zum einen keineswegs rein branchenspezifisch, zum anderen hat sich in allen Punkten gezeigt, daß sich diese nicht analogiehindernd auswirken. Dies bedeutet, daß allen VH, d. h. auch solchen der Kfz-Branche, der AA zusteht, daß die Ausführungen uneingeschränkt auch die Kfz-Branche erfassen.

Daß auch die von Bechtold gegen eine Analogie des § 89 b HGB beim VH der Kfz-Branche, jedenfalls aber die Erfüllung der Tatbestandsvoraussetzung des § 89 b Abs. 1 Satz 1 Nr. 1 HGB vorgetragenen Gründe nicht durchgreifen, ist — soweit nicht bereits geschehen — jetzt noch speziell darzulegen.

---

[29] So auch der BGH WM 1984, 167 (169) (jedoch ohne Begründung). Eine Entscheidung, ob der AA des VH unter § 196 Abs. 1 Nr. 2 i. V. m. Abs. 2 BGB (vier Jahre) fällt oder ob seine Verjährung von § 195 BGB (30 Jahre) geregelt würde, ist somit nicht erforderlich.

[30] OLG Saarbrücken BB 1980, 905 (906); BGH NJW 1982, 2819 (2820) — ohne Nennung der Besonderheiten; v. Westphalen DB 1981 Beilage Nr. 12 S. 1 ff., der seine Untersuchung speziell auf Kfz-VH bezieht; ebenso Bechtold NJW 1983, 1394 (1395, 1397 ff.); ders. BB 1984, 1262.

Dies gilt zunächst für das im ersten Beitrag hervorgehobene, bisher aber eher am Rande erörterte Argument,[31] daß wegen der langen Lebensdauer und deshalb großen Zeitintervalle zwischen Fahrzeugkäufen gerade in der Kfz-Branche keine stetige Zusammenarbeit zwischen Händler und Kunden möglich sei. Ein engerer Kontakt bestehe in dieser Zeit nur aufgrund des Werkstattgeschäfts. Dieses könne aber nicht analogiebegründend sein, da es rechtlich nichts mit dem Neuwagenkauf zu tun habe. Bechtold meint also, ein auf Leistungen des VH rückführbarer, auf den Hersteller nach Vertragsende übergangsfähiger Kundenstamm könne gar nicht entstehen.[32] Dies trifft aber auch auf die aus der demoskopischen Untersuchung gewonnenen Rechtstatsachen und die hieraus gezogenen Folgerungen zu.[33]

Bechtolds Einschätzung der Bedeutung des Werkstattgeschäfts geht fehl. Der wirtschaftliche Zusammenhang zwischen Neuwagenkauf und Werkstattgeschäft überlagert die zwischen den Geschäften bestehende rechtliche Trennung.[34] Das Werkstattgeschäft, auf dessen sorgfältiges Betreiben die Hersteller in den VH-Verträgen erheblichen Wert legen, bezweckt nicht nur die Förderung des Images der Marke, welches sich allerdings ebenfalls für den Neuwagenkauf positiv auswirken kann. Es dient auch zur Aufrechterhaltung bestehender Beziehungen zu Kunden und damit der Pflege des Kundenstamms. Die Verkaufsleiter der jeweiligen VH nehmen die Werkstattbesuche zum Anlaß, die Kunden auf einen Neukauf anzusprechen bzw. zu sondieren, ob bzw. wann ein solcher geplant ist, um im richtigen Moment — im Vorteil zur Konkurrenz — aktiv werden zu können. Der persönliche Kontakt, der bei Neukunden — und dies ist oft der schwierigste Schritt — erst hergestellt werden muß, besteht somit bereits.

Auch dürfte Bechtolds Meinung, daß außer dem Werkstattgeschäft zwischen den Neukäufen in der Kfz-Branche keine Pflege des Kundenstamms erfolgt, nicht ganz richtig sein. Die VH versuchen in der Praxis auf vielfältige Weise — erinnert sei z. B. nur an die persönliche Überbringung von Werbegeschenken zu Weihnachten — möglichst ihre Kunden „bei der Stange zu halten“. Ein übergangsfähiger Kundenstamm kann daher beim Kfz-VH durchaus bestehen.

---

31 Vgl. Teil V: B. III. 4. c) cc) ddd).

32 Bechtold NJW 1983, 1393 (1398 f.).

33 Vgl. Teil II: II. 3. a) und Bechtold BB 1984, 1262.

34 Auch v. Westphalen DB 1981 Beilage Nr. 12 S. 16 betont die wirtschaftliche Einheit zwischen Verkaufsgeschäft und Kundendienst. Neuerdings bejaht er sogar das Vorliegen eines rechtlichen Zusammenhangs, da das Werkstattgeschäft unverzichtbares Element jedes VH-Vertrages in der Kfz-Branche sei (v. Westphalen DB 1984 Beilage Nr. 24 S. 8). Vgl. ferner ders. DB 1984 Beilage Nr. 24 S. 8.

Auch in diesem Punkt bestehen somit für die Kfz-Branche keine Besonderheiten. Die Problematik liegt nicht anders wie bei allen anderen HV und VH, die langlebige Wirtschaftsgüter vertreiben. Daß bei derartigen Geschäften AA bestehen können, solange es sich nicht um Artikel handelt, die nur einmal angeschafft zu werden pflegen, ist anerkannt;[35] letzteres ist aber bei Kfz gerade nicht der Fall.

Auch die demoskopische Umfrage über die Kaufmotive der Kfz-Käufer rechtfertigt — entgegen der Meinung Bechtolds — keine andere Sicht.[36] Sie ist schon von ihrem Ansatz her nicht geeignet, eine Aufklärung über die tatsächliche Lage zu bewirken. Die Art und Weise der Fragestellung nimmt die Beantwortung der Fragen vorweg und verhindert dadurch aussagekräftige Ergebnisse. Es kann nicht verwundern, daß die Käufer Qualität, Preiswürdigkeit, Zuverlässigkeit u. ä., kurz sachliche Gründe, für ihre vorrangigen Kaufmotive halten. Wer gesteht sich ein oder macht sich bewußt, ein so wertvolles Produkt wie ein Kfz gerade wegen Verkaufsargumenten des VH, Bekanntschaft mit diesem oder dessen Ruf erworben zu haben, obwohl die Qualität dagegenspricht? Zudem dürfte dies nicht einmal eine Selbsttäuschung des Käufers sein. Denn welches sind — genau betrachtet — die Verkaufsargumente des VH? Gerade die Qualität, die Vorzüge der von ihm vertretenen Marke werden in den Vordergrund gestellt, er überzeugt mit qualitätsbezogenen Argumenten. Das Auftreten des VH verhindert, daß der Kunde zwischen ihm und dem Hersteller unterscheidet; dieser sieht nur die Marke bzw. das Produkt.

Verdeutlicht wird dies zusätzlich dadurch, daß von den Käufern nach der Umfrage auch die Werbung des Herstellers als Motiv ganz gering eingestuft wird; aus dieser will Bechtold jedoch u. a. die Produktkenntnisse des Käufers und den unmittelbaren Zugang des Herstellers zum Markt ableiten.[37]

Nur am Rande sei noch erwähnt, daß die wohl interessanteste Frage, nämlich wieviele Kaufinteressenten vor dem Kauf mit VH verschiedener Marken Kontakt aufnehmen, offenbar nicht gestellt wurde.

Der Wert der Umfrage für die Beurteilung der Frage einer analogen Anwendung des § 89 bHGB auf VH ist ferner so lange gering, als nicht auch eine entsprechende Befragung über Kaufmotive der von HV gewonnenen Kunden (auch anderer Branchen) vorliegt, damit der gebotene Vergleich gezogen werden kann. Auch hier dürfte — aus der

[35] Küstner Rn. 134 ff.; Brüggemann in Staub-Großkommentar 4. A., § 89 b Rn. 37.

[36] Vgl. Teil II: II. 3. a) und Bechtold BB 1984, 1262. Im Ergebnis wie hier v. Westphalen DB 1984 Beilage Nr. 24 S. 6 ff.

[37] Bechtold BB 1984, 1262 (1264).

Sicht des Käufers — nicht die Überredungskunst des HV, sondern die Qualität der von ihm angebotenen Ware für den Kaufentschluß erheblich sein.

Der von Bechtold gezogene Schluß, daß der VH als Absatzmittler zur Marktöffnung und -beobachtung überflüssig sei,[38] widerspricht klar dem Befund, der sich aus der Beobachtung der Praxis und aus der Sicht der Vertragsparteien gewinnen läßt. Erinnert sei an die immense Bedeutung, die den vielfältigen Absatzförderungspflichten in den VH-Verträgen beigelegt wird, an die Tatsache, daß sich auch eine berühmte Marke nicht von selbst verkauft, sowie daß auch der VH selbst zum Ruf der Marke beiträgt.[39] Eine nicht nur ganz unerhebliche Mitursächlichkeit der Tätigkeit des VH ist nicht bestreitbar. Letztlich beweist dies auch die Meinungsumfrage.[40]

Bechtold argumentiert von einer falschen Alternative aus: Es kommt nicht nur ein Kundenstamm des Herstellers oder ein solcher des VH in Betracht. Vielmehr entsteht ein gemeinsamer Kundenstamm, ein „doppeltes Nutzungsverhältnis", das durch die Vertragsbeendigung in ein einseitiges des Herstellers übergeht.[41] Das Umfrageergebnis, daß sich die Kunden bei Vertragsbeendigung an das Produkt gebunden fühlen, bestätigt im übrigen nur die gesetzliche Vermutung des § 89 b HGB und spricht daher für eine Analogie.

Auch Bechtolds Ausführungen bezüglich des Erhalts des Kundenstamms[42] greifen nicht. Zum einen bedarf es der zur Begründungsgrundlage gemachten Übertragung des Kundenstamms nicht, entscheidend ist die Kontinuität des Kundenstamms.[43] Zum anderen ist gleichgültig, ob der Kundenstamm auf Bemühungen des VH hin dem Hersteller verbleibt, denn § 89 b HGB stellt nicht auf die Ursache des Übergangs des Kundenstamms ab.[44]

Damit bestätigt sich, daß für die Kfz-Branche eine gesonderte Betrachtungsweise nicht gerechtfertigt ist.

---

38 Bechtold BB 1984, 1262 (1264).
39 Vgl. ausführlicher Teil III: III., Teil V: B. III. 4. c) cc) ccc).
40 v. Westphalen DB 1984 Beilage Nr. 24 S. 7.
41 Vgl. Teil IV: II. 2. b). Teil V: B. III. 4. c).
42 Vgl. Teil II: II. 3. a) und Bechtold BB 1984, 1262 (1266 f.).
43 Vgl. Teil V: B. III. 4. c) cc) bbb).
44 Vgl. Teil V: B. III. 4. c) cc) ccc).

Teil VII

Zusammenfassung in zehn Thesen

1. Ein VH ist ein selbständiger Gewerbetreibender, der durch Vertrag mit einem Hersteller (oder Lieferanten) in der Weise in die Vertriebsorganisation des Vertragspartners (bzw. dessen Lieferanten) eingegliedert ist, daß er ständig damit betraut ist, die Vertragswaren im eigenen Namen und auf eigene Rechnung zu vertreiben und ihren Absatz zu fördern sowie die Funktionen und Risiken seines Handelsgeschäfts hieran auszurichten, und zudem nach außen als Teil des Vertriebsnetzes des Vertragspartners (bzw. dessen Lieferanten) erscheint.
2. Beim VH-Vertrag handelt es sich um einen Dienstvertrag, der eine Geschäftsbesorgung zum Gegenstand hat, i. S. d. § 675 BGB.
3. Grundgedanken des § 89 b HGB sind der Gedanke des Vorteilsausgleichs für das durch die Vertragsbeendigung zerschnittene „doppelte Nutzungsverhältnis" am Kundenstamm, das aufgrund der Eigenart des Verhältnisses zwischen dem HV und dem Unternehmer, einem Geschäftsbesorgungsverhältnis mit Erfolgsvergütung, entstanden ist, und dessen Übergang in ein „einseitiges Nutzungsverhältnis" zugunsten des Vertragspartners des HV sowie der Gedanke der Billigkeit. Die zwingende Anordnung folgt aus der Schutzbedürftigkeit des HV.
4. Beim VH ist bei Beendigung des Vertragsverhältnisses regelmäßig eine doppelte Betroffenheit festzustellen: Einerseits entstehen Nachteile durch den Verlust des Kundenstamms, andererseits Nachteile durch die Entwertung langfristiger, noch nicht amortisierter Investitionen.

   Diese beiden Gesichtspunkte sind streng zu trennen. Sie führen zu zwei nebeneinander bestehenden Ansprüchen.
5. Dem VH steht ein in Formularverträgen unabdingbarer Investitionsersatzanspruch zu, d. h. ein Anspruch auf angemessenen Ausgleich des Nachteils, der dem VH durch die Entwertung bis zur Vertragsbeendigung nicht amortisierter, zur Durchführung des Vertrages nach Übereinkunft oder im Einvernehmen mit dem Unternehmer getätigter Investitionen in Bauten, Ausstellungs- und Verkaufsräume, Lager, Werkzeuge, Personal und dgl. entsteht.

6. Dieser Investitionsersatzanspruch hat neben § 26 Abs. 2 GWB eigenständige Bedeutung.

   Der Umstand nicht amortisierter, auf Veranlassung des Herstellers getätigter Investitionen des VH kann nicht zu einer Kündigungsschranke nach § 26 Abs. 2 GWB führen. Denn der Investitionsersatzanspruch verhindert insoweit das Entstehen von die Wettbewerbsfähigkeit des VH beeinträchtigenden Nachteilen. Zugleich wird mit der Anerkennung des Investitionsersatzanspruchs eine dem Normzweck entsprechende Beschränkung des Anwendungsbereichs des § 26 Abs. 2 GWB in seiner Anwendung auf VH-Verträge bewirkt.

7. Dem VH steht in analoger Anwendung des § 89 b HGB ein AA zu. An besondere Voraussetzungen ist die Analogie nicht geknüpft, insbesondere steht eine fehlende Verpflichtung zur Übertragung des Kundenstamms sowie eine bestehende „Sogwirkung der Marke" ihr nicht entgegen.

   Voraussetzung für das Bestehen des AA ist allein, daß der Anspruchssteller VH i. S. oben genannter Definition ist und daß im Einzelfall die Tatbestandsvoraussetzungen des § 89 b HGB erfüllt sind.

8. Der AA steht dem VH in analoger Anwendung des § 89 b Abs. 4 Satz 1 HGB zwingend zu. Eine vertragliche Abbedingung ist nichtig.

   Dies ergibt sich für den Ausschluß des AA in Formularverträgen unabhängig von der analogen Anwendung des § 89 b Abs. 4 Satz 1 HGB auch aus § 9 AGB-Gesetz.

9. Die Feststellung der Voraussetzungen und die Berechnung der Höhe des AA des VH ist in gleicher Weise wie beim HV vorzunehmen. Besonders zu beachten ist:

   — Bei Prüfung der Tatbestandsmerkmale des § 89 b Abs. 1 HGB ist gesteigerte Sorgfalt auf die Prüfung zu legen, ob die Kontinuität des Kundenstamms gewahrt ist.

   — Als Grundlage der Berechnung der Höhe des AA ist eine „imaginäre HV-Provision" des VH zu ermitteln.

   — Die „Sogwirkung der Marke" kann im Einzelfall im Rahmen der Billigkeitserwägungen Einfluß auf die Höhe des AA haben.

10. Ebenso wie der AA des HV ist der AA des VH innerhalb von drei Monaten nach Beendigung des Vertragsverhältnisses geltend zu machen (§ 89 b Abs. 4 Satz 1 HGB analog). Er verjährt in Analogie zu § 88 HGB in vier Jahren.

Literaturverzeichnis

Abraham, Hans-Joachim: Der Ausgleichsanspruch des Handelsvertreters, Dissertation Köln 1961.

Ackermann, E.: Eigenhändler als „Generalvertreter", Die Wirtschaft und das Recht 1929, Sp. 31.

Bachmann, Richard: Das neue Recht des Handelsvertreters, Kissing 1978.

Bamberger, Heinz Georg: Zur Frage der entsprechenden Anwendung des § 89 b HGB auf den Ausgleichsanspruch des Eigenhändlers, NJW 1985, 33.

Bandasch, Georg: Gemeinschaftskommentar zum Handelsgesetzbuch, 3. Auflage, Neuwied, Darmstadt 1980. (Zitiert: Bearbeiter in Bandasch).

Baumbach / Duden: Handelsgesetzbuch, 13. Auflage, München u. Berlin 1959. (Zitiert: Baumbach / Duden 13. A.).

Baumbach / Duden: Handelsgesetzbuch, mit Nebengesetzen (ohne Seerecht), 20. Auflage, München 1972. (Zitiert: Baumbach / Duden 20. A.).

Baumbach / Duden / Hopt: Handelsgesetzbuch mit Nebengesetzen (ohne Seerecht), 26. Auflage, München 1985. (Zitiert: Baumbach / Duden / Hopt).

Baur, Jürgen F.: Die Funktion des neuen Diskriminierungsverbots nach § 26 Abs. 2 Satz 2 GWB, BB 1974, 1589.

Bechtold, Rainer: Ausgleichsansprüche für Eigenhändler dargestellt am Beispiel des Automobilvertriebs, NJW 1983, 1393.

— Rechtstatsachen zum Ausgleichsanspruch des Automobil-Händlers, BB 1984, 1262.

Benedict, Martine: Le contrat de concession de vente exclusive, Dissertation Lausanne 1975.

Bericht des Bundeskartellamtes über seine Tätigkeit im Jahre 1965 sowie über Lage und Entwicklung auf seinem Aufgabengebiet. Deutscher Bundestag, 5. Wahlperiode, Drucksache V/530. (Zitiert: Tätigkeitsbericht 1965).

— über seine Tätigkeit im Jahre 1967 sowie über Lage und Entwicklung auf seinem Aufgabengebiet. Deutscher Bundestag, 5. Wahlperiode, Drucksache V/2841. (Zitiert: Tätigkeitsbericht 1967).

— über seine Tätigkeit in den Jahren 1981/82 sowie über Lage und Entwicklung auf seinem Aufgabengebiet (§ 50 GWB). Deutscher Bundestag, 10. Wahlperiode, Drucksache 10/243. (Zitiert: Tätigkeitsbericht 1981/82).

Berner Kommentar, Band VI: Das Obligationenrecht, 5. Teilband: Kreditbrief und Kreditauftrag, Mäklervertrag, Agenturvertrag, Geschäftsführung ohne Auftrag, Artikel 407 - 424 OR. Erläutert von Georg Gautschi. 2. Auflage, Bern 1964. (Zitiert: Berner Kom.-Gautschi).

Bohnenberg, Heinrich: Handelsgesetzbuch mit Erläuterungen, Köln, Berlin, Bonn, München 1980.

Böni, Franz: Die Selektion in vertikalen Vertriebssystemen im EWG-Kartellrecht, einschließlich der in der Schweiz veranlaßten Händlerzulassungsbeschränkungen, Dissertation Konstanz 1982.

Bortolotti, Fabio / *Zimmermann*, Rudolf: Der Vertragshändlervertrag nach italienischem Recht, RIW/AWD 1980, 315.

Brox, Hans: Handelsrecht und Wertpapierrecht, 3. Auflage, München 1983.

Brüggemann, Dieter: Staub-Großkommentar, HGB, 1. Band, §§ 1 - 104, Bearbeiter: Brüggemann, Würdinger. 3. Auflage, Berlin 1967. (Zitiert: Brüggemann in Staub-Großkommentar 3. A.).

— Staub-Großkommentar, HGB, 2. Lieferung, §§ 84 - 104, 4. Auflage, Berlin, New York 1983. (Zitiert: Brüggemann in Staub-Großkommentar 4. A.).

Brunn, Johann Heinrich von: Die Händlerverträge der Kraftfahrzeugwirtschaft, Frankfurt am Main 1949. (Zitiert: v. Brunn, Händlerverträge).

— Weitere Zweifelsfragen zum neuen Recht der Handelsvertreter, NJW 1954, 56.

— Ausgleichsansprüche bei Eigenhändlerverträgen, DB 1961, 429.

— Zum Recht des Eigenhändlers, Recht im Wandel, Festschrift Hundertfünfzig Jahre Carl Heymanns Verlag KG, Köln, Berlin, Bonn, München 1965, S. 327. (Zitiert: v. Brunn, FS 150 J. Carl Heymanns Verlag).

Buchwald, F.: Vertragshändler — Handelsvertreter? Zur Auswirkung des § 89 b HGB, GmbH-Rundschau 1957, 102.

— Handelsvertreter und/oder Vertragshändler?, Der Industrie- und Handelsvertreter 1957, 156.

Budczies: Der Automobilvertragshändler in Deutschland, den USA und Frankreich. Eine rechtsvergleichende Studie. Dissertation Köln 1959.

Buddeberg, Hans: Betriebslehre des Binnenhandels, Wiesbaden 1959.

Buhagiar, Tony: L'avenir des contrats de concession de vente exclusive, Juris-Classeur Périodique, La semaine juridique, 1976, éd. C. I., II., 12138. (Zitiert: Buhagiar SJ 1976, éd. C. I., II., 12138).

— La Concession Exclusive Dans La Branche De L'Automobile, Juris-Classeur Périodique, La semaine juridique, 1981, éd. G I., 3015. (Zitiert: Buhagiar SJ 1981, éd. G I., 3015).

Bunte, Hermann-Josef: Interessenkollision und Interessenabwägung im Vertragshändlervertrag, Anmerkungen zum Urteil des LG Frankfurt vom 3. 8. 1982 — 2/13 O 40/82 (ZIP 1982, 1224), ZIP 1982, 1166.

— Ergänzende Vertragsauslegung bei Unwirksamkeit von AGB-Klauseln, NJW 1984, 1145.

— Das Urteil des BGH zur Gestaltung von Automobilhändlerverträgen, NJW 1985, 600.

Büren, Bruno von: Schweizerisches Obligationenrecht, Besonderer Teil (Art. 184 - 551), Zürich 1972.

Bydlinski, Franz: Anmerkung zu OGH JBl 1975, 34, JBl 1975, 39.

Canaris, Claus-Wilhelm: Großkommentar Handelsgesetzbuch, 3. Auflage. III. Band, 3. Teil, Bankvertragsrecht (2. Bearbeitung), Berlin, New York 1981. (Zitiert: Canaris, Bankvertragsrecht).

Capelle, Karl-Hermann: Handelsrecht, 18. Auflage, München 1977.

Capelle, Karl-Hermann / *Canaris,* Claus-Wilhelm: Handelsrecht, 19. Auflage, München 1980.

Cohn, Ernst J.: Buchbesprechung zu Peter Ulmer: Der Vertragshändler, AcP 172 (1972), 374.

Demisch, Karl-Dieter: Die Kundschaftsentschädigung des Agenten. Die Anwendbarkeit der zum § 89 b HGB (Ausgleichsanspruch des Handelsvertreters) vorliegenden deutschen Rechtsprechung auf die entsprechende schweizerische Bestimmung des Art. 418 u OR. Dissertation Zürich 1968.

Dietz, Rolf: Denkschrift zum Entwurf eines Gesetzes über die Rechtsverhältnisse der Handelsvertreter und Handelsreisenden (Handelsvertretergesetz), Arbeitsberichte der Akademie für Deutsches Recht, Nr. 17, Berlin 1940, Seite 29.

Dürr, Karl: Maklervertrag und Agenturvertrag, Kommentar der Art. 412 bis 418 v des schweizerischen Obligationenrechts, Freiburg i. Br. und Bern 1959.

Ebenroth, Carsten-Thomas: Absatzmittlungsverträge im Spannungsverhältnis von Kartell- und Zivilrecht, Konstanz 1980.

Ebenroth, Carsten-Thomas / *Obermann,* Siegfried: Zweitvertretungsanspruch in Absatzmittlungsverhältnissen aus § 26 Abs. 2 GWB?, DB 1981, 829.

Eberstein, Hans Hermann: Zum Ausgleichsanspruch des Handelsvertreters, Bemerkungen zu Urteilen des Bundesgerichtshofs, BB 1957, 1058.

— Der Handelsvertreter-Vertrag, 5. Auflage, Heidelberg 1978. (Zitiert: Eberstein, HV-Vertrag).

Ehinger, Kristian: Die Beendigung der Geschäftsbeziehungen zum Automobil-Vertragshändler durch den Automobilhersteller, Dissertation Göttingen 1969.

Emmerich, Volker: Kartellrecht, 4. Auflage, München 1982.

Encyclopédie Dalloz: Répertoire de Droit Commercial, Band II, 2. Auflage, Paris 1973, Stand 1983. (Zitiert: Encyclopédie Dalloz).

Engisch, Karl: Einführung in das juristische Denken, 8. Auflage, Stuttgart, Berlin, Köln, Mainz 1983.

Enneccerus / Nipperdey: Lehrbuch des Bürgerlichen Rechts. Erster Band: Allgemeiner Teil des Bürgerlichen Rechts. 1. Halbband: Allgemeine Lehren, Personen, Rechtsobjekte, 15. Auflage, Tübingen 1959. 2. Halbband: Entstehung, Untergang und Veränderung der Rechte, Ansprüche und Einreden, Ausübung und Sicherung der Rechte, 15. Auflage, Tübingen 1960.

Erman: Handkommentar zum Bürgerlichen Gesetzbuch, 1. Band, 7. Auflage, München 1981.

Evans-von Krbek, Franziska-Sophie: Die analoge Anwendung der Vorschriften des Handelsvertreterrechts auf den Vertragshändler, Bielefeld, ca. 1976.

Fehr, Konrad: Das neue Bundesgesetz über den Agenturvertrag, Zeitschrift für schweizerisches Recht 1950, 1. (Zitiert: Fehr, ZSR).

Finger, Peter: Die Stellung des Vertragshändlers bei Beendigung des Vertrags, DB 1970, 141.

— Anmerkung zum Urteil des BGH vom 21. 10. 1970, Az. VIII ZR 255/68 (NJW 1971, 29 = BGHZ 54, 338), NJW 1971, 555.

Fischler, Josef / *Vogel*, Hans-Heinrich: Schwedisches Handels- und Wirtschaftsrecht mit Verfahrensrecht, 3. Auflage, Heidelberg 1978.

Fischötter, Werner: Zum erweiterten Diskriminierungsverbot nach § 26 Abs. 2 GWB, WuW 1974, 379.

Franta, Rudolf: Das neue Handelsvertreterrecht, MDR 1953, 530.

Fridmanis, Georges: Französisches Wirtschaftsrecht, Neuwied, Berlin, Stand 1973.

Gamm, Otto Friedrich, Freiherr von: Die neuere Rechtsprechung des BGH zum Handelsvertreterrecht, NJW 1979, 2489.

Gertner, H.: Anmerkung zu BFH BB 1960, 314, BB 1960, 314.

Gesetzesmaterialien: Entwurf eines Gesetzes zur Änderung des Handelsgesetzbuches (Recht der Handelsvertreter) nebst Begründung vom 15. Februar 1952, Bundestagsdrucksache Nr. 3856. In: Verhandlungen des Deutschen Bundestags, 1. Wahlperiode 1949 - 1953, Anlagen zu den Stenographischen Berichten, Band 20, 1952, Drucksachen Nr. 3701 - 3900. (Zitiert: Entwurf bzw. Amtl. Begr.).

— Protokoll Nr. 202, Deutscher Bundestag, Ausschuß für Wirtschaftspolitik, 13. Ausschuß. Kurzprotokoll der 202. Sitzung des Ausschusses für Wirtschaftpolitik am 7. Mai 1953. (Zitiert: Protokoll wirtschaftspolitischer Ausschuß).

— Protokoll der 271. Sitzung des Ausschusses für Rechtswesen und Verfassungsrecht am 25. Juni 1953. In: Deutscher Bundestag, 1. Wahlperiode 1949 - 1953, 23. Ausschuß, Stenographische Protokolle, Band 6, Nr. 250 - 271, 1953, Protokoll Nr. 271. (Zitiert: Protokoll Rechtsausschuß).

— Anlage 24 zum Stenographischen Bericht der 280. Sitzung, Schriftlicher Bericht des Ausschusses für Rechtswesen und Verfassungsrecht (21. Ausschuß). Änderung des Handelsgesetzbuchs (Nr. 4606, 3856 der Drucksachen). In: Verhandlungen des Deutschen Bundestags, 1. Wahlperiode 1949 - 1953, Stenographische Berichte, Band 17, Seite 14 206. (Zitiert: Bericht Rechtsausschuß).

— Entwurf eines Gesetzes über die Kaufmannseigenschaft von Land- und Forstwirten, Bundestagsdrucksache 7/3918. In: Verhandlungen des Deutschen Bundestags, 7. Wahlperiode 1972 - 1976, Anlagen zu den Stenographischen Berichten, Band 208, 1975, Drucksachen Nr. 3801 bis 3940. (Zitiert: Amtl. Begr. 1976).

Gessler, Ernst: Der Ausgleichsanspruch der Handels- und Versicherungsvertreter (Entstehungsgeschichte und Auslegung des § 89 b HGB). Dissertation Frankfurt am Main 1953.

Gierke, Julius von / *Sandrock*, Otto: Handels- und Wirtschaftsrecht, Band 1: Allgemeine Grundlagen, Der Kaufmann und sein Unternehmen, 9. Auflage, Berlin, New York 1975.

Glaser, H.: Steht dem Generalvertreter ein Ausgleichsanspruch zu? DB 1957, 1173.

Gleiss / Hirsch: Kommentar zum EWG-Kartellrecht, 3. Auflage, Heidelberg 1978.

Gross, Willi: Handelsrecht, Stuttgart, Berlin, Köln, Mainz 1980.

Guhl / Merz / Kummer: Das schweizerische Obligationenrecht mit Einschluß des Handels- und Wertpapierrechts, 7. Auflage, Zürich 1980.

Guyénot, Jean: Etude juridique et économique des conventions d'exclusivité de vente, Droit Social 1965, 1, 78.

— Les Contrats De Concession Commerciale, Droits français et communautaire de la concurrence, Paris 1968. (Zitiert: Guyénot, concession commerciale).

Habscheid, Walther J.: Das Ausgleichsrecht des Handelsvertreters, Eine rechtsvergleichende und dogmatische Studie, Festschrift zum 70. Geburtstag von Walter Schmidt-Rimpler, S. 335, Karlsruhe 1957. (Zitiert: Habscheid, FS Schmidt-Rimpler).

Hachenburg: Gesetz betreffend die Gesellschaften mit beschränkter Haftung (GmbHG), Großkommentar, 7. Auflage, Berlin, New York 1979.

Hämmerle, Hermann / *Wünsch,* Horst: Handelsrecht, Band I: Allgemeine Lehren und Handelsstand, 3. Auflage, Graz, Wien, Köln 1976. Band 3: Handelsgeschäfte, 3. Auflage, Graz, Wien, Köln 1979.

Handwörterbuch der Absatzwirtschaft: Herausgegeben von Bruno Tietz, Stuttgart 1974.

Hefermehl, Wolfgang: Zur Anwendung des § 26 Abs. 2 GWB auf selektive Vertriebssysteme, GRUR 1975, 275.

Hémard, Jean: Les Agents Commerciaux, Revue trimestrielle de Droit Commercial 1959, 573. (Zitiert: Hémard, Rtrim Rz.).

Henckel, Wolfram: Die ergänzende Vertragsauslegung, AcP 159 (1960/1961), 106.

Herschel / Beine / Buchwald: Handbuch zum Recht des Handelsvertreters unter besonderer Berücksichtigung des Steuerrechts, Köln 1954.

Heymann / Kötter: Handelsgesetzbuch, 4. Auflage, Berlin, New York 1971.

Hirsch, Ernst E.: Anmerkung zum Urteil des BGH vom 5. 2. 1959 (JR 1960, 59), JR 1960, 60.

Hoffmann, Günther: Der Ausgleichsanspruch der Handelsvertreter, Dissertation Wiesbaden 1966.

Hofmann, Paul: Handelsrecht, 4. Auflage, Frankfurt am Main 1982.

Hofstetter, Josef: Der Auftrag und die Geschäftsführung ohne Auftrag. In: Schweizerisches Privatrecht VII/2, 7. Band: Obligationenrecht, Besondere Vertragsverhältnisse, 2. Halbband. Herausgegeben von Frank Vischer, Basel u. Stuttgart 1979, Seite 1. (Der Agenturvertrag S. 136).

Holzhammer, Richard: Österreichisches Handelsrecht I, Allgemeines Handelsrecht und Wertpapierrecht, 2. Auflage, Wien 1982.

Huber, Markus: Der Alleinvertragshändler, Dissertation Basel 1979.

Hübner, Ulrich: Handelsrecht, Karlsruhe, Heidelberg 1980.

Immenga / Mestmäcker: GWB, Kommentar zum Kartellgesetz, München 1981. (Zitiert: I/M-Bearbeiter).

Italienisches Zivilgesetzbuch (1942): Übersetzung des Gesetzestextes, bearbeitet von H. J. Becher, Berlin, Tübingen 1965. (Zitiert: Italienisches Zivilgesetzbuch).

Joerges, Christian: Selektiver Vertrieb und Wettbewerbspolitik: Eine konzeptionelle Analyse der Entscheidungspraxis von Kommission und Gerichtshof zu Art. 85 EG-Vertrag, 1. Teil: GRUR Int. 1984, 222, 2. Teil: GRUR Int. 1984, 279.

— Vertragsgerechtigkeit und Wettbewerbsschutz in den Beziehungen zwischen Automobilherstellern und -händlern: Über die Aufgaben richterlicher Rechtspolitik in „Relationierungsverträgen", Festschrift für Rudolf Wassermann zum sechzigsten Geburtstag, Neuwied, Darmstadt 1985, S. 697. (Zitiert: Joerges, FS Wassermann).

Juris-Classeur Commercial Annexes: Ventes Commerciales, Band 1, Paris, Stand 1982. (Zitiert: Juris-Classeur Commercial Annexes).

Kessler, Friedrich: Automobile Dealer Franchises: Vertical Integration by Contract, The Yale Law Journal, Volume 66 (1956 - 57), 1135. (Zitiert: Kessler, Y.L.J., 66, 1135).

Kessler, Friedrich / *Stern*, Richard H.: Competition, Contract And Vertical Integration, The Yale Law Journal, Volume 69 (1959 - 1960), 1. (Zitiert: Kessler / Stern, Y.L.J., 69, 1).

Kessler, Jürgen: Der Agenturvertrag im Lichte des Verbotes vertikaler Preisbindung — zu den wettbewerbsrechtlichen Grenzen handelsrechtlicher Organisationsprinzipien, WRP 1984, 124.

Klein, Wolfgang: Der Eigenhändler und sein Ausgleichsanspruch, Dissertation Hamburg 1968.

Klug, Ulrich: Juristische Logik, 4. Auflage, Berlin, Heidelberg, New York 1982.

Knapp, Joachim: Recht der Handelsvertreter, Frankfurt am Main 1974.

Kochs, Hermann: Der Eigenhändler, Rechtsprobleme des Rahmenvertrages unter Berücksichtigung auch der Nebenverträge, Dissertation Köln 1964.

Kreifels, Max / *Lang*, Helmar: Der Ausgleichsanspruch des Vertragshändlers, Eine Kritik der Rechtsprechung des Bundesgerichtshofs, NJW 1970, 1769.

Kroitzsch, Hermann: Der Ausgleichsanspruch des Vertragshändlers und seine kartellrechtlichen Grenzen, BB 1977, 1631.

Kunz, Rolf: Die Anwendung der handelsvertreterrechtlichen Ausgleichsregelung (§ 89 b HGB) auf Eigen(Vertrags)händler, Dissertation Köln 1967.

Küstner, Wolfram: Altersversorgung und Ausgleichsanspruch des Handelsvertreters, BB 1963, 1147.

— Pensionsrückstellungen für Handelsvertreter, BB 1965, 1225.

— Handbuch des gesamten Außendienstrechts, Band II: Der Ausgleichsanspruch des Handelsvertreters, 4. Auflage, Heidelberg 1979.

Lamy commercial: Droit de la concurrence, droit de la distribution, droit de la consommation, Paris 1982. (Zitiert: Lamy commercial).

Landfermann, Hans Georg: Der Ausgleichsanspruch des in Frankreich tätigen Handelsvertreters, AWD BB 1971, 116.

Lang, Helmar: Ausgleichsanspruch des Kfz-Eigenhändlers, Anmerkung zum Urteil des Bundesgerichtshofs vom 25. 3. 1982, BB 1982, 2067 (= NJW 1982, 2819), BB 1982, 2068.

Langen / Niederleithinger / Ritter / Schmidt: Kommentar zum Kartellgesetz, 6. Auflage, Darmstadt 1982. (Zitiert: Langen).

Langer, Jörg: Reform des Alleinvertriebsrechts in Frankreich, AWD BB 1974, 450.

— Das französische Vertreter- und Vertragshändlerrecht, 7. Auflage, Paris 1983.

Larenz, Karl: Ergänzende Vertragsauslegung und dispositives Recht, NJW 1963, 737.

— Allgemeiner Teil des deutschen Bürgerlichen Rechts, 6. Auflage, München 1983. (Zitiert: Larenz, AT).

— Methodenlehre der Rechtswissenschaft, 5. Auflage, Berlin, Heidelberg, New York, Tokio 1983. (Zitiert: Larenz, Methodenlehre).

Laum, Heinz-Dieter: Der Ausgleichsanspruch des Handelsvertreters in der Rechtsprechung des Bundesgerichtshofs, BB 1967, 1359.

Leiss, Gerhard Horst: Der Anspruch des Agenten auf Entschädigung für die Kundschaft in rechtsvergleichender Darstellung, Berner Dissertation, Zürich 1965. (Zitiert: Leiss, Anspruch des Agenten).

— Ausgleichsanspruch des Alleinvertreters (Eigenhändlers) nach deutschem und schweizerischem Recht. In: Der Handelsvertreter/Agent im deutschen und schweizerischen Recht, Aufsätze zu Einzelproblemen, Zürich 1976, S. 63. (Zitiert: Leiss, AA).

— Kundschaftsentschädigung des Alleinvertreters? In: Der Handelsvertreter/Agent im deutschen und schweizerischen Recht, Aufsätze zu Einzelproblemen, Zürich 1976, S. 65. (Zitiert: Leiss, Kundschaftsentschädigung).

Linner, Anneliese: Das Recht der Handelsvertreter, Provisionsvertreter und freien Vertreter, 1964.

Löwe / Graf von Westphalen / Trinkner: Kommentar zum Gesetz zur Regelung des Rechts der Allgemeinen Geschäftsbedingungen, 1. Auflage, Heidelberg 1977.

Loewenheim, Ulrich: Besprechung von Peter Ulmers „Der Vertragshändler", NJW 1970, 1362.

Löwisch, Manfred: Die Stellung der Produzentenhändler im Wettbewerbsbeschränkungsrecht, Dissertation Tübingen 1961.

Lüderitz, Alexander: Auslegung von Rechtsgeschäften, Vergleichende Untersuchung anglo-amerikanischen und deutschen Rechts, Karlsruhe 1966.

— Buchbesprechung zu Otto Sandrock: Zur ergänzenden Vertragsauslegung im materiellen und internationalen Schuldvertragsrecht, AcP 171 (1971), 160.

Maier, Hans Jakob: Der Ausgleichsanspruch des Handelsvertreters und Eigenhändlers und der ordre public, NJW 1958, 1327.

— Der Agenturvertrag, Kommentierung mit Formulierungsvorschlägen, 1. Auflage, Köln 1974. (Zitiert: Maier, Agenturvertrag).

Maier, Hans Jakob / *Meyer-Marsilius,* Hans Joachim: Alleinvertriebsvertrag (Vertragshändler-Vertrag) zwischen schweizerischen Lieferfirmen und ihren Abnehmern in der Bundesrepublik Deutschland, 2. Auflage, Zürich 1978. (Zitiert: Maier / Meyer-Masilius, Alleinvertriebsvertrag).

Maier / Meyer-Marsilius / Regul: Der Handelsvertreter in den Ländern der EWG und der EFTA, Baden-Baden 1976. (Zitiert: Bearbeiter in Maier / Meyer-Marsilius / Regul, HV).

Marré, Heribert: Funktionen und Leistungen des Handelsbetriebs, Köln, Opladen 1960.

Martens, Klaus Peter: Die existentielle Wirtschaftsabhängigkeit, Eine Untersuchung im Spannungsfeld von Konzern- und Wettbewerbspolitik, Köln, Berlin, Bonn, München 1979.

Martin, J. Patrick: The Judicial Treatment Of The Automobile Dealer Franchise Act, Michigan Law Review, Volume 62 (1963/64), 310. (Zitiert: Martin, M.L.R., 62, 310).

Maunz / Dürig / Herzog /Scholz: Grundgesetz, Kommentar, Band I, Art. 1 - 15, München, Stand September 1983. (Zitiert: Bearbeiter in Maunz / Dürig / Herzog / Scholz).

Mayer-Maly, Theo: Die Bedeutung des tatsächlichen Parteiwillens für den hypothetischen, Festschrift für Werner Flume zum 70. Geburtstag, Band I, Köln 1978, S. 621. (Zitiert: Mayer-Maly, FS Flume).

Meister, Guido: Bundesgesetz über den Agenturvertrag, Praktischer Leitfaden, Zürich 1949.

Mellerowicz, K: Zur Bilanzierung der Ausgleichsansprüche von Handelsvertretern, BB 1959, 150.

Merkel, Hans: Der Ausgleichsanspruch des Handelsvertreters, BB 1956, 420.

Meyer, Jürgen A. E.: Handelsvertreterrecht, Stuttgart, Wiesbaden 1978.

Meyer-Marsilius, Hans Joachim: Der Ausgleichsanspruch des Handelsvertreters im deutsch-schweizerischen Warenverkehr, AWD BB 1959, 31.

— Kein Ausgleichsanspruch für Eigenhändler nach schweizerischem Recht, Anmerkung zum Urteil des Schweizerischen Bundesgerichts vom 15. 2. 1962, AWD BB 1962, 261.

Möhring, Philipp: Kontrahierungszwang nach neuem Kartellrecht, DB 1974, 223.

Möschel, Wernhard: Recht der Wettbewerbsbeschränkungen, Köln, Berlin, Bonn, München 1983.

Mücke, Herbert: Ist § 89 b HGB auf Vertragshändler anwendbar? MDR 1956, 641.

Müller / Giessler / Scholz: Wirtschaftskommentar, Kommentar zum Gesetz gegen Wettbewerbsbeschränkungen, Kartellgesetz, 4. Auflage, Frankfurt am Main 1981.

Müller-Henneberg / Schwarz / Benisch: Gesetz gegen Wettbewerbsbeschränkungen und Europäisches Kartellrecht, Gemeinschaftskommentar, 4. Auflage, 2. Lieferung 1981, §§ 25 - 33 GWB. Köln, Berlin, Bonn, München. (Zitiert: Bearbeiter in GK).

Münchener Kommentar zum Bürgerlichen Gesetzbuch, Band 1: Allgemeiner Teil (§§ 1 - 240), AGB-Gesetz, München 1978. (Zitiert: MK-Bearbeiter).

— zum Bürgerlichen Gesetzbuch, Band 3: Schuldrecht — Besonderer Teil, 2. Halbband (§§ 657 - 853), München 1980. (Zitiert: MK-Bearbeiter).

Münchener Vertragshandbuch, Band 2: Handels- und Wirtschaftsrecht, München 1982.

Neflin, Hermann: Die Ansprüche des Handelsvertreters bei Vertragsauflösung im ausländischen Recht, NJW 1959, 2140.

Nies, Ludwig: Kann einem Eigenhändler der Ausgleichsanspruch des § 89 b HGB zustehen?, MDR 1961, 556.

Nipperdey, Hans Carl: Handelsvertreter und Eigen(Vertrags)-Händler, Der Ausgleichsanspruch des § 89 b HGB, Festschrift für Julius Wilhelm Hedemann, Berlin 1958, S. 207. (Zitiert: Nipperdey, FS Hedemann).

Noetzel, L.: Der Billigkeitsgedanke beim Ausgleichsanspruch des Handelsvertreters, NJW 1958, 1325.

Oberparleiter, Karl: Funktionen und Risiken des Warenhandels, 2. Auflage, Wien 1955.

Ordemann, Walter: Der „Generalvertreter" und sein Ausgleichsanspruch, BB 1964, 1323.

Palandt, Bürgerliches Gesetzbuch, 43. Auflage, München 1984.

Reinicke, G. und D.: Auslegungsfragen zum neuen Recht der Handelsvertreter, NJW 1953, 1609.

Renz, Günther: Das Rechtsverhältnis zwischen dem Vertragshändler und seinem Lieferanten, Dissertation Heidelberg 1966.

Rietschel: Anmerkung zu BGH LM HGB § 89 b Nr. 14 (Urteil vom 16. 2. 1961).

Risse, Heinz: Die Rechtsnatur des Ausgleichsanspruchs der Handelsvertreter und ihre Bedeutung für seine steuerliche Behandlung, BB 1956, 1135.

— Zum Ausgleichsanspruch der Handelsvertreter, BB 1957, 669 (mit Berichtigung BB 1957, 756).

Rittner, Fritz: Vertragshändler und Vertragshändlervertrag, Bemerkungen zu Peter Ulmers „Vertragshändler", ZHR 135 (1971), 62.

Roth, Günter H.: Handels- und Gesellschaftsrecht: Das Recht des kaufmännischen Unternehmens, München 1980.

Samwer, Sigmar-Jürgen: Anmerkung zu LG Köln, ArchPR 1983, 353, ArchPR 1983, 355.

Sandrock, Otto: Der Ausgleichsanspruch des Vertragshändlers: der Bundesgerichtshof auf den Spuren von Odysseus, Festschrift für Robert Fischer, Berlin 1979, S. 657. (Zitiert: Sandrock, FS Fischer).

— Zur ergänzenden Vertragsauslegung im materiellen und internationalen Schuldvertragsrecht, Methodologische Untersuchungen zur Rechtsquellenlehre im Schuldvertragsrecht, Köln, Opladen 1966. (Zitiert: Sandrock, Vertragsauslegung).

Schäfer, Erich: Absatzwirtschaft. In: Handbuch der Wirtschaftswissenschaften, herausgegeben von Karl Hax und Theodor Wessels, Band I, Betriebswirtschaft, Köln, Opladen 1958, S. 299. (Zitiert: Schäfer, HdW).

— Absatzwirtschaft, 3. Auflage, Stuttgart 1981. (Zitiert: Schäfer, Absatzwirtschaft).

Schläpfer, Adolf: Hat der Vertreter auf eigene Rechnung Anspruch auf Kundschaftsentschädigung? Deutschland — Schweiz / Schweiz — Deutschland 1958, 251.

Schlegelberger: Handelsgesetzbuch, Band 1, 3. Auflage, Berlin, Frankfurt am Main 1955. (Zitiert: Bearbeiter in Schlegelberger).

Schlosser / Coester-Waltjen / Graba: Kommentar zum Gesetz zur Regelung des Rechts der Allgemeinen Geschäftsbedingungen, Bielefeld 1977. (Zitiert: Bearbeiter in Schlosser / Coester-Waltjen / Graba).

Schluep, Walter R.: Der Alleinvertriebsvertrag — Markstein der EWG-Kartellpolitik, Bern 1966. (Zitiert: Schluep, Alleinvertriebsvertrag).

— Die kartellrechtlichen Aspekte des Alleinvertriebsvertrages, SJZ 71 (1975), 273. (Zitiert: Schluep, Aspekte, SJZ 71 (1975)).

— Innomitatverträge. in: Schweizerisches Privatrecht VII/2, 7. Band: Obligationenrecht, Besondere Vertragsverhältnisse, 2. Halbband. Herausgegeben von Frank Vischer, Basel, Stuttgart 1979, S. 763. (Der Alleinvertriebsvertrag S. 839). (Zitiert: Schluep, Schweizerisches Privatrecht).

Schmidt, Karsten: Kundenstammüberlassung und „Sogwirkung der Marke“: taugliche Kriterien für den Ausgleichsanspruch des Vertragshändlers? DB 1979, 2357.

— Handelsrecht, Köln, Berlin, Bonn, München 1980. (Zitiert: Schmidt, Handelsrecht).

Schmidt-Salzer, Joachim: Das Gesetz zur Regelung des Rechts der Allgemeinen Geschäftsbedingungen, NJW 1977, 129.

Schneider, U. H.: Anmerkung zu BGH JR 1972, 332 (Urteil vom 19. 1. 1972), JR 1972, 333.

Schönherr, Fritz / *Nitsche,* Gunter: Handelsgesetzbuch vom 10. Mai 1897 (ohne Seehandelsrecht) und die wichtigsten handelsrechtlichen Nebengesetze mit Anmerkungen und Entscheidungen, 27. Auflage, Wien 1981.

Schönle, Herbert: De la représentation exclusive en droit suisse et comparé (application par analogie l’art 418 u C. O.?), Recueil de travaux publié à l’occasion de l’assemblée de la Société Suisse des Juristes, du 3 au 5 octobre 1969, S. 141, Genève 1969.

Schröder, Georg: Der Ausgleichsanspruch des Handelsvertreters, BB 1954, 477.

— Zur Berechnung des Ausgleichsanspruchs der Handelsvertreter, DB 1958, 43.

— Steht ein Ausgleichsanspruch auch einem Eigenhändler (Vertragshändler) zu?, BB 1958, 252.

— Zum Ausgleichsanspruch des Eigenhändlers (Vertragshändlers), BB 1961, 809.

— Zweifelsfragen im Ausgleichsrecht der Handelsvertreter, DB 1962, 895.

— Zum Ausgleichsanspruch des Eigenhändlers, DB 1966, 449.

— Recht der Handelsvertreter, 5. Auflage, München 1973. (Zitiert: Schröder, Kommentar).

— Ausgleichsanspruch des Eigenhändlers nach § 89 b HGB. Bedeutsamer Wandel in der Rechtsprechung des BGH, InfStW 1977, 379.

Schuler: Ausgleichsansprüche bei Beendigung des Handesvertretervertrages, JR 1957, 44.

— Der BGH und der Ausgleichsanspruch des Handelsvertreters, JR 1958, 94.

— Die Bemessung des Ausgleichsanspruchs des Handelsvertreters, NJW 1958, 1113.

— Ausgleichsanspruch des Eigenhändlers?, NJW 1959, 649.

— Zum Ausgleichsanspruch des Eigenhändlers und des Handelsvertreters, NJW 1961, 758.

Schüller, Alfred: Vermachtungserscheinungen im tertiären Sektor. In: ORDO, Jahrbuch für die Ordnung von Wirtschaft und Gesellschaft, Band 19 (1968), S. 171. (Zitiert: Schüller, ORDO XIX (1968)).

Schulthess, Victor G.: Der Franchise-Vertrag nach schweizerischem Recht, Dissertation Zürich 1975.

Schweikl, Rüdiger: Kundschafts- und Bestandsrechte bei Handels- und Versicherungsvertretern, Dissertation Erlangen-Nürnberg 1964.

Sempell, Erwin: Der Ausgleichsanspruch des Handelsvertreters gemäß § 89 b HGB — in der Fassung des Gesetzes zur Änderung des Handelsgesetzbuchs (Recht der Handelsvertreter) vom 6. 8. 1953 (BGBl. I S. 771) — und besondere Fälle der Beendigung des Vertragsverhältnisses, Dissertation 1958.

Seyffert, Rudolf: Wirtschaftslehre des Handels, 5. Auflage, Opladen 1972.

Sieg, Karl: Rechtsnatur des Ausgleichsanspruchs des Versicherungsvertreters und Folgerungen hieraus, VersR 1964, 789.

Sonnenberger, Hans Jürgen: Französisches Handels- und Wirtschaftsrecht, Heidelberg 1975.

Sontag, Ernst: Kommentar zum Bundesgesetz über den Agenturvertrag, Bern 1949.

Staudinger: Kommentar zum Bürgerlichen Gesetzbuch mit Einführungsgesetz und Nebengesetzen, I. Band, Allgemeiner Teil, 11. Auflage, Berlin 1957. (Zitiert: Bearbeiter in Staudinger (11. A.)).

— Kommentar zum Bürgerlichen Gesetzbuch mit Einführungsgesetz und Nebengesetzen, Erstes Buch, Allgemeiner Teil, 12. Auflage, Berlin 1980. (Zitiert: Bearbeiter in Staudinger).

— Kommentar zum Bürgerlichen Gesetzbuch mit Einführungsgesetz und Nebengesetzen, Zweites Buch, Recht der Schuldverhältnisse, Einleitung zu §§ 241 ff.; §§ 241, 242; Gesetz zur Regelung des Rechts der Allgemeinen Geschäftsbedingungen, 12. Auflage, Berlin 1983. (Zitiert: Bearbeiter in Staudinger).

Steffens, Uwe-Jens: Der Alleinverkaufsvertrag, Dissertation Hamburg 1959.

Stolterfoht, Joachim N.: Die Selbständigkeit des Handelsvertreters, Ein Beitrag zur Abgrenzung nach Handels-, Arbeits-, Steuer- und Sozialversicherungsrecht, Düsseldorf 1973.

Stötter, Victor: Handelsvertreterrecht, 2. Auflage, München 1977.

Stumpf, Herbert: Verträge mit Vertragshändlern (Eigenhändlern), Frankfurt am Main 1966. (Zitiert: Stumpf, Verträge).

— Der Vertragshändlervertrag unter Einschluß des EG-Kartellrechts, 2. Auflage, Heidelberg 1979. (Zitiert: Stumpf, VH-Vertrag).

Stumpf, Herbert / *Zimmermann,* Rudolf: Zu den Voraussetzungen des Anspruchs des Vertragshändlers auf Zahlung eines Ausgleichs (Kritik der Entscheidung des Bundesgerichtshofs vom 11. 2. 1977, BB 1977, 511), BB 1978, 429.

Tietz, Bruno: Der Gruppenwettbewerb als Element der Wettbewerbspolitik. Das Beispiel der Automobilwirtschaft. Köln, Berlin, Bonn, München 1981.

Troppmann, Wolfgang: Der Ausgleichsanspruch des Handelsvertreters im deutschen und französischen Recht in rechtsvergleichender Sicht, Dissertation Saarbrücken/Luxemburg 1967.

Ulmer, Peter: Die Stellung des Vertragshändlers im französischen Recht, Stuttgart 1968. (Zitiert: Ulmer, Franz. Recht).

— Der Vertragshändler. Tatsachen und Rechtsfragen kaufmännischer Geschäftsbesorgung beim Absatz von Markenwaren, München 1969. (Zitiert: Ulmer, VH).

— Anmerkung zu BGH JZ 1971, 262 (Urteil vom 21. 10. 1970), JZ 1971, 264.

— Kündigungsschranken im Handels- und Gesellschaftsrecht. Zum Einfluß der Treupflicht auf die einseitige Vertragsbeendigung, Festschrift für Philipp Möhring zum 75. Geburtstag, München 1975, S. 295. (Zitiert: Ulmer, FS Möhring).

— Teilunwirksamkeit von teilweise unangemessenen AGB-Klauseln? Zum Verhältnis von geltungserhaltender Reduktion und ergänzender Vertragsauslegung, NJW 1981, 2025.

— Buchbesprechung von Ebenroth, Absatzmittlungsverträge im Spannungsverhältnis von Kartell- und Zivilrecht, NJW 1982, 1445.

Ulmer / Brandner / Hensen: AGB-Gesetz, Kommentar zum Gesetz zur Regelung des Rechts der Allgemeinen Geschäftsbedingungen, 4. Auflage, Köln 1982. (Zitiert: Bearbeiter in Ulmer / Brandner / Hensen).

Veltins, Michael A.: Zur analogen Anwendung von § 89 b HGB auf den Ausgleichsanspruch des Eigenhändlers, NJW 1984, 2063.

Verein Deutscher Maschinenbau-Anstalten e. V., Erster Teil: Verträge mit Vertragshändlern im Maschinenbau, Zweiter Teil: Verträge über Konsignationslager im Maschinenbau, Dritter Teil: Kundenschutz im Maschinenbau, bearbeitet von der Rechtsabteilung, Frankfurt am Main 1955. (Zitiert: VDMA Broschüre).

Wehrli, Hans Jörg: Der Versicherungsagenturvertrag, Dissertation Zürich 1959.

Weil, Bruno: Die vorzeitige Aufhebung des Alleinvertretungsvertrages, SJZ 32 (1935/36), 293.

Weiss, Roger J.: The Automobile Dealer Franchise Act of 1956 — an Evaluation, Cornell Law Quarterly, Volume 48 (1962 - 1963), 711.

Werner, Horst / *Machunsky,* Jürgen: Probleme und Voraussetzungen des Ausgleichsanspruchs des Vertragshändlers, BB 1983, 338.

Westphalen, Friedrich, Graf von: Die analoge Anwendbarkeit des § 89 b HGB auf Vertragshändlerverträge der Kfz-Branche, DB 1981 Beilage Nr. 12.

— Das Dispositionsrecht des Prinzipals im Vertragshändlervertrag, NJW 1982, 2465.

— Die analoge Anwendbarkeit von § 89 b HGB auf Vertragshändler unter besonderer Berücksichtigung spezifischer Gestaltungen der Kfz-Branche, DB 1984 Beilage Nr. 24.

Westrick / Loewenheim: Gesetz gegen Wettbewerbsbeschränkungen, Kommentar, 4. Auflage, Herne, Berlin 1977.

Winkel, Klaus: Die Alleinvertriebsverträge im französischen, deutschen und europäischen Recht, Dissertation Mainz 1968.

Wolf / Horn / Lindacher: AGB-Gesetz, Kommentar, München 1984. (Zitiert: Bearbeiter in Wolf / Horn / Lindacher).

Wyniger, Charles: Vom Alleinverkaufsvertrag, insbesondere im internationalen Privatrecht der Schweiz, Dissertation Bern, Winterthur 1963.

Zeitlmann, R.: Der Ausgleichsanspruch eines Eigenhändlers bei Geschäftsbeendigung, GmbH-Rundschau 1959, 58.